方法集——挑战哲学史与重开传统 卷三

方法与可能性：
绝对定义那些『不可定义』的概念

崔平 著

中国社会科学出版社

方法集
——挑战哲学史与重开传统

方法集序言

卷一
作为研究哲学和哲学研究普遍立法的哲学导论

卷二
与康德批判哲学的非对称对话录
——演示一种亲近原创的哲学史研究范式

卷三
方法与可能性：绝对定义那些"不可定义"的概念

卷四
文化竞争力批判
——实践一种捕捉哲学真理的精准操作方法

方法集后记

目 录

前 言 ………………………………………………………………（1）

引 论 ………………………………………………………………（1）
缔造解释确定性的概念解释规范 ……………………………（9）
七蠹：对老子"自然"概念解释史的批判
　　——以认识理论的原创补写为基石 ……………………（24）
作为文化表达和语法造义的老子"自然"概念
　　——创立关于最高概念的定义方法 ……………………（46）
仁说传统的方法论迷失
　　——管窥中国儒学的四种无意识 ………………………（66）
语境原仁：关于仁概念的一种"公共阐释"实践 …………（84）
关于哲学本质的一般知识形态学演绎
　　——为鉴定中国有无哲学做准备 ………………………（104）
逻辑观念的可能来源及其恰当探问
　　——一种关于"逻辑"定义问题新思维的导言 …………（125）
逻辑是什么：一种从意识存在批判而来的复杂求解 ………（140）
关于普遍意识指称的严格哲学确证 …………………………（160）
关于纯粹文化对象的逻辑确证 ………………………………（179）

· 1 ·

关于纯粹文化对象的描述确证 …………………………………（192）
善概念的普遍定义如何可行
　——从人的意识的先天内在结构出发演绎善概念 ……………（210）

前　言

　　三十年前，我制订了一个长远的原创性哲学研究计划，其中概念的发生和存在原理以及定义问题占有逻辑基础地位。当时，萦绕我心的是对关于概念形成的亚里士多德心理学比喻和概念定义流行方法的不满和否定，决意严肃对待概念问题，提出新的更具逻辑有效性的概念存在及其定义方法的理论。一直以来，不懈探索，不断收获。概念的存在原理在《有限意识批判》一书所完成的意识存在结构分析中得到阐释。而关于概念的定义方法也按照存在逻辑形成了一个理论框架，即通过实在关联链条的上溯分析来确定相对待定义概念事物的占据充分存在根据地位的某种存在，然后贯彻综合演绎方法，从针对这种最高存在所进行的本质构成分析开始，沿着普遍内容制约和规定相对下位内容这种逻辑线索，从上到下逐步展开具有完备根据的演绎认识过程，最终到达待定义概念的普遍内涵。并且，这一方法取得了一些重要应用成果，即对某些哲学史上的重大概念的普遍内涵作出了严格的分析和论断。现在把已经发表的论文结集成册，以全面展现这方面的理论构想及其定义操作有效性。除此之外，还有历史钩沉目的，防止因社会遗忘而造成不该有的尘埋遗憾，希望一种探索尽早发挥它的学术发展效用。需要说明的是，在本文集中，《缔造解释确定性的概念解释规范》《七蠹：对老子"自然"概念解释史的批判》《作为文化表达和语法造义的老子"自然"概念》是关于"自然"概念的一组，《仁说传统的方法论迷失》《语境原仁：关于仁概念的一种"公共阐释"实践》是关于"仁"概念的一组,《逻辑观念的可能来源及其恰当探问》《逻辑是什么:一种从意识存在批判而来的复杂求解》是关于"逻辑"概念的一组,《关于纯粹文化对象的逻辑确证》《关于纯粹文化对象的描述确证》是关于"文化"概念的一组。

考虑到概念定义传统方法的习惯力量可能压抑甚至封闭人们的反思冲动,以致直接忽视或拒绝某种新探索,所以遵循不破不立的逻辑,在文集之前设置了对苏格拉底和亚里士多德概念定义方法的批判,并延伸到对概念定义正确方法的前瞻性逻辑筹划,它具有某种对理解文集内容的指导作用。

概念是哲学理论建构的材料。而一定的哲学理论建构方法需要内容的特定认识品质来支撑。因此,概念定义的认识水平关联和限制哲学方法的选择和实现。哲学概念作为哲学思维材料和哲学理论建构方法作为哲学形式,共同完整规定哲学的认识方式和存在面貌。由此看来,对概念定义传统方法的否定和新方法的确立,已经站在革命旧哲学传统和再造新哲学传统的哲学变革临界点。

引 论

概念的存在原理和定义问题在哲学中占有重要基础地位，它是认识论的头等大事。因为，概念是理性认识的出发点，一切判断和推理都必须从概念着手，只有揭示其存在原理，才能最终阐明认识的本质和根据。而对于哲学来说，概念是其认识构成的细胞，准确地定义概念自然成为关键环节。如果不解决概念的普遍定义问题，哲学就不可能获得论断可靠性和准确性，甚至严格地说在逻辑上就根本不能展开哲学认识。

然而，概念定义在形式上的独断和随意以及与之牵连的在内容上的模糊和误谬，一直侵蚀损害着哲学的认识能力和论断有效性，限制哲学的历史发展，以致哲学至今没有步入知识积累阶段，不断上演推倒重建的一幕。令人惊讶的是，哲学的这种历史败绩并没有引起多大的反思兴趣，有人经常制造某种借口加以宽容并聊以自慰，因而与造成这种哲学史状况的概念定义方式相牵连的苏格拉底和亚里士多德，也没有被深刻质疑和批判。

至少在直接表现形式上，苏格拉底的理智接生术或曰辩证法指向概念的普遍定义，其宗旨为通过对普遍概念在个别事物中的表现的特殊感知进行不断否定，启发人们追求和把握普遍概念本身。但讽刺的是，即便苏格拉底本人也没有利用自己发明的理智接生术捕捉到哪怕一个普遍概念。常言道，无病不死人。苏格拉底的悲剧在于，他在试图超越经验的努力中却被感觉欺骗了。他朴素地相信，个别事物中必然包含作为概念的普遍本质，因此一定可以在对众多个别事物的存在属性的感知的比较中围猎概念。这一信念过于幼稚，联系其操作形式看又充满固执。不错，普遍本质包含在个别存在中，否则就不能成为某种存在。但是，首先，这种普遍本质的可认识性需要考察，基本可判断的是，它一定不会是完全可以直接经验的，至少其中有的普遍本质属性可能是对经验隐匿的，否则便不会存在对它的复杂认识任务。其次，普遍本质与个别存在中的特殊构成内容间的关联关系需要考察，以便确定是否可以做认识分离以及分离提取的恰当方法。须知，要在一种混合物中提取某种构成成分，其可靠方法受制于被提取成分本身的存在属性和它与其他存在成分的结合方式，并非可以简单处理的问题。即使不论苏格拉底仅仅依据本质属性内容的存在普遍性来确立归纳定义方法而没有进行这些考察，也可以在逻辑上断定他的概念定义方法不具有可靠性。因为被亚里士多德归功于苏格拉底的这种归纳定义潜在逻辑困难，即以概念内容的普遍性为线索展开的比较归纳活动面临无限开放性，普遍性不是直接显示在作为概念的潜在内容上，而是依赖比较认识过程来外在附加或确认，而这个过程的对象范围和操作终点无法理性确定，只能独断地主观终止。所以它面临不作论断的逻辑命令和作出论断的现实需求之间矛盾的夹击。而且，如果再严肃对待上述应该作出考察的两个问题，那么被比较的内容的完备性和比较方法本身的有效性都处于悬疑中。因此，即使不匆忙论定苏格拉底定义方法是错误的，也至少可以说其设计根据不足。其后果为，沿着苏格拉底的概念定义寻求方法，不能达到必然可靠的定义，只能最后诉诸主观独断，留下不可裁判的历史争讼。

亚里士多德不同于苏格拉底直接从个别事物中求取概念定义，主张在事物间的存在关联中确定一个概念的定义。他受苏格拉底概念普遍性思想影响而认为概念定义应该只有一个，又在柏拉图理念（概念）世界分级和统一存在结构图式的影响下，认为上位概念规定下位概念，后者参与前者即包含前者的规定性。由此，一个概念必须在其上位概念即种概念中获得存在根据，并在增加与之相容的普遍属性后成就自己的特定存在即属概念。这种在种概念之外添加普遍属性的情况可以有多种情形，从而在种概念之下可以有多种不同的属概念。对概念的这种存在论赋义，使亚里士多德相信获得了制定概念定义新方法的线索。这种概念的种属关联结构具有存在物的分类效用，反过来说，对经验世界的分类即类存在经验应该对应或包含概念的这种种属关联。而一个事物的本质即其概念，就是其直接所属的类存在的本质即类概念。这种概念世界的种属关联的分类学意义，为信奉认识经验路线的亚里士多德找到了概念定义的立足点，即可以利用关于存在物的经验分类谱系切入概念定义问题。于是，一个事物的概念应该显示在其所在类的普遍属性中，由上一组类存在的普遍属性和本级类存在特别添加的普遍属性构成，后者独有而使得它与其他同级类存在物相区别。这就是亚里士多德所谓概念定义的种加属差模式。

这个概念定义模式存在很多困难和可质疑处。

第一，亚里士多德虽然较苏格拉底有所进步，借助柏拉图理念学说对概念定义补充了存在论基础，但所作的存在论说明是不充分或者说不完善的，导致事物的本质或者说概念的构成轮廓模糊不清。按照定义模式，普遍性是下定义所遵循的唯一认识线索。一个突出问题是，诸多普遍属性以怎样的关系出现在事物本质构成中，或者以特定方式的组合作为关联整体决定事物本质，或者互不关联而单独发挥本质构成作用。显然，从定义公式包含"种"普遍属性看，并不排斥属存在间有相同属性，因此可以逻辑地推定应该是前者。因为，只有在作为整体的情况下，才能只要有一个属性不同就可以确立一个不同质的存在，从而解释种普遍属性在定义公式中存在的合理性。但如此则定义公式无解，因为有一种属之内在普遍属性可以是不为种下之全体属所共有，而为其他属中个别属所同有。在这种情况下，属差就可能根本不存在。而如果选择后者即分散单独发挥本质规定作用，则定义公式必然瓦解，因为这样它虽然能够满足"差"的要求，使求差在逻辑上成为可能，但直接与"种"普遍属性发生冲突，即种普遍属性何以拥有参与属本质规定的特权不能获得存在根据。所以，不论事物的本质属性之间存在何种关系，都不能支持亚里士多德的概念定义模式。

第二，这个定义模式缺乏设计根据上的认识论辩护。种和属是存在分类体系中的相对现象，是认识的产物，种相对属不具有独立实在性，全部存在本质都寓于具体性的属之中。为什么在给属事物下定义时要分离种和属而迂回联系居于上位的种，而不直接针对属存在本身进行分析？至少这在逻辑上是可能的。因此，应该说明认识选择的理由，即摆明两者的相对优劣。提出这一责任问题的必要性在于，根据亚里士多德在《后分析篇》中关于普遍属性形成的经验心理学观点，存在分类认识是一个感觉经验过程，或者叫作经验直观。而按照他那个时代的哲学观点，甚至直至现在的哲学都认为，由此形成的普遍属性对存在的把握深度和全面性乃至真理性是不可靠的。因此可以说，他的概念定义模式在认识上不是必然真理，而仅仅是一种策略选择。既然如此，背后一定包含许多权衡和考量。也许正是意识到经验认识的缺陷，亚里士多德提出了划分的某些要求，比如划分的连续性、彻底性等，以补救可能出现的普遍属性认识上的遗漏或冗余。但不说这些方法是否能够有效贯彻，仅就这些技术性措施的作用基础仍然是经验的而言，也无法根本保证把握普遍属性的完备性，只能发挥一点优化效用而已。按照亚里士多德所描述的概念定义操作方法，在追求概念定义的理性认识过程中，无法超越给定的存在分类前提而增益定义内容，只能接受存在的经验分类成果，从中提炼普遍定义内容。尽管亚里士多德建议不要拘泥给定的经验分类所显示的普遍内容而作深入观察，但也只是一种经验延伸，不能改变经验认识的局限性。

第三，由于分类或者按亚里士多德的说法是划分，是针对在本质认识之前的存在进行的，缺乏本真的唯一确定的概念前提，其操作可以随主观选择的划分观察角度不同而不同，所以经验分类具有多元性。这便把以划分为基础的概念定义引向多元化，即针对同一事物可能产生不同的本质概念。但亚里士多德直接拒绝了多样定义，确认定义只能有一个。

第四，沿着给定的划分谱系展开概念定义认识，意味着哲学中认识的逻辑循环。定义中的谓词只能是划分中的普遍属性，或者被划分标准所牵连和蕴含，其实质为在前提中给定了什么，在结论中就重新获得什么。按照归纳定义的本性，不可能在定义过程中再有效增加普遍本质属性。同样，在寻找属差的属内普遍属性过程中，也存在这个逻辑循环问题，即在选择属内个例时，已经使用了属概念。

第五，在分类谱系框架内亚里士多德所推荐的从特殊到普遍的定义展开方向存在一个问题，即在上位（种）概念没有给定的情况下怎么定义下位（属）概念，按照种加属差定义模式即归于不可能。亚里士多德给出的理由是特殊事物的定义在认识上相对简单，更便于直接归纳，但显然会遭遇逻辑困难。而从上（种）到下（属）的定义逻辑也不可行，因为按照他的定义模式，最高概念由于缺少属差而不可定义。此外，按照他的谓词理论，最高概念由于无法找到合法谓词也是不能定义的。

第六，虽然在认识操作上看定义似乎被限制在一个种—属关联环节，但种加属差定义模式的结果必然遭受存在论尴尬。其情形为，在种和属的相对转换性下，属的本质内容通过"种"这个公式构成项而使属概念的定义内容产生开放性叠加效应，相对低级的事物的本质属性会随着级别的降低而增加，并因划分可以不断延伸而使本质属性趋于无限多。这无疑使理性难以置信而陷入恐慌。

第七，依赖分类的种加属差定义模式受分类的偶然性影响，可能发生定义欠缺即遗漏、冗余和紊乱。为此，亚里士多德提出划分连续性要求并用他的谓词逻辑加以检验和约束。但是，划分的连续性仅仅是一种努力，能否达到却完全受制于认识的主观水平。而谓词逻辑也同样建立在对事物属性的认识结果上，适用于给定内容，仅仅能够发现给定内容间的不当逻辑秩序，而不能积极地发现合理内容本身。因此，二者都不能根本消除分类偶然性对定义的消极影响。另外，亚里士多德提出的种的邻近原则也存在与连续划分同样的问题。

第八，在获得属差的认识过程中，虽然在直观上缓解了苏格拉底归纳定义所内在的无穷性困难，即种用来限制属差的比较范围，但却使同类困难双重化了，即在寻找属之内在普遍属性环节和将所获得的属之普遍属性与其他属之内在普遍属性的比较求差环节，都存在个例无限性问题。

第九，就整个定义模式而言，由于其中的种在分类体系中相对其上位事物亦为属，其定义也要经历属之概念定义的过程，所以对于某个属的定义在逻辑上引起无限后退，致使定义认识除非采取独断中止行动否则陷入不可能状态。

第十，按照种加属差定义模式，其内容选择标准仅仅是普遍性，并未考虑普遍属性在属存在中发挥何种作用，也没有考虑本质属性间是否关联统一的问题。因此，在归纳认识中，在存在中扮演不同角色的普遍属性就可能无差别地被确认为本质属性。进而言之，归纳定义有误认本质属性的风险。另外，按照亚里士多德本人的说法，本质是原因。而作为原因，各种本质属性间应该协同作用而呈现同一存在致成功能，要求不能互相冲突，必须互相间形成某种统一关联结构。但种加属差没有包含对本质统一的表达。

第十一，在种加属差定义模式内部，没有显示种普遍属性与属差本质属性乃至一般的各本质属性之间的存在关系，使人们陷入解释困难。一个"加"字释放了各种可能性，宽泛的机械叠加和混合，严格的互相关联统一都在其中。根据亚里士多德本人的例示性使用，他的选择是前者。而从他的种本质属性制约属本质属性的方式的一般观点即种本质属性必然成为属本质属性来看，也支持如此判断。但按照他的本质是原因这一观点来推论，各本质属性间应该构成关联而统一显示存在致成力量。

如果这样，种本质属性对属存在的作用，除了直接参与外，还有间接制约和引导属本质构成而通过属本质的存在效果来显示种本质属性这种可能性。也就是种本质属性作为"因"而把自己显现在属存在的结果中。如此，则可以避免相对低位的存在物随着位阶的降低而无限增加属本质属性的困难。

第十二，最糟糕的是，根据其操作方法和基础性认识假设，亚里士多德种加属差定义模式缺乏认识方法的内在约束，即不论认识过程正确与否，所涉及认识内容和所作论断内容是完备的还是残缺的或冗余的，甚至是完全错误的，定义认识都能堂而皇之地进行下去，并不能因认识的主观错误而在客观上陷于不能推行，由此自动隐晦和间接地显示认识过程在内容上或形式上的不足，发出中止指令，推动自我批判和再探索。一言以蔽之，亚里士多德定义模式缺乏认识自律，不能把错误转化为认识困难。因此它可以导向真理，也可以置人于谬误陷阱。需要强调，合格方法的功能不仅在于指导人们作出论断，更包括强制缺乏真知的人闭嘴而转向沉思。

综上所述，一直广为流行的传统定义方法不值得继续信任，应该严肃探索概念定义的新方式。这是一个亟待展开的工作，因为概念定义的质量直接影响哲学认识的安固，并且是设想和选择哲学理论构建方法的制约因素，正像建筑师只能根据建筑材料设计建筑形式一样。

如果承认概念是对存在本质的描述，而事物本质按照存在者之间的存在关联发生制约作用，那么要想使概念定义成为一种理性分析和论证而不是随意独断，就必须沿着可经验的存在联系线索追溯至相对被定义事物具有充分原因地位的更高存在物，以对它的普遍存在构成分析为起点，将获得的关于它的普遍存在本质为总根据，综合演绎式地推动指向被定义概念事物的认识。这一概念定义的战略构想具有三个理性优势。它可以保证概念定义自始至终活动在纯粹普遍属性领域而不被经验特殊性所干扰。同时，这种认识形式保证在每一认识环节上都获得完备根据，使断言具有确定的真理性。而最可贵的是，严格的认识逻辑使它具有对认识错误的敏锐反应，一旦认识过程包含某种不足或谬误，推理便会陷入无能而被迫停顿。

缔造解释确定性的概念解释规范[*]

当代哲学解释学摧毁了文本解释中的古典信念和目标,警告人们不能把自己理解的意义图式误认作者的实时创意,其结果是彻底否定解释的确定性。但一个不可罔顾的事实是,在文本中凝结着某种确定的观念,正是对它的确信激起理解和解释的冲动,也是阅读理性即人们进行文本阅读而诉求思想交往的根据所在。但是,为什么思想史中存在对于同一文本的不断重新解释,甚至在20世纪出现为之作理论辩护的带有相对主义色彩的哲学诠释学?面对显然有悖直观但却已经被理论化的阅读时髦,理性的明智态度支持采取批判立场而重返源头,机智地提出一个警惕性疑问:是否人们没有准确地把握解释的任务和正确方法,解释的错误和失败在习惯的包围中被施加了"客观性"幻觉,因此推动人们试图在错误中发现"真理",并用合理化和正常化这种理论包装来遮掩解释中的挫折?这种叛逆性的批判觉悟,必然提出关于解释的一般逻辑反思要求。而思想观念的基本单位是概念,所以本文首先提出概念解释的批判性反思任务。

一 意义世界构造形式的解释学效应:概念有效解释的约束条件

存在是言说的本体,存在的结构是言说路径的指南。因此,对概念

---

[*] 该文发表于《江海学刊》2019年第5期。

的有效解释必须以概念规定的存在属性和结构分析为基础。

概念是名词,但并非所有名词都是概念。概念除了指称性名词词性外,还具有意义上的逻辑普遍性和认识上的本质透视性。概念是抽象的,但它必然指向存在对象,直接或间接地关联着特殊存在内容。按照意识的综合统一原则,概念必然处于两种关联中,即与存在内容的关联和与其他概念间的关联。概念的意义就存在于这种关联结构中。而概念自身的构成就是对承担这些关联的内容的构造。概念作为名词来看待所需要的解释即概念的意义包括概念的构成和概念的关联,而作为逻辑存在物则已然站在概念构成内容的基础上要求对它的关联作出解释。

概念的两种存在关联具有不同的形式。概念间的关联呈现互相规定和制约的逻辑形式,理想上收敛于一个统一的概念,它具有确定性和普遍性。而概念与具体存在内容的关联,不论什么类型,哪怕是直接关联,也带有偶然性和漂动性,虽然也显示概念的意义,但对于确定概念的定义没有有效的作为。因为,概念与所属的特殊内容之间的联系在逻辑上是概念的运用,作为普遍的具有类本质特性的概念可以有诸多特殊内容间的组合归属其下,其间没有内容上的必然可预见性,究竟一个怎样的特殊内容组合来实现概念的规定性并无定法可循。同时,一定形式下特殊性内容之间的关联空间是开放的,不可能超越给定存在而作穷尽式确定。也就是说,在特殊关联内容之间既没有可逆的存在推出关系,也没有所关联特殊内容的可列举封闭域。所以概念的特殊内容关联意义之维,只能是后验偶然确定的。因此概念的运用之维的意义只能是抽象的,模糊地"有",而不能具体地规定其内容。

解释是对文本存在的言说,是关于原初对存在言说的言说,重返文本意义的存在是它的使命。解释的这种对象结构容许形成解释的嵌套,即对解释的解释。根据概念的存在结构,文本中关于概念的表达可以分为两种成分,即对普遍性内容的表达和对偶然性内容的表达。就认识而言,概念的两种构成内容具有完全不同的意义,普遍性内容因其必然性和逻辑确定性而可以重新建构，但偶然性内容却因缺乏与概念的必然存在关联而不可重新建构，只具有个人主观意识流的心理学意义。它也仅仅以体验的形态存在于原作者思想中，是一个心理事实事件，解释者不能以文本为线索而重获相同的体验，即使碰巧同一也不能得到同一确认。因此，对于解释来说，文本中的概念，可解释的是其普遍内容，而偶然内容就不可解释。在应用性偶然内容中，只抽象地例示说明概念具有存在意义。

而且，更为重要的是，概念相对于它所应用或统摄的特殊存在内容在存在上占据规定地位，是它规定特殊存在内容的存在构建，而不是后者规定前者。特殊存在内容在与概念的联系中仅仅偶然地显示概念和触发概念，而非必然地决定概念内容。因此，概念按照其存在结构就独立于特殊存在内容之外而获得自己的完整规定。

综上所述可以断言，概念的解释活动的合法区域为概念的普遍关联内容，概念所关联的偶然特殊存在内容对于概念的解释来说是意义冗余项。

在此，必须区别概念的逻辑解释和存在领悟或感受。前者只涉及概念规定本身，后者却涉及概念的观念构造效用，胡塞尔恰恰因为没有区分这一点而在意义分析中迷恋"意义充实"这一现象，并最终导向那个经验的深渊——"生活世界"，从而决定性地根本偏离了关于概念认识的本质直观目标。他错误地认为概念规定可以在感性内容的给与中加以必然把握，被认识的经验心理学过程所引诱而忽视了其间的主观跳跃性和非逻辑性。就概念的普遍关联具有逻辑必然性，而概念所偶然关联的特殊存在内容与概念的生成没有必然生成关系，相反只是一种偶然的心理学事实而言，胡塞尔一半正确地反对在观念解释中存在的心理主义，一半错误地把特殊存在内容纳入他所谓的意义的逻辑论域。被人们极力推崇的"生活世界"概念其实是一个符合日常经验的对真理的幻觉。

文本中概念的出场在作者那里可能牵连特殊存在内容，或者甚至作者借助这些内容意指性地表达他思想中的概念，希望借以诱导人们达到对自己心中概念的跨越式领悟，但这些都是只属于作者个人的主观心理事件，而不具有解释对象意义。作者的这种希望是一种十足的表达冒险，完全不具有成功的可靠保证。概念解释的可靠道路不是顺着观念形成的自然经验秩序来由特殊存在内容溯求概念规定，而是要面对给定观念世界，在普遍观念的联系中寻找概念的逻辑规定性。在此，必须严格区分概念生成的心理事件与概念分析的逻辑事件。前者可以包含解释的跳跃，而后者必须明晰和连续。

二 告别伽达默尔：可控的解释与文本扮演者

在伽达默尔那里，历史传统对解释的影响是通过"视域"概念发挥作用的，而视域被意识活动的时间性结构所规定，有超过历史传统之外的构成内容。被现象学意向活动—意向对象认知模式和胡塞尔的现象学具体描述方式所决定，伽达默尔把视域看成理解或解释的充分条件，或者说理解或解释是视域的必然相关物。这可以通过伽达默尔分析解释发生原理的整个过程所唯一关注的内容即视域来证明。由此也可以间接证明伽达默尔是一个关于思想存在的客观主义和逻辑主义者，即坚持理解的构建是被内容（视域）本身注定的，视域直接决定观念生成。沿着这个出发点和方向，伽达默尔建立起关于解释的概念链条：传统，效果历史意识，视域融合，效果历史，游戏，并把解释中意义的开显引向历史相对主义。由此文本的存在成了赫拉克利特眼中不可两次踏入的同一条河流，不仅读者不能奢求文本中作者的原意，而且即使作者本人也不能再次回到文本之中，文本意义成了不断流逝的瞬间存在。

这是一个讽刺，文本意义的某种客观主义或逻辑主义却导向了理解的个体主观主义宿命。其根源在于伽达默尔的哲学解释学对文本理解活动的分析的不周全性。造就理解的因素有伽达默尔所谓的视域，但视域对理解的参与性显现是可以被理解者调节的，理解者并不是被他所可能拥有的一切视域内容所绑架，必须携带它们一起参与理解活动。而且，理解者也可以区别和选择理解对象，把可以进行主体间对话和接受的普遍意义设定为理解任务。如果理解者错误地把本不可确定地加以把握的内容也放进理解活动，就会干扰整个理解活动而使之归于失败，既取消文本的确定意义，也消解理解者进入文本的可能，以致曲解理解的本然使命——理解"那个"文本。正是在这一点上，伽达默尔缺乏明辨，没有分析文本表达所涉及的不同内容及其主体间理解性，而是笼统地把文本的一切意义相关性内容都看成了同一个理解的构成要素，以"现在"时的"应用"情境形态让特殊个别内容合法地进入理解活动并形成一个维度。意识构建活动的时间性中的"现在"是一个内容存在的相对的时相特性，属于逻辑范畴，不能直接转化为物理范畴而据之把理解活动强制地拉到当前处境。也就是说，理解不一定非得具体化为现在的。恰恰是这个"应用"之维把理解误导到不具有主体间普遍性的偶然的特殊意义领域。伽达默尔的"可以理解的存在是语言"这一论断也没有能够提醒他对理解的合法意义对象作出甄别，因为他并没有深究"语言"表达式所能存储的意义，没有分析表达内容及其可理解性问题。

在没有考虑理解的认识论复杂性——包括文本意义的存在形态和属性、合理的文本意义理解对象、理解活动的主观能动性、理解活动的内在认识机制和原理、视域与意义构建之间的具体联系——的情况下，伽达默尔仅仅根据视域与理解的一般的粗疏相关性，就以视域的历史变动为由排除了"原作者"和"理解文本原义"的可能性，可以说是作出了一个过度的解释学论断。相对主义的哲学解释学无法面对这样的事实，即语言表达在人类历史上持续存在着，如果语言对观念没有集体记忆能力，它何以被创造并永久存在，人们又何以操持如故。

其实，不必否认视域对理解的影响，也不必否认视域的变动性，而只要承认理解者对视域的可调制能力，并区分意义的不同形态（普遍的与特殊的）而把理解使命限定在可理解的普遍意义上，就有希望建构一种给人以积极指导的解释学。伽达默尔的解释学忽略了一些重要基础问题，比如意义的存在类型、解释的禁区（辨识不可解释的文本内容）、理解的发生原理、理解活动的主观机制等。也就是说，他的解释学不是建立在理解的完备要素基础上，仅仅根据视域这个理解要素就匆忙作出了普遍论断。就起理解建构作用的视域而言，一个显而易见的事实是，主体可以能动地控制视域的开放方向和开放限度，有选择地让理解文本的视域开显。因此，通过对视域的主观控制，可以有效地达到与文本作者相同的视域，读者可以让自己扮演作者。而如果限定理解的目标为文本中普遍的思想，那么就可以在普遍观念世界找到统一的意义解释。如果进一步考虑理解发生与特定视域的复杂认识论的和逻辑的关系，那么也至少可以确认读者重新进入文本的机会或可能性。人的意识是有限存在，它只能在当下显现中出示一个意识主体所可能拥有的全部意识内容中的部分内容。这给视域的自主选择奠定了基础，即不是全部可能的意识内容一齐涌现在当前作理解活动的意识面前，而是只能有部分内容成为当前视域的有效构成内容，其中包含有意识地主观调控当前涌入理解活动的意识内容的可能性，而不是不可拒绝地把一切可能的意识内容作为当前起作用的"视域"。相反，如果意识是无限的，所有可能的意识内容都必然连带进入理解活动，那么伽达默尔的消极解释学话语或可为真。

奇怪的是，"视域融合"概念已经设定理解是视域之果和解释者视域的主观能动调节，伽达默尔又为什么要拒绝作者或文本原意的重现呢？显然，他承认文本中有一些客观意义或普遍意义可以重返，否则就消解了理解活动，又感到有些意义不可重拾。在此情景中蕴含两个重要问题，一个是本体论追问，即理解过程中，在缺失原有意义整体的一部分内容条件下，所谓对一部分原有意义的把握如何可能，意义世界的存在规律是什么，它容许有这种"原义"存在吗？另一个是认识论追问，即理解者如何为文本意义的可理解性和不可理解性划界并确定解释的可能界线的标志。只要没有对这些问题的真理性回答，伽达默尔的相对主义哲学解释学就是摇摆的，甚至必然陷入矛盾，即针对同一文本理解所指，既说文本是可以理解的，又说文本是不可理解的。这种追问进一步涉及一个更细致的分辨，即文本作者的认识构建与文本读者的解释重演之间，是否具有相同的思维方式和逻辑结构，质言之，创造性认识和学习性认识的思维原理是否同一，而一般认识经验给出的是否定性的答案。

之所以被视域概念引向解释的历史相对主义，也是因为伽达默尔混淆了两种解释即存在解释和文本解释，没有注意到它们之间的认识权利差别，把存在解释带入了文本解释之中，从而让可能不属于作者的视域也合法地进入解释过程，造成文本意义在解释中的绝对变动性。所谓存在解释就是面对存在作存在原理的认识构建，其认识方向为从特殊到普遍，它容许解释者的无限想象和发挥，可以使用解释者所能拥有的全部认识材料，把它们一并确认为存在所当拥有的，以正确性为标准接受一切解释构造方案。而文本解释是面对文本表达去追求其中所蕴含的意义，设定有那么一个思想存在，它追求的是作者的思想而非存在的原理，按照思想存在的秩序，在逻辑上其合理的认识方向为从相对的普遍观念到特殊观念，因而不能用读者对相关存在的当下理解来强加给文本，存在的真理性不是它的合法追求，也不是它所当承担的。如果用存在解释态度去对待文本而展开所谓文本解释，就势必会把读者的视域合法地强加给文本，造成文本意义的解释假象。总之，文本解释的目标就是寻求文本中的原义，而非借文本阅读来成就存在解释之功。文本解释不能借真理认识的名义来作修正式阅读而或明或暗地为文本进行真理修饰或真理辩护。因此，文本解释必须拒绝存在解释态度。所谓的借古人之口以托今人之意的做法，不是文本解释，而是文本歪曲，是存在解释的虚假修辞。

在对伽达默尔解释学作出严格审视和批判之后，敞开了解释学的一个奠基性任务，即在分析解释对象的存在形式的基础上，针对待解释对象的存在特征具体制定解释的解释学规划。

三 概念解释的类型及其规范

概念按其逻辑普遍性要求解释的确定性。明确概念的内涵是概念解释的自明任务，而在逻辑上，概念一经设立，其内涵就应当凝固，因此一个概念的有效解释应该就是永恒解释，概念解释的历史性只能表现为语言或语境变迁所要求的翻译性语文解释。

概念解释就是在概念存在的语境中发现具有通达概念内涵的特定线索，并以此展开具有必然性的概念规定活动。因此，概念的解释之道自明地应该依循概念的存在论特征，制定概念解释的一般规则必须以概念存在分析为基础。

在观念世界中，存在两种联系即逻辑联系和经验联系。所谓逻辑联系就是观念间具有制约性，一个观念规定另一个观念而显现为存在条件关联。而所谓经验联系就是一个观念和另一个观念之间没有逻辑联系，二者之间的某种关系被经验所强加，而不是以二者之间内容的可分析、可理解的方式加以把握和描述。从认识论上说，虽然经验联系可以作为逻辑联系的材料，但这两种性质的观念联系具有不同性质，不可互相归约和沟通。这正是哲学史上唯理论和经验论何以永恒竞争的原因。不论何种联系，都是观念世界的一种整理和秩序建构。当然，观念世界也存在联系的断裂即缺失，不过它并不直接显现为观念孤岛，而是以某种"同属"方式被认识活动虚拟为具有联系的并努力创造实际联系。

联系对于概念具有存在论意义。概念作为观念主体的自主设立产物，必然在意识自觉条件下被特定的认识目标（综合统一）所支配，因而也必然携带联系而存在，因为认识的本质追求就在于创造综合。并且，概念所具有的存在联系不可能是经验联系，只能是逻辑联系，因为概念作为思维的创造物，不是经验的而是理性的。在概念的逻辑联系中，诸概念形成相对的高低序位。存在于观念世界中的概念，从问题—认识的方向上看，可以起于经验意识内容，也可以起于较低层面的概念，表现为从特殊到普遍（反思的判断力）；而从概念—应用的方向上看，可以统摄诸所属概念或经验意识内容而作逻辑的判断使用，也可以支配可能的诸所属概念或经验意识内容而作创造的约束原理使用，表现为从普遍到特殊（规定的判断力或实践智慧）。概念在观念世界中的可能存在关联无非这些类型，它们表征了概念的判断力空间。概念的文本出现也不外乎这几种形式。

那么，概念的这些存在关联具有怎样的概念解释能力？概念的存在关联是概念解释的唯一可资利用的认识线索，概念解释只能在概念的存在联系边际中寻找切入点。从存在描述的角度看，逻辑联系和经验联系都构成概念的存在环境。但是，从认识的角度看，它们却具有不同的概念解释价值。概念可以关联经验内容，但是却不可以采取经验的方式与任何观念——包括理性的和经验的——建立实质内容间的衍生和决定关系，而必须以思维的方式建立与其他观念间的过渡性联结。因为概念本身作为抽象思维规定，不可能在经验认知方式中现身，从而使经验认知发生结构性存在缺失，不能满足经验认知所要求的两个对象的给定这一条件。概念与经验内容之间的联系只能是抽象的"存在某种联系"这一判定，而不能具体规定联系的实际内容，不论是从特殊到普遍这一概念生成方向，还是从普遍到特殊存在的建构这一存在生成方向，均不可能对二者之间的联系作内在具体规定，即摆明其间必然的内容联系。或者可以这样表述，建立观念存在的认识过程是偶然的，而非逻辑必然的。因为，对于认识来说，凡是带有创造性的活动均缺少蕴含性的可必然发现和推出关系。在从特殊到普遍概念的生成中，特殊内容不能限定可能的概念；而在从普遍概念到特殊内容的存在显现过程中，概念并不必然地给定一种存在构建方案。可以断定，概念的这类存在关联不具有概念解释意义。

在逻辑上，处于待解释概念下位的一切关联内容，包括概念和经验内容，都不能制约概念内涵，只有待解释概念上位的概念才具有直接规定概念内涵的功能。因此，对于概念解释有意义的存在关联是与待解释概念相关且高于待解释概念的概念。

根据概念在观念世界中的可能存在关联方式，一个待解释概念可以划分为两种类型，即概念逻辑关联中的最高概念和被其他概念制约的下位概念。按照概念解释的有效意义供给来自上位概念这一原理，最高概念的解释显现了内涵的文本溢出形态，即其意义决定线索不在文本内部，相反必须到文本之外的文化语境中去寻找，通过存在经验来决定。在这种条件下，概念的解释也就是寻找概念创立的有效文化环境对概念所指对象的根本存在属性的信念，不论它们来自经验还是幻象、猜测还是推理。从还原主观历史事件的角度来看，这种解释不应对概念内涵的合理性和真实性负责，而仅仅以真实的文化演进水平为根据。

与最高概念的解释原则相反，下位概念的解释必须按照其上位概念群的逻辑秩序，由上而下地演绎确定。在这种解释语境下，概念的阐释和确定在认识上是在特殊的概念适用对象的牵制下的以上位概念为根据的推理过程。其中，概念解释总是在已知概念的存在和适用对象，及其被制约概念群的条件下而提出的。本来，上位概念的作用方向或可能的演绎方向是多元的，但正是在这种特定的问题结构中，其抽象的演绎作用被具体化为某种必然的推理选择。

从解释者对概念的认识状态和解释目的加以考察，概念的解释有两种类型，即已知概念内涵条件下的讲授性解释和不知概念内涵条件下的探索性解释。讲授性解释由于具有在先拥有概念内涵的便利而可以给予独断性强制解释，即直接道出概念内涵并继以语境有效性验证。也可以利用一切概念的存在关联线索进行明示或诱导的论证，包括校验性论证和逻辑论证。所谓校验性论证就是在概念的个例显现（上升的或下降的）中诱导人们自主领会概念内涵；所谓逻辑论证就是通过对被解释概念作综合式推演或分析式确认来达到对概念的说明。综合式以待解释概念的上位概念群为根据，其中的最高概念是解释的起点；分析式以显现概念的存在个例为起点，逐级论究并倒溯存在的根据，终止于解释概念。需要注意的是，由于概念内涵处于已知状态而展露出诸多可能的存在关联，因此讲授性解释具有相对探索性解释更多的认识路径。分析式论证和校验性论证在概念解释的确定性上具有共同的缺陷，即无法达到直接把握和显示概念内涵的目的，只能停留在意会形态上而把理解概念的任务委托给习受者，因而不能阻止概念内涵认识上的主观任意性和歧异性。由于在这种解释中，解释过程在逻辑上始终不能蕴含概念内涵或者说不具有给出概念内涵的清楚描述的可能性，所以是一种貌似解释而实际上根本不能完成解释任务的虚假解释，而只有演绎性解释甚至独断性解释才是本真解释。不管其恰切性如何，就解释任务的履行而言，主观独断性解释至少在形式上是对"解释"定义的某种充实。解释没有为待解释概念辩护的义务，而只是说明其文本意义。遗憾的是，大多数解释都在为历史上的概念进行辩护。

一个概念以何种存在关联方式加入文本，决定其解释前途和命运。概念的解释需要可以分为两种，即理解需要和逻辑需要。所谓理解需要，就是概念的表达是充分完满的，只是针对个别阅读主体的认知能力不足而进行的为接近和进入概念所作的辅助性说明。而所谓逻辑需要，就是概念的表达并不充分甚至没有直接确定的表达，因而在逻辑上需要补写概念内容，在不明言概念而仅仅以例示之——包括探索的和应用的——这种语境中现身的概念性名词，就需要逻辑解释。由于这种概念表达缺陷并非偶然的疏忽所致，而是在逻辑上这种文本语境就根本不包含可确定的概念定义，所以逻辑解释的答案绝不蕴含在文本语境中，相反必须通过解释者合乎认识逻辑的创造性认识路径来完成。

方法与可能性：绝对定义那些"不可定义"的概念

解释与创造性认识有别。认识是面对给定存在对象进行新异断言，从而产生新的概念、原理的思维；而解释，不论是文本作者自己所作的文本中的解释，还是文本读者所作的文本外的解释，都是针对一个已经经过认识设立起来的概念或原理所作的帮助把握和切入它的思想路径描述。从这个意义上说，解释与认识构成一种思想结构，诞生于认识成果自身呈现方式的非完美性或相对于心智的非通透性，以及理解路径的多元性与可能理解路径之间的理解力量的不对称性。没有人会对一个直白而可直接进入人心的观念表达再追加解释；假如各种理解路径对每个心智都是认识等价的，那么人们也不会画蛇添足地再粘贴一种解释说辞。可以说，解释在其源始处是认识成果所包含的敞开自身的要求的产物，是一种思想通向澄明的观念结构，而并没有操作主体的身份限制，亦即可以是自言自语的，也可以是对话的；可以是文本的作者，也可以是文本的读者。其实，论证就是以严肃态度追求真理的人而作的对自己的真理直觉负责任的一种解释。就真理常常首先闪现于直觉中而言，解释首先是自我解释。流俗中关于解释的"解释他者思想"的定位，已经是遗忘了认识之源后的枝末之见。解释总是跟随认识论断，因此逻辑上具有历史性。思想成果的描述是解释的天命，在思想事实之外为文本作真理辩护并不是解释的义务，更不是它的权利。解释的认识伦理就在于忠实。

概念的"我知"不等于"可言说"，其间可能存在巨大差别，甚至构成两种异质认识水平。一个概念由于构成内容已经存在于观念世界，所以拥有它的主体必然感受到它的存在和作用。但是，如果这种概念没有被专注而获得专题性单纯把握，混迹融合于相关的特殊意识内容中，那么就不能清晰地显现自身，在特殊内容的干扰下无法找到普遍性的语言表达。只有剥离特殊内容而摆脱它们的纠缠，才能澄清概念内涵的构成要素以及其间的逻辑关联，从而达到概念的有效可表达状态。而这一剥离和澄清过程必然会受到概念与特殊内容之间的存在论上的天然关联的抵制，所以必须实施特殊设计的反思手段，在其中保证戒除特殊内容的渗透和侵蚀。在逻辑上，这就要求以概念解释为目标的认识起点不能带有相对解释概念的特殊性，同时保持认识过程的纯粹性和抽象性。显然，在观念世界的各种关联方式中，有效的概念解释只能采取纯粹概念间的综合运思方向，而不能掺杂从特殊经验存在到普遍概念的所谓探索性认识方向，以及从普遍概念到特殊经验的概念运用方向。

因此，着手概念解释前，首先要判定概念的文本存在及其进入语境的方式。如果一个名词被托以逻辑普遍性身份（宾辞或主辞）出现，那么即为一个概念。而一个概念有三种可能的现身语境，即作为从特殊到普遍的运思结果、作为纯粹概念关联的派生结果和作为概念运用结果的经验存在。不论以何种身份，现身文本的概念或者是内涵明示的即概念内涵被给予明确的论断，或者是内涵隐匿的即没有给出关于概念内涵的描述，只是提及了概念之名，因而被设定为默会的即心领神会的。而作者对明示或默会的写作选择，或者是认识水平所决定，或者是一种叙事的主观表现，即可以明示却驻笔留白。明示可以是有合理论断根据的，也可以是主观独断的；默会可以是欲言而无言，也可以是可言而未言。其中，独断的明示和无言的默会都造成概念在文本中的认识空白即文本溢出，其解释路径必须在文本外独立创造。

概念的解释包含三个环节，即概念内涵通达方法的说明、概念内涵本身的描述和概念有效条件限定。就解释的目的是理解而言，独断地设定概念内涵并无意义。相反，必须通过摆明通向概念内涵的必然思想环节和秩序来引导心灵走进概念。对于探索性概念解释，需要解释者独立地寻找思想资源建立文本外的关于概念内涵的演绎推理。而对于历史（讲授）性概念解释，只需要解释者给出文本内相关概念的观念链条。在这两种解释中，解释工具不同。探索性解释逻辑，表现为思想解释，即以特定思想结构构造一种切合文本的概念内涵，把原作者心中的那个概念幽灵逼上显现原形的道路。历史（讲授）性概念解释的手段是语文解释，因为原作者已经在文本内充分表达了待解释概念，需要补充的工作是帮助读者进入其语言之中。在这里，语文解释是一个广泛概念，包括一切可能帮助人们理解作者语言的行为，比如字典解释、语法解释、运用个例等。

概念就是对经验同一性认知的制约，这种作用根源于决定概念的诸多普遍观念，因而可以在对其无清晰意识的条件下而在诸多普遍观念的间接而自然的作用下加以使用。概念具有与经验意识内容相结合的天然逻辑要求，因而一旦概念混迹于经验意识而产生，那么其要素就可以自发地发挥作用而无须概念内涵的整体逻辑显现。但是，概念内涵的描述必须具有纯粹普遍性，不能使用经验语言，概念定义的谓词在逻辑上必须排除相对待解释概念的经验内容，不可循环定义性地借用概念的个别显现物。只有不具有特殊质料性的概念内涵才可能包容一切可能的经验材料而保持其普遍性本色。

综上所述，概念的解释随概念出现的逻辑身份不同而不同。因此，概念解释分为两个基本环节，即概念解释前要针对一个待解释概念进行语境分析，从概念在语境中的联系发现概念的特定存在情形，明确概念解释的类型，然后再着手正题地解释概念。概念在语境中的逻辑身份和存在状态的分析，是一种复杂任务，但可以分为两种抽象形式，即描述分析和逻辑分析。所谓描述分析就是搜索文本中对待解释概念的逻辑身份或存在状态所作的直接陈述或间接陈述，由此作出判定。所谓逻辑分析就是搜索并分析待解释概念在所出现语句中的逻辑形式或在同一语境的不同语句出现间的关联关系，来判定待解释概念的逻辑身份或存在状态。一切可能与概念的逻辑身份和存在状态有关的语境现象都是这种分析的线索。但须注意，任何一个这种分析的尝试，都必须不以对待解释概念的某种内涵预设为前提，不涉及待解释概念的哪怕少许内容，而是构造关于待解释概念的纯粹外部分析。

结语：概念是文本意义构建的基础，概念解释能否摆脱伽达默尔相对主义的管辖对于解释学至关重要。如果概念解释有章可循并可以得到解释确定性，那么不仅可以质疑当代哲学解释学，而且可以沿着不同路径重建积极推动实现解释确定性的解释学。

七蠹：对老子"自然"概念解释史的批判[*]

—— 以认识理论的原创补写为基石

如何理解"自然"概念，决定老子思想的根本面貌，因为按照《道德经》的经典表述，万物由"道"，而道法"自然"。所以有人说"不将老子之自然的意义厘清就谈不上研究老子哲学"[①]。正因如此，"自然"成为道家思想研究中的一个不朽话题。以常识来看，在这种"说不尽"中透露出思想的腐朽即"道不明"。因为，对于一个给定文本，只有无人能给出恰切解释才会涌现不断的重试。由此形成一个扎眼的思想史怪象，即人们至今对"自然"概念的解释在观点上存在不可裁判的分歧而陷入解释的不确定性和私人性。这直接破坏了道家学派内部对话的基础和最低限度的公共语境约束，以致在严格的审视下，所谓道家学派都令人生疑，因为既然就这一学说的最高基础概念都无法达成一致认识，又何来学派？到了当代，这一尴尬似乎被伽达默尔的哲学诠释学所解嘲，成为所谓意义历史变迁的必然而合理的表现。但是，用理解的时间性结构来消解文本原义甚至宣判原作者的死亡，是把时间结构的流动性和不可逆止性强加于理解主体的结果，它否认主体对时间性结构的主动构造和控制能力，这有违精神活动的直接经验。因此，本文仍然坚持对"自然"概念解释中纷乱现象的警惕和反思态度。

---

[*] 该文发表于《阅江学刊》2021年第4期。
[①] 刘笑敢：《老子古今》，中国社会科学出版社2006年版，第75页。

一 为批判进一步奠基：概念定义一般规范的完备性补写

作为一种严格求真活动，批判性认识要求拥有相对被批判对象的论证彻底性，并且尽可能追求展开根据的充分性和构造上的逻辑完备性，从而超越历史地为批判供给理性力量。批判理性对于逻辑有一种永不满足的欲求。这对于概念解释问题的批判而言，就是要制订审视的视角，把分析活动预先纳入特定的规范之中，避免随意而为所可能夹带的浮浅和疏漏风险。

概念解释的实质是描述概念的意义，就其普遍内涵作出断言，在逻辑上表现为一个判断。不论一个概念的文本出现语境怎样，以及由此所决定的概念解释类型是哪种，解释的意图都指向概念的逻辑构成的刻画这种命题性凝固。在《缔造解释确定性的概念解释规范》一文中，已经提供了指导概念解释活动的两个规则，它们从待解释概念的外部来规定概念解释的着力方向。而围绕概念解释的判断形成问题，还需要继续制定关于判断本身的完备构成规范。在逻辑上，关于作为解释的概念判断本身可以分析出五个方面的制约条件，即作为认识对象的概念的存在、作为认识的目标性约束的"真"、主词的确当主题设置（主词与概念定义目标之间的逻辑匹配）、谓词与主词的关联关系的合法类型、谓词的合法来源。前两者是关于有效概念解释的判断外限制，产生于认识论语境；后三者是判断内限制，产生于判断形式的内在逻辑关系。因为，就认识论的立场而言，针对判断只能抽象地提出认识的对象真实性和论断的真理性要求，而就判断的构造逻辑而言，只能针对特定的判断内容抽象地提出关于主词、主谓词之间关系及谓词内容的形式化要求。

概念解释作为判断表现出认识上的逻辑孤立性，即既有概念作为给定的过往主观事件对于解释来说具有存在孤立性，只须关切其事实，而无须对其真理性负责，即它以对概念规定这一思想史主观事件的纯粹描述态度而获得封闭在自身之内单独宣示自己真理地位的权利。于是，认识论针对一个单一判断的内容所能先行设定的知识要求，只能退出观念间逻辑检验的领域而落实为某种行为学范畴，即如何使之成为有意义和有效用的主观活动，按照判断的行为结构寻求概念解释的一般有效条件。在不扩展到一个判断之外的情况下，作为思想的显现物，判断在逻辑上就是无过程的，它在思想世界中的关联与常态化的观念间逻辑联系无关，仅仅被行为结构所决定。而思想行为的现实存在方式为，从"思什么"到"想出了什么"，具有逻辑意义的就是认识对象（主词）和认识结果（谓词）。因此，关于一个判断行为的合法逻辑叙事只有认识对象和认识结果的属性或特征，即认识的行为对象和行为结果评价。

1. 在直接的描述性认识经验中，认识是把主观外事物的内在存在内容显现和成像到主观意识中；在纯粹观念论的观点上，认识的现实性仅仅是被特定意识内容引发的为这些给定内容寻找更多联系内容的思维活动，是意识界的自我解释；而在认识叙事的构成逻辑上，一场认识活动就是推出一系列判断，它们一定具有心理学上的主观连续性，即在思维者看来后续判断与前行判断保有公共性中介内容，并总体上归结到一个共同的判断主词。在认识的这三种不同结构分析中，都拥有一个思维发生意义上的起点，"对象"这一概念理想地对此作出了概括。

认识对象是判断活动的前提，真实且确定的对象构成认识活动逻辑结构的要素，"认识什么"凝聚理性的注意力并提供待认识内容。没有确定的对象，理性便不能形成认识任务意识，无以坚持同一性而确立合法的认识作用内容；没有真实的对象，认识论断就没有存在意义，陷于虚无而堕落为妄想。在真实确定的对象下所进行的思考可能是错误的，但至少是一种有意义的探索，而针对虚妄对象的苦思冥想则开始就注定是一场主观幻想式游戏。因此，真实确定的对象是认识的起点，认识论断的可能有效性必须以之为条件，它成为有效认识活动的必要形式条件。

作为概念解释这种单一判断的认识对象，其范围具有存在广泛性，不论是客观存在物，还是精神形成物，只要相对判断行为具有给定性和可指向性，就是合格的判断对象。对于概念解释来说，关于概念存在的逻辑确证是解释操作必须首先进行的解释步骤。

2. 从纯粹意识行为的角度看，思维具有自然经验上的主观自由性，其可能结果处于多元差异状态，携带内容偶然性，不一定能切中认识对象，所以有真假两种前途。因此，一切思必须接受"真"这一评价，使之被规范和约束。对概念的含义作出判断是概念解释活动的权利，但必须接受"真"的评价和选择。

"真"这一日常概念，在经过哲学中的观念论批判之后变得异常复杂，常识不再了。以朴素实在论为基础的认识之"真"概念，主张论断与客观存在的符合。但是，这一直观可接受的认识规范却牵连一个吊诡，即作为其基石的存在概念是一种超验设定，具有绝对的前认识性，抽象而空洞，本身缺乏对认识行为进行约束的操作力量，因为任何对于认识有意义的存在，都必然是作为一个认识结果的观念确定物，即被设定为在观念之外的客观存在却正是在观念内设立起来的。相反，"真"的逻辑融贯论把一个观念在观念界的逻辑统一当作"真"的标准，当一个观念不能获得其他观念的逻辑支持时就是假的，当一个观念被其他观念所肯定时就是真的。在逻辑主义的真之观念中，真被领会为观念内的存在形式问题。但融贯论的麻烦在于，在不能摆脱外在对象观念的前提下，单纯把逻辑一致性作为观念正确性标准难以克服思维的主观任意性嫌疑。从使用效果上看，两者都存在常识范围内的真理确认错误情况。更根本的是，在本性上，两者都内在真理确认的自我否定可能性，因而其观念的正确性鉴定具有逻辑上的不可靠性。因为，符合论的检验手段是经验，具有外在开放性，而融贯论的检验工具逻辑本身亦具有联系的开放扩展要求，二者均存在已经被确证的观念再遭否定的可能性。如果更严格地进行学理审视，符合论和融贯论都没有奠基在"真"概念的本真含义的揭示上，都不是本质性定义，而仅仅是一种操作性定义，即按照某种对真观念的简单直接领悟而提出的验证方法。因此，作为一种不准许夹杂苟且的批判性行动而言，概念解释还没有可用的"真"之合格概念，它必须追寻建立在本质性定义的"真"概念之上的彻底可靠的"真"之判断方法。根据《有限意识批判》①对意识存在和思维活动的严格哲学分析，"真"是一个根据"存在"概念发动并以"存在"概念本身为标准的评价性概念，而存在概念源自意识存在的普遍形式，借助于意识的自觉自识性，存在概念所表征的存在理想被自动追求，因而对特殊观念内容的合存在性评价即"真"。因此，"真"继承了意识存在普遍形式的先验性，是一个先验概念。作为先验概念，所谓真，就是合乎存在概念的规定形式而显现或者说存在。而这一先验概念的经验效应或具体应用，就是一个观念或者说意识内容按照存在概念的规定形式被纳入存在概念的一次使用中，进入意识存在普遍结构而成就一个或参与一个意识存在。就作为有限的意识存在结构的衍生概念而言，真概念先验地牵连给与内容而具有评价的范围相对性，即虽然先验的真概念是形式上无限的、绝对的和要求形式圆满性，但落实在具体的评价活动中，却只能活动在意识内容视野内，针对给定的内容进行真之评价，所作结论仅仅在给定内容范围内有效。因此，"真"的评价逻辑地包含相对性、历史性和否定可能性，因为处于一次存在概念使用中的意识存在，或者可能仅仅包容有限的意识内容，从而注定是漂动着的评价碎片，或者因不能排除给定内容的开放性而面临可能的更广泛评价的冲击和改写。被如此定义的真概念及其具体使用效力，同时包含符合论和融贯论的"真"之要素，因为在其中，思维中的内容与给定内容共同享有一个存在，所谓的符合就是思维必须与给定内容通过逻辑关联而建立存在统一关系，而所谓融贯

---

① 崔平：《有限意识批判》，吉林教育出版社2002年版；江苏人民出版社2015年版。

就是按照存在概念建立起各个内容间的存在关联和相容关系。①

3. 主词是判断的逻辑构成项，它规定其逻辑后承项谓词的可能内容，主词直接或间接地预设了待思考对象的内容。一般逻辑理论认为，在判断语句中，句法主语直观而充分地指示着待思维对象，是思维发生的根据。但是，必须质疑的是，针对一个对象可以作各种不同的认识活动，因此仅仅对象不能规定思维任务，从而也就不能产生判断活动。在判断形成的认识过程中，显然思维具有特定的着力方向，也就是说思维什么在思维之前是被明确规定的。这种规定表现为问题形态，明确的问题意识向思维提出回答任务。因此，在认识上，一个判断其实是一次问答，谓词就是对问题的论断性回答。对判断语句句法的这种思维还原暴露出语法主词的判断构成功能的非完整性，亦即句法主词仅仅是形式主词，它不足以启动判断活动，判断性认识所针对的对象是问题观念，它才是实质主词。于是，问题意识的形成机制成为透视判断的主词构成原理的关键。按照对美诺悖论的破解成果，问题意识形成于一个统摄特定存在对象的概念向该对象的适用，追问该对象对概念的实现方式。② 所以，判断的实质主词在构成上有句法主词之外的高级概念的参与，它规定思维方向，正是在这种思维指向中发生现实的思维活动。在逻辑上，这些特殊内容之间的潜在的关联可能性构成对判断前途的影响。因此，从语法上看，主词可以任意设置；但从逻辑上看，其内容并不是可以任意收纳的。主词内容与可使用的认识方法共同决定判断形成的成功与否和水平。主词指代的内容要服从认识目标，首先必须限定在互相间具有存在的形式相关性内，不能宽，也不能窄。宽，会因本无关联却生硬追求关联而造成判断失败；窄，会因缺乏必要的存在内容给与而缺少判断材料。更有甚者，如果主词内容间不但缺乏可见的存在相关性，而且矛

---

① 关于"真"概念将另文详细讨论。
② 崔平：《原创法度：哲学原创本质、方法和规范的逻辑分析》，《江海学刊》2003年第3期，第9—10页。

盾冲突，那么会直接注定思维的判断失败命运。存在相关性的分析和确认及其逻辑距离的预先把握，是了解和评估思维路径及其在既有条件下实现可能性的必要认识程序。只有可把握其内容间的存在相关性并可筹划具体揭示方法的主词，才是可接受的。其次要携带可操作的认识方法来评估特定主词内容条件下的判断可能性，调整判断有效性目标或主词内容，因为主词内容之间的逻辑间距所形成的关系整合难度同时与主词内容和认识方法相关，会直接影响认识的成功展开。在认识上，认识目标即所期望的谓词内容的范畴归属是判断的形式谓词。而在逻辑上，主词应该包含或可以关联形式谓词。

问题的设置不是任意的，而是有其规范，随意的设问虽然具有形式上的问题结构，但可能不具有可理解性和可回答性。因此，在认知逻辑上而不是在句法上，主词不能自由填加，其焦点为在一定思想背景下，面对一个给定认识对象，可以适用一个什么概念以创设一个问题。根据问题意识的生成原理和存在结构，一个被证明针对给定存在对象在逻辑上拥有统摄效力的概念才能成为合法的问题概念。由非法问题概念所任意设立的问题是一个无效问题。合法的问题概念会提供确定解决问题的可行方法并引导搜索特定方法下解决问题的逻辑相关内容。如果一个问题有效，且能够贯彻所确定的认识方法并找到解决问题的逻辑相关内容，那么就是一个活问题；但如果不能确定解决问题的可行方法，或者不能发现所确定解决问题方法的逻辑相关内容，那么就是一个死问题。随着认识发展对问题解决条件供给能力的提高，一个死问题可能转变为活问题。合格的主词必须表征活问题。

以上所述主词设置规范对于概念解释而言都应该遵守，特别之处在于，其认识目标为获得一个概念，因而适应概念存在的逻辑属性，主词内容必须与定义的逻辑形式相匹配，必须恰当地具体化并限定其内容，以便能够充分地发挥出符合概念内涵要求的普遍谓词。严格而审慎地看，概念定义语句中的主词具有自己不同于一般判断中主词的存在内容。概念解释也就是给概念下定义。概念定义具有判断形式，但以概念名称出现的主词的概念所指还在求索中，其内容规定性为空。然而，主词必须有所指示和规定，否则就不能形成确定的判断任务，或者可以毫无约束地任意添加谓词，或者理性根本不能启动其判断机能。在逻辑上，不同于概念定义的表达句法形式，概念定义中的主词不是已经完成的认识内容，而是针对待认识对象在提出概念规定任务，是设定一个认识行为，其实质为一个问题。这就是说，概念定义语句也具有问答结构，只是在其中具体的指示对象被隐而未显，但在实质上，其主词具有与一般判断相同的构造，即在形式化地指示出待解释概念的名称时已经清晰地联系着问题概念和相应的特定对象内容。另外，按照概念解释的界限是普遍内容这一规则，作为设定解释对象的主词必须指向普遍内容领域。

4. 判断是主词谓词之间的关联，其结构或者说二者之间的关系形式需要考察确定。判断谓词必须是抽象的普遍内容，而且必须具有相对主词的高级普遍性和抽象性，因为谓词是对主词的规定，而在逻辑上，只有占据相对普遍性地位的内容才具有对于下位内容的规定权能。而从特殊内容开始的认识在逻辑上不可能获得确定的普遍概念，只有从相对普遍的内容出发，才能走向所追求的普遍内容。因此，判断谓词在逻辑上应该限定在普遍观念内容范围内，抽象的普遍存在内容是判断的合法谓词来源，那些特殊的具体经验内容必须加以回避和杜绝。进一步，如上所述，真实起主词作用的实质主词表现为一个问题观念，具有问题概念与句法主词相关联而共同推出句法主词内容的综合统一要求这一结构。因此，显然，作为答案的可能规定内容在逻辑上必须处在问题域内，即同时与问题概念和被规定对象具有存在相关关系，而且必须同时具有特殊的逻辑位阶，即低于造就问题的问题概念而高于作为被规定对象的给定对象内容。回答内容与主词的相关可以是逻辑相关，也可以是因果关联显示的存在相关。对于概念定义来说，谓词相对实质主词中的待规定对象要具有绝对普遍性，因为在逻辑上，它们要统摄所有可能的对象内容。以上是主词和谓词之间的逻辑关系，具有纯粹形式必然性，因此可以称之为形式关系。而就主词与谓词内容之间的认识关系而言，分析性判断和综合性判断是两种可能类型。[①] 对于概念解释，其判断不可能是分析型，而只能是综合型。因为，显然，概念还在待求未知中，判断的谓词不可能寓存于主词之中。相异内容间的综合需要什么条件，也就是什么样的逻辑根据可以合理促成它们之间的同一存在关联？由于根据的类型和给出方式对应特定的认识方法，只有特定逻辑结构的认识方法才能有序显露并确定地赋予一个内容以特定的根据地位和根据属性，所以理性的而非任意的概念解释的综合判断需要特殊的认识方法加以保障。康德把综合委托给想象力和中介性的图型。这采取的是逻辑的思路和预设性的充分条件，它面临逻辑上的无穷后退尴尬和认识上的来源追溯问题。综合就是共同归属于一个存在，而特定的存在在意识界必须按照存在概念所规定的存在形式以概念方式构成，亦即以进入概念的方式被一个概念所规定。在逻辑上，只有相对上位的观念内容能够拥有规定权能，这种规定—被规定关系一直追溯到一个统一的概念。因此一个综合判断的形成条件是具有完备的上位概念序列。从认识致成的可行秩序上看，获得这种综合判断的正当方法应该是从这个可能的最高概念出发，逐步下行规定次级概念，直到待给出谓词的主词。但在认识的现实性上，如何寻找和发现正确的认识起点以及发展方向是首先应该解决的问题。因为，一来理性要求认识起点的非盲目性，需要预先得到切中认识目标的保障，二来从上位概念构成内容到下位概念具有不同的选择方向，理性要求预先描绘认识路线。为满足这一认识需要，就必须进行从给定主词开始的上位方向的存在相关分析，揭示其存在联系环节。所谓存在相关，

---

① 需要指出，即便是分析性判断，其谓词也具有相对主词所包含同名内容的高级普遍性。因为，作为主词总是指示一种存在，而作为存在都必须在某种概念统摄下加以意识显现，所以主词的内容必然接受某种概念的限制而添加了特殊性。但谓语同名内容在脱离主词之后，不论它等于主词内容（同语反复）还是窄于主词内容，由于自己的单纯而不受规定都会相对主词具有更高的抽象性和普遍性。

七叠：对老子"自然"概念解释史的批判

就是两事物之间的存在构成上的关联，其关系类型可能是制约—被制约的，也可能是同位并立的，但对于综合判断的根据而言，只能是制约—被制约型的。制约—被制约型存在相关可能是自然因果的，也可能是逻辑因果的。

5. 判断谓词是对主词，更准确地说是对作为问题的实质主词或者说逻辑主词的回答，其内容是按照逻辑主词的指引对句法主词或者说形式主词的存在规定。而谓词的内容选择空间在逻辑上是一个有限域，即被判断语句的逻辑主词或者说实质主词所规定，必须处于问题概念和特殊对象所共同确立的存在相关范围内。判断的可能谓词 X 应该按照问题概念的规定作用实现对句法主词存在内容的综合规定。X 与句法主词的先验可判定关系的内容就是问题概念。X 必须处于问题概念与句法主词内容之间的存在相关范围内，针对句法主词内容而创立，处于从问题概念到句法主词的关联链条上，是诸多相关概念有序相互作用的结果。按照一般判断理论，谓词 X 所形成的判断可以有分析和综合两种类型，但以往对此没有更深入的论断。在主词的存在结构被进一步揭示为包含问题概念和句法主词（形式主词）的实质主词之后，所谓分析判断和综合判断显现出更具体的形成原因，即二者由完全不同性质的两种问题概念造成。分析判断的问题概念是"包含"，即针对直接显露于句法主词的内容本身进行关注；而综合判断的问题概念是一个实质性的存在概念，要求针对已经在某种概念下显现其存在内容的句法主词，设置另一个问题概念来探寻其新的存在属性，构成对原存在的进一步揭示。相反，分析判断没有提出更深入的存在揭示要求，仅仅提出了主词观念的自我描述和澄清任务。对于概念解释来说，作为待解释概念名称的主词不可能是内容给定的，相反如前所述是空无的，因此，概念解释判断中的谓词 X 不可能包含句法主词所包含的存在形成概念——句法主词作为存在指示词，必然以特定概念的存在确认为条件——及其所统摄起来的特殊存在内容，必然是一个综合判断。分析判断不包含认识的拓展，而且不包含

· 33 ·

实质上的综合关系，仅仅表达形式上的综合关系。综合判断表达主谓词之间的内容综合，二者之间要发生存在概念下的共在，其中谓词必须高于主词，因为不仅在逻辑形式上必须是高者才能规定低者，而且在意识存在结构上也只能是高阶规定低阶，使自己成为低阶内容的构成属性。综合判断需要认识根据，而分析判断则不需要。综合判断的内容需要综合在一个意识存在中，谓语动词显示了谓词对主词的关联性质：构成的（"是"）或者关系的（性状动词）。综合需要的是谓词向收敛方向移动。（逻辑统一与存在统一有别，后者具有直接的完备性）谓词是对主词的认识上的提升，是从另一视角（概念）对存在内涵的揭示，即主词在一个认识视角（层次）上得到存在（内容）确认，随后在另一认识视角（层次）上被追问并作答。分析判断是没有视角转换的认识结果。

既然综合判断谓词是对句法主词存在内容的某种普遍把握，那么它们就必须处于同一观念中，拥有同一的意识存在，即综合判断的谓词与句法主词应该处于一个存在中。按照意识存在结构，这种综合形式的认识创立过程表现为某种向一个最高概念递归的概念规定系列，要言之，综合判断谓词需要的是向收敛方向移动。而从观念存在秩序上看，综合判断谓词的形成却是从最高概念不断向下进行规定的结果。据此，综合判断谓词的获得方法就应该包含两种认识程序，即从句法主词（形式主词）开始作向问题概念所牵连的事物的存在相关分析以确定存在相关链条，随后进行由最高相关事物开始的存在规定关系分析，直到对句法主词的统一存在把握。

二 检讨"自然"概念的文本存在模式和解释模式

老子第一个创造使用了"自然"概念，但他并没有作出何谓自然的任何正式说明，用逻辑话语说就是，在老子那里，"自然"的五次出现都处于宾词位格而没有一次占据主词位格。从"百姓皆谓我自然""道法自然""夫莫之命而常自然""以辅万物之自然"到"希言自然",按照通常的句法结构,"自然"都没有以主词身份出现而得到述谓。唯独"希言自然"有一种可能的倒装句理解方式,即将其看成"自然之言希",意为"自然"(这种存在和运动方式)具有某种神秘莫测性,不能确定地直接显现和被直接把握,正所谓听而不闻。但即使在这一语句中,逻辑上也没有对"自然"作出定义性内涵规定,而仅仅是对"自然"发出一种评价性感叹。可以说,老子对"自然"是使用而未正面规定。人们在《道德经》中所能捕捉到的理解"自然"的材料,只有在个别章中给出的作为"自然"之现象的例示,比如第十七章、二十三章、二十五章、六十四章。另外,在逻辑上,按照"自然"的统领全篇地位,也可以广泛地把《道德经》中对世界存在现象的描述都看作是"自然"之例示。

后人解老子者多多,但在解释"自然"的体例上都没有超越老子者。

《庄子》以了然于胸而随手运用的姿态对待"自然",没有萌动清晰地刻画其含义的意念,更无从发现他对《老子》"自然"概念的规定模糊性的不满和批评冲动。以"自然"概念的现身语境结构看,《庄子》与《老子》具有文本同一性。在为数不多的直接提及"自然"的语句中,庄子都把"自然"作为一个不成问题的概念加以使用,并无反思和规定"自然"概念内涵的自觉意识。从"常因自然而不益生也"(德充符)、"顺物自然而无容私焉"(应帝王)、"调之以自然之命"(天运)、"莫之为而常自然"(缮性)、"无为而才自然矣"(田子方)到"真者,所以受于天也,自然不可易也"(渔父),在直接表现形态上,"自然"都没有在逻辑上处于被述谓地位,而是简单地作为既定含义的描述语词用来述谓其他语词。只是在次级逻辑关联中,各句均以对同一述谓对象的共同述谓形式,衍生性地以否定意义间接地表达了"自然"概念的禁止性含义边界即"不是什么":自然——不益生;自然——无容私;自然——命（不能自主的存在定数）；自然——莫之为；自然——无为；自然——不可易。但无论如何，这种对称结构中的"自然"都没有获得定义。因为，一来婉转表现出来的限制性说明在逻辑上以其否定者身份都不能成为概念内涵的积极规定内容，二来这些限制性规定也都出现于特殊存在领域，仅仅适用于"自然"概念所指向的某种事物而在逻辑上不能延及"自然"概念本身。也就是说，"自然"概念的这些出现——包括"自然"本身和围绕"自然"概念出现的相关观念——都只是概念的各种不同应用而根本不是概念自身的反思。

如果暂时放下庄子在直接触及"自然"词语时是否有关于自然概念定义的专题性反思问题，而广泛地考虑《庄子》与自然概念的关系，那么可以带点夸张语气地说，一部《庄子》处处见自然，每一则寓言故事都是庄子为自然概念编制的应用事例，体现某种事物的"自然"化存在之所当存在状态。比如自然而物任其性即逍遥；自然而物物之所物则齐物；自然而知生生之止即养生；自然而随遇任势则处化人间；自然而各成其身之所能即有德；自然而任物（弃智）无心即宗师（真人）；自然而任民所趋即帝王。

庄子之后到严尊，"自然"的使用尽管向抽象原则一侧倾斜，但仍然局限于特殊事项语境。

《鹖冠子·能天》有："自然，形也，不可改也。"这里的"自然"成为专门考察对象，被说成是事物的固定状态，但是亦为比喻性说法，也没能给出积极的内涵，而是说明它的消极否定属性。"形""势"对待结合称"形势"，均指既定的必然存在状态，前者指静中的现实存在，后者指动中的潜在存在走向。这里不是说"自然"是有形物，而是借"形"的属性来比喻式地说明它是一种存在状态。

《鹖冠子·环流》有："命者，自然者也。"

《韩非子·功名》有："守自然之道，行毋穷之令，故曰明主。"

《吕氏春秋·季春纪·论人》有："游意乎无穷之次，事心乎自然之涂，若此则无以害其天矣"。

《荀子》有："不事而自然谓之性。"（《正名》）"感而自然，不待事而后生之者也。"（《性恶》）。

《文子》有："故天下之事，不可为也，因其自然而推之。……所谓无为者，不先物为也；无治者，不易自然也；无不治者，因物之相然也。"（《文子·道原》）"物必有自然，而后人事有治也。……故先王之制法，因民之性，而为之节文。"（《文子·自然》）"故圣人立法以导民之心，各使自然，故生者无德，死者无怨。"（《文子·自然》）

"自然"在严遵的《老子指归》有："天地之道，生杀之理，无去无就，无夺无与，无为为之，自然而已。"（《勇敢篇》）"无所为，故无所不克；无所欲，故动无所丧。自然通达，众美萌生，天地爱佑，祸乱素亡。"（《含德之厚篇》）

在这些语句中，"自然"都是人们胸中体悟着的自明概念，径直使用而不加考察，任其在特殊事物语境中自由生成自己的意义。

王充《论衡》有《自然》专篇论"自然"，但并未对"自然"直接作出普遍的概念规定，也仅仅是在各种物象的生灭变化中加以例示，说到底就是打断万物间的联系的目的论解释，以偶合论来看待万物间的朴素挚生，让万物因果回归物性本身。他的这些在特殊事例中对"自然"的使用意义，不能看作是一种归纳定义探索。因为，在归纳定义与例示解释之间有别，前者应该具有明确的追寻普遍定义目标，不满足于个别事例所显示的概念意义，而是要在否定其特殊性的前提下继续追问普遍意义。相反，在例示性解释中，缺乏这种自我批判而随遇而安地接受当下的领悟。

河上公也没有把"自然"作为一个待解释的概念。在《河上公章句》中，未对《道德经》文本中的五处"自然"作出任何解释，只是照本宣科，仅仅在《淳风第十七》中文字略有所变动，以"当然"来说"自然"，但这也是在对"百姓皆谓我自然"作了"我"与言说者"百姓"为同一所指而非统治者的语义解释后,"我"挤压"自然"之"自"而合二为一的结果,"我"与"自"构成同一复指后,"然"的主导推动者就是与"自"同义的"我","自然"也就彻底失去了普遍化的逻辑性,而变成了对特定社会生活结果的原因的一个特殊说明,即自己行为造成的当然结果。即使在离开对"自然"的纯粹解释而自由使用"自然"时稍有阐发,河上公也是在个别特例背景下进行的,只能充作"自然"的特殊表现而已。如在《虚无第二十三》中有释文"此言同声相应,物类相从,……自然之数也"。这与《河上公章句》的整体解释方式相一致,河上公之于老子,不是阐发原作本身的普遍真意,而是为原作嵌置个别运用的边饰,到处充斥的都是老子思想在特殊运用领域的具体效应。在这一注释宗旨下,河上公完全满足于具体语境中对"自然"概念的运用化体会,而不会提出概念的原本含义问题。《河上公章句》在《象元二十五》释文中,把"道法自然"改为"道性自然",改变了"自然"的思想属性和存在地位,使它由一个具有独立存在意义的概念变成了没有自己分离于"道"的特定存在地位的概念,但也同样是在特殊事项语境中进行意义规定。

王弼以"希言自然"互文式地解释"百姓皆谓我自然"中的"自然",即对"百姓皆谓我自然"的释义其实就是套用"希言自然"的含义,落入"否定的神学"式的逻辑虚无中。在解释学中,要区分心理意义的启发与逻辑意义的描述。在那个语境中,"自然"所获得的也只是一种特殊的行为方式描述,而没有达到纯粹的概念规定。形容词化、否定化、例示化,即情即景,着事依例而施以形容词,这种情况贯穿王弼对"自然"的全部解释。"自然者,无称之言,穷极之辞也"(道德经·二十五章)。这一对"道法自然"的解释,以及"不学而能者,自然也"这一对"学不学,复众人之所过"(道德经·六十四章)的疏义,都体现了这种释义方向,其总体方法在于以"人事"为视角,用否定性的无为、不干预这种消极形容词来隐喻"自然"。

阮籍《达庄论》说："天地生于自然，万物生于天地。自然者无外，故天地名焉。天地者有内，故万物生焉。当其无外，谁谓异乎？当其有内，谁谓殊乎？"其中的"自然"显然取义为"自己这样去存在"，说的是自因自果的存在机理，仅仅是一种直接的字面解释。接下来的发挥性解释说明，他仍然是以个别存在现象为落脚点的。但有人说他首先将"自然"名词化，赋之以抽象的或想象的无限存在物的意义。这种对阮籍的解读不一定正确，"天地生于自然"和"自然者无外"都可在传统解释方向上加以理解，而不必将之名词化，即使所谓"无外"也可以理解为对"自然"的发生属性的申论，是发生原因的无外，"无外"与"自"相对，"自"故而就"无外"——没有外部的影响，并不能据此就将他所说的"自然"物化。"天地生于自然"，并不意味着"自然"就只能被理解为实在物，完全可以作为某种原理性概念来承担"生"之功能。

嵇康和阮瞻以人事（名教）说"自然"，尽管两人对名教与"自然"的关系有着对立的立场，但都依托人们行为上的名教之设立和废除来具体为"自然"取义。不管是嵇康《释私论》两次使用的"自然"，还是阮瞻与司徒王戎关于名教与"自然"关系的问答（《晋书·阮瞻传》），都取简单的字面意义，而没有超出例示之外的普遍意义的追寻。

郭象《庄子注》以事物之生成变灭说"自然"，以"自尔耳"解"自然"（《天地》注），又以"名教"之"合性"说"自然"，认为自然就是任性情，比较创新性地认为人为对于自然的改变也是"自尔耳"（自然的）。他对"自然"的这种理解显然更深入了一层，把人也放入了作用关联的系统之中，提升了"自然"适用对象的普遍性，但是其基本思维方式仍然是着事即物而论"自然"，难以做到把定义的普遍性逻辑地赋予"自然"。

成玄英《庄子注疏》在第二十三章的解释中说，"自然者，重玄之极道也"。这虽然把"自然"看成了一个具有实在意义的概念，但除了

方法与可能性：绝对定义那些"不可定义"的概念

外在性的品性形容外，没有赋予它真正内涵，这里的"道"如果参照第二十五章"道法自然"看，不免所用悖逆，至少也是无意义的循环定义。根据语境，具有实质意义的是，他还是借用下文的各种特殊存在现象来衬托"自然"的意义。

李约《道德真经新注》第二十五章释义尽管乖张，取消"自然"概念的存在独立性而将其定位为"道""天""地"的属性，但他的解义实质结构仍然是，在特定事物所指中来说"自然"，将"法自然"作为"法地地，法天天，法道道"三者的总结，把"自然"分别与"道""天""地"的内在存在模式相联系。在这样的解读下，"自然"也就是事物遵照自己的本质去存在，失去了一切值得反思的概念深度，其意义仅仅剩下字面意义而成为对存在现象的复指性申述。

吴澄《道德真经注》在第二十五章中说，"非道之外别有自然也，自然者，无有无名是也"。这是根据对"道"超然物外而无形的理解，按照排除法推定"自然"的意义。

在现代，亦有诸多"自然"概念的释义者，从总体上说，尽管释义存在差异，但基本属于对以往解释的梳理性解释，在解释方法这一重要解释学观察点上，诸家都在因袭"即物求义"即在特殊存在中寻求"自然"的普遍定义这一旧路。

几千年来，不论人们对"自然"概念的意义作出怎样的确认，其方法"即物求义"都始终不变，这种情形如"仁"解释中之以"用仁"代"原仁"一样，模糊了"用"以清晰的概念规定为前提这一逻辑，似乎在追问一个自明和已明的概念。但由于在逻辑上由特殊不能推出一般，所以其结果只能是似乎心中得义却又不能道说，而只落得一个对"自然"概念的片面曲解，其中，明达者以此托义（寄托胸臆），蒙昧者以此为是。托义者以此说为名之义象，为是者以此说为名之真谛。象有臧否，事必殊异，因此围绕"自然"概念的解释冲突成为自然。遗憾的是，矛盾并没有让人们从中惊醒而驻足反思，相反，覆辙之上却不断有来者重蹈。

三 解释的系统性漏洞与"自然"概念的逻辑隐匿

按照概念解释任务的一般合法区域及其特定存在形态的分析，要求概念解释活动必须限定在普遍内容范围内，并诊断待解释概念的语境出现类型以确定相应的追问方法。此外，本文根据概念解释的判断本性所作的分析，则明确要求在概念解释中要做到：观念中解释对象的同一性、接受"真"的约束、主词的提问确当性、谓词相对主词的特定普遍性、谓词内容的合法取值范围。严格的分析将表明，在对"自然"的概念解释传统中，全面违反了上述规范。

1. 概念意义的显现有纯粹普遍内涵和特殊应用意义两个维度，其可解释意义或者说具有解释价值的意义只能是其普遍内涵。但在传统的自然概念解释过程中，所关注的恰恰是其特殊应用意义，不管解释者的心仪目标是否如此，其解释路径的必然归宿只能是这种客观效果。试图在特殊情境中说明"自然"的具体表现来澄明其普遍意义，这种做法在逻辑上必然牵连概念的特殊意义，使解释跨越概念的可普遍把握领域。而且，从众人的解释行为看，对概念的纯粹普遍内涵维度浑然不觉，解释的兴趣和志向唯在"自然"的特殊表现。但是，在作为概念特殊意义的前提性规定条件的概念的普遍意义不确定情况下，这种追问在逻辑上就不可能得到正果。

2. 道家自然概念解释史上的诸家，听任自发式地按习惯做法解释"自然"概念，任意地选取某种特殊存在事物作为猎取自然概念意义的场所，其结果仅仅是为解释再增添一个例子。对特殊事物不加区别地作为猎取自然概念的对象，这一认识现象间接证明，解释者都缺乏概念解释视角下分辨自然概念的逻辑地位的自觉意识。因为，概念在观念世界中的逻辑地位不同，它的有效适用对象也不同，概念解释要求躲避其下位概念的关联对象的干扰，把直接适用其内涵的存在内容作为承载自己内涵的合法体现者。因为，概念的对象管辖具有适当性限制，即按照概念的内涵外延关系，只有特定的对象才能直接承担概念的内涵而不留存让低于这一概念的其他概念夹杂其间的空间，也就是仅仅接受一个概念的规定而不会在该概念之后再接受其他概念的规定，否则就给待求概念添加特殊性。一个抽象概念可以有不同层次的作用对象，但除了最纯粹地直接体现这一抽象概念的那个恰切对象外，其他对象都会附加特殊规定到这一抽象概念上，干扰纯粹概念内涵的显现。不同的个例对应不同等级特殊性的干扰，会夹杂进不同的低级概念规定，夹杂量为一个概念到达个例之间所对应的概念序列中的诸概念。也就是说，概念在观念界中的序位和等级牵连确当适用个例的选定，用一个什么样的个例来合法体现特定概念具有规范性，而非可以任意变换的。

也许有人反对上述对"自然"概念解释中解释意识的评价，因为似乎通过一个"法"字排比系列已经阐明自然概念的最高地位。但严格的分析将证明，在"人法地，地法天，天法道，道法自然"语句中，并不包含关于自然概念的逻辑地位的清晰辨析意识，更不能直接说明通过"法"字的直线式链条已经把"自然"推到了最高地位。在这个经典语句中，"人""地""天"是指物性名称，属于同质范畴，可以依据"法"字所确定的制约从属关系确认它们之间的逻辑排序。但是，"道""自然"则不同，二者是论理性抽象观念，与前三者异质，因此虽然可以依据"法"字同理地把"自然"排在"道"之上，但由于异质性所造成的"天"与"道"之间连续性的逻辑折断，使得两者不能同列，其间的"法"字尽管仍然表现着相同的抽象意义，但在语境中不再具有表达存在排序的逻辑功能。因此，"法"所表现的因果存在关系不能无条件地转化成相应观念间的相对逻辑序位，从观念世界的逻辑排序看，这一经典语句并没有处理相关问题，"自然"的具体序位还需要更深入地分析才能确定。

在"自然"概念的逻辑序位类型不明的情况下，就不可能清晰把握其概念解释的正确操作方式。

3. 对于一个概念的解释，首要任务是确认拟解释概念的真实存在和存在方式，然后针对这一概念进行保持对象同一性的认识。但"自然"概念的所有使用者和解释者都没有履行和完成这一解释程序。《道德经》中出现了"自然"词语，但老子没有进行专门界定，反而让它笼罩在"名可名，非常名"的雾气朦胧中。《道德经》文本包含的"自然"概念内涵的唯一踪影就是它的特殊语境使用。然而，不论老子是否希望通过那些特殊使用来显现和确定其普遍内涵，客观上都注定"自然"概念没有走出他之心而进入文本，因为从特殊推不出普通，这是一切思维起点沾染特殊性的认识的逻辑命运。也就是说，在《道德经》文本中实际上不包含"自然"概念的普遍内涵，其使用本身只说明在老子心中或言说背后有发挥作用的那么一个"自然"概念。所以，"自然"概念的普遍内涵在文本之外，对于文本语句的追逐不可能得到"自然"概念的普遍内涵。各种纯粹的字典解释和语用学解释都必然无功而返，同时在这种类型解释的前赴后继中说明解释者对解释对象缺乏清醒的反思意识。

在解释对象问题上，"自然"概念解释史不仅误认概念就存在于文本中，而且不时在偷换解释对象。其表现为，把理解老子"自然"概念扩展为把握存在之"自然"，从而让解释的视野摇摆于文本和存在之间，超出文本限制而追求解释者所认为的存在之"自然"，把自己基于存在现象所作的"自然"意义之想象和构造，与老子所表述的可能"自然"相混淆，文本解释者身份与存在解释者身份相混淆。这必然导致文本解释的虚假性，以当下解释者对存在之"自然"的理解，取代作为历史上的某种精神存在事件的观念，把认识对象从文本改变为存在，把显现文本而仅对历史面貌负责改变为发现真理而对存在本质负责。这一现象造成解释对象的漂动。

为保持解释对象的同一确定，必须区分存在解释和文本解释。针对特定存在创立概念描述，属于存在解释，可以采纳认识的经验操作方法，也可以进行自由的主观构造,但文本解释则必须放弃这种方法而以观念界的逻辑秩序为线索进行概念解释,其任务是在相对待解释概念有效的以往观念世界范围内,澄清一个概念的特定规定性。存在解释可以自由驰骋想象和理智,但文本解释必须跟随已有观念的联系线索。

4. 一旦解释对象发生观念上的模糊,误把两个不同存在在浑然不觉中视为同一解释对象,那么就会即便不苛求解释者具有清晰正确的真理概念而放任其朴素真理观念,也可以逻辑地判定解释放弃了"真"的约束,脱缰放马于观念骚动之中。因为,解释的真牵连着解释的对象,对象的漂移和混同必然使"真"无所适从,冲击"真"的有效使用,或者导致"真"的虚假使用。质言之,在两个不同对象虚假地以同一身份竞争"真"概念的语境中,"真"概念就归于无效。一以贯之的"自然"概念的个例应用化解释模式,为放逐"真"概念敞开了大门。一来,个例本身在逻辑上可以有不同的解释联想空间,所以即使针对文本中个例的解释,也难以约束在老子本心所指即对个例的存在意义的采纳之内。二来,更根本的是,解释的个例应用体例让解释者合法地突破文本范围而随意使用自己感兴趣的存在个例。就个例存在在逻辑上必然带给论断以自己的特殊性干扰而言,相对于追求普遍论断的认识,这无疑等效于设定了一个作为认识对象的不同存在。这无限地放大了解释对象的开放性,彻底废黜"真"概念的君临,使解释不但会发生活人与死人之间的意识混淆,而且会发生活人之间的意识窃取,在特殊解释间的逻辑平行化中,直接造成不可挽救的概念解释混战。

5. 根据对概念解释判断语句的主词设置实质和条件的讨论,"自然"概念定义语句中的真实主词不是"自然",而是某种问题概念和所指对象内容,二者所形成的问题意识必须具有严格的内在存在相关性,所指对象内容要具备提供普遍谓词的可能性和适当性。但是,以往"自然"概念解释中普遍使用的个例入手方法,逻辑上就必然传染给定义以特殊性,不能满足关于主词提供合格定义性谓词的要求。如果再深入考察由此形成的问题性主词的内在结构，也会发现其中的给定对象与问题概念不匹配，包含给定对象不足以承担作为提出定义任务的问题概念这个缺陷。

6. 在概念定义判断语句的主谓关系中，谓词要统摄实质主词中的所有可能的待规定对象，因而要求具有绝对普遍性，并且要不包含在主词中，同时谓词要高于句法主词，低于问题概念。但是，以个例性应用求解"自然"概念的定义性解释这种方法，由于其运思方向为下行，使得一切可能获取的谓词都必然溢出问题概念和对象内容所规定的普遍内容范围，并且低于给定对象内容的逻辑位格，所以必然违反概念解释判断主谓词之间关系的相关要求。

7. 按照对概念定义性判断的谓词取值范围的分析和论断，合法的可能谓词必须处于问题概念和句法主词之间的存在相关链条上，而且须是绝对普遍内容并呈现相对于句法主词的存在综合性。但是，"自然"概念解释中的流行方式——从特殊事例开始寻求概念定义——却在逻辑上背离这一目标。因为，特殊事例的存在本质必然包含自身的特殊性，不能满足概念定义判断谓词的绝对普遍性，从而滑出问题概念和句法主词的概念关联区间，同时也没有对句法主词的存在综合权利，丧失问题概念所规定的追寻句法主词的普遍存在本质的功能。

通过根据概念解释规范所进行的上述系统分析，可以发现传统的"自然"概念解释史中存在相对科学的概念解释规范的系统性漏洞，游离于正确的概念解释方式之外，所以注定"自然"概念定义的逻辑隐匿。

面对"自然"概念解释史中的方法论错误，人们应该作出解释学处境的理性评估，即必须重新设计寻求"自然"概念定义的合理方法，才能有希望奠定道家思想的稳固基础，由此推动道家思想路径摆脱圆周轨道而步入真正发展的学术空间。

作为文化表达和语法造义的老子"自然"概念[*]

——创立关于最高概念的定义方法

在以概念限定概念来取得概念定义的思路上，被谓词必须高于主词这个判断构成条件所决定，一个处于最高逻辑地位的概念便成为逻辑上不可定义的。据此，西方伦理学家摩尔就曾对被认为是最高伦理概念的"善"作出过不可定义断言。而一旦放弃给予概念以普遍定义的努力，其内涵就被放逐到任人断想的偶然境域，形成对理论建构的稳固性和普遍性的客观摧残。不论产生这种后果的理由是什么，思想基石的脆弱和晃动都让理性感受到巨大的内在不安，乐见铲除这个概念定义死角。老子"自然"概念就是一个一直处于意义飘动中的最高概念。本文试图探索和设计一种另类定义方法，用可信的确定定义来终结"自然"概念解释上的偶然历史，打破最高概念不可定义的教条。

一　设置定义老子"自然"概念的强制语境

为什么老子"自然"概念一直摇摆不定？又为什么人们乐此不疲于相同或相似因而必然遭遇同样悲剧命运的认识努力？疑惑之下，真相可能令智者诧异，竟然是人们跌入了苏格拉底陷阱。《七蠹：对老子"自

---

[*] 该文发表于《江海学刊》2021年第5期。

然"概念解释史的批判》一文表明，在对老子"自然"概念的解释中，于个别特殊事物上寻求其概念规定性成为盛行模式，沉湎于天然的概念亲近感（在个别事项中直接体验着概念意义）而始终没有觉察已经违背了概念解释的诸多规范，陷入与苏格拉底相同的客观上永远也不可能捕捉到概念普遍定义的追逐幻境。差别仅仅在于身处其中时的主观境界，即苏格拉底明确意识到每一个个例对定义显现的逻辑性缺陷，并批判性地加以对待而试图跨越到彼岸的纯粹普遍概念领域；但"自然"概念的解释者们却完全沉醉于显现着"自然"含义的个别现象，毫无不满情绪而固守对自己认识方法的信仰，滞留在似是而非的思想语境中进行无休止的重复认识操作。不论对认识结果是心怀不满的苏格拉底，还是怡然自得的老子"自然"概念解释者，都一致紧跟对个别事物所附着的概念意蕴的依稀感觉，毫不怀疑认识的起点和方式，被观念的直接存在所驱使，处于认识的自然状态，即没有批判个别事物所触发的自发概念意义体验的真实认识价值而去反思概念定义的合理揭示方法。这充分显示概念认识的自然状态具有不可小觑的认识拘束力量，即使明智如苏格拉底，对认识结果有着明确的不满意识，也不能逃逸其外。中外和古今的这种概念解释史共同现象，警示在概念把握的道路上存在深重的歧途风险，感觉往往压制和排挤理性而让人们追逐感觉的萤火，使学人堕落为常人。

为摆脱定义性认识活动中原初感悟的干扰，就必须把由原初感悟诱发的对概念内涵的追问，奠基在关于概念定义任务的清晰反思和理解之上。概念混迹于纷繁的意识世界，被日常经验所携带并直接获得观念显现，但为之下定义这种专题性活动，却是要将概念从与偶然特殊内容相牵连这一普遍必然的现实意识存在形态中分离出来，使之获得独立意识存在的反自然的认识操作。因此，不能停留和满足于概念的自然给与这种意识成果，必然需要与那种顺从概念的自然存在状态的自发性原始认识方式决裂而进入概念定义的文明状态，即针对概念存在的逻辑形式，设计合理的强制性认识规范和程序，展开不同的认识操作，抵御概念认识中的幻影误导,提供定义性认识的成功保障。

把握作为历史性观念的待解释和定义的文本概念所需要的合理性根据,只能源于当时的观念生存语境,也就是概念诞生时的思想系统。这是自明的心理学事实。因此,对文本中概念的解释,必须将反思的聚光灯严格限制在概念所处时代已经拥有的认识视野之内,以概念产生的当世和以前观念为考察待解释概念的合法思想材料,一切作者所不可能接触到的观念,包括作者后世的以及被证明不为作者所接触的当时观念,都不能作为概念生存语境而纳入概念解释过程。这一认识材料采纳规范保证概念解释的文本真理性。因为,一个文本概念被作者所接受,只能是当时语境下的真理检验的结果,不管今天看来这个概念可以有怎样的有效性评价,作为一种文本概念内涵的寻觅和重拾,都只能进入当时的历史语境而让概念的意义在其中生成,接受作者自己的说明并顾及被历史语境所决定的文本概念的意义联系的可能逻辑空间。为做到这一点,必须杜绝后历史思想观念反冲窜入文本解释视域,既不能接受甚至不能考虑后人对文本的主观解释,也不能介入解释者自己根据所处时代的思想视野对文本概念的意义揣度。要言之,就是不能篡改认识对象,让任何存在解释侵犯文本解释的纯洁历史性。

关于概念的文本解释的合法材料,除了上述的历史断代条件外,还应该作出逻辑限制。概念内涵必然是普遍的,而在逻辑上从特殊不能得出可靠的普遍论断,概念定义的谓词只能以本身具有普遍性的内容为基础去寻找或构造。因此,在概念的文本解释中,只能关注那些具有逻辑普遍性的文本内容,凡是沾染个别特殊性的内容均应严格放弃。申言之,所采纳的解释材料不能是直接或间接地针对特殊个别存在对象的,而必须具有相对待解释概念本身的绝对同一性,与其实质主词相一致。

文本解释的真是相对文本给定内容所指定的存在而言的真。因此,概念的文本解释必须把解释活动的边际性材料限定在文本表达之内,以及可确认的与文本表达相联系的历史沉积观念之内。一言以蔽之,只有历史上给定的对文本有效的观念，才能成为考虑概念内涵时的参考材料。绝不可以临时随意引进历史性观念之外的解释者感兴趣的存在材料；或者引进在主观事实上对文本表达无效的历史性观念，比如在作者书写文本之后产生的历史性观念，以及虽然存在于文本表达之前，但有证据表明并未在作者的主观视野之内的历史性观念。

对作为解释依据的解释材料作出以上限制，是为了防止解释在逻辑上执迷于空虚幻境而陷入永久流浪。但是，这并没有充分地消除解释流浪的风险，因为对合理思想材料的界限意识，仅仅是正确解释的必要条件，它并没有出示驾驭材料的方法，还不能必然地导致合理的解释行动。只有继续获得解释的合理程序，才能保证合理地对待所占有的有效思维材料，从而最大限度地提供成功解释的逻辑保障，完成解释的方法论构造，让对它的智慧使用把解释引向成功。

概念解释的前提是确认概念的文本存在，即发现一个名词性陈述的概念存在特征，确认其概念身份。展开这一认识的线索是概念存在的逻辑效应。当然，那些被文本表达明确宣称为概念的名词会获得概念身份的解释确认的最有利地位，但也必须接受严格的逻辑审查，防止作者本人的错认被遗传给解释者。因为，名词的指示性使用和概念使用具有相同的语法表现，但二者却具有完全不同的认识性质和逻辑功能，存在感性—理性、名称（字）—概念（名）、实体—本质的差别，并非所有名词都是作为本质规定的概念，这种情况使得名词的概念身份的确认变得复杂并诱发错认风险。在逻辑上，第一，一个名词若为概念，就必然有基于其普遍性而在相关语境中具名或匿名的重复出现。所谓具名出现，就是明确地成为思想表达的构成成分，并作为具有相对普遍性地位的内容发挥对其他处于相对特殊地位的内容的规定和制约作用。而所谓匿名出现，就是在一个有限语境中，虽然在思想表达中没有明确直接使用某一特定名词，但实质上它在其他特定语境中所表达的观念却参与这一语境并成为某种思想的根据。直言之，一个名词的文本出现频次是其概念

身份的一种象征。第二，一个名词若为概念，就必须有基于其存在本质而发生的对复多特殊现象的统摄这一文本表现，或者说有体现它的诸多个别存在，具有内涵—外延的存在结构。第三，一个名词若为概念并在作者的认知中有其明确的自觉，那么它在文本中的表达和使用必然是稳定和同一的。被作者的认识水平和表达能力所影响，可能出现一个名词实质上承担两个以上概念的混乱状态。第四，一个名词若为概念，在文本中就可以作纯粹思辨使用而成为不依赖具体存在现象的独立思维要素。通过检索文本中一个名词的上述使用表现，可以不论其内涵而在形式上确认它的概念身份。

在确认或者说捕获待解释概念后，就应该立即着手分析概念的逻辑地位，确定是最高概念还是次属概念。因为根据对概念解释任务的解释学分析，这直接决定解释的逻辑性质，明确解释对象的认识类型，把概念解释归入不同的解释语境和解释方式。如果是次属概念，则可以通过上位概念的规定作用来寻找概念定义。否则，就须另行探求解释方法。对于这一解释程序，应该通过概念在所处文本语境中概念的关联使用分析来展开，以待解释概念在观念关联网络中显现的逻辑位格作出判定。

根据概念定义的判断结构，关于概念定义的解释性活动必须首先分析和明确处于文本语境中的概念的实质主词或者说逻辑主词。执行这一解释程序具有重要意义，其成果将确立待解释概念的问题意识，从而具体化概念所指向的对象和问题概念，明确待解释概念的认识主题，指引解释方向。在此过程中，需要特别警惕人们的语言解释偏好。针对表达概念的语词所进行的语文解释，如果是孤立进行的纯粹词典解释，那么充其量只是在探索概念意义的蛛丝马迹，而且还附带逻辑上的无效可能性。因为，语词只是为一个观念找到语言称谓，即使完全善意地理解，也只能肯定它与概念具有某种同一性联系，而如果接受对它的批判性或怀疑性立场，则可以设想它与概念可以完全没有内容联系，不能排除是主观任意添加的语词符号这种可能性。所以，在概念解释中，不能对语文解释寄托过多的希望，只能善意但保守地把它看成对概念存在某种相关信息的流露，而且对解释成果付出信任前要放置到语境中进行语境支持检查。只有通过语境检查即被语境构造和语境意义所见证和接受的语文解释，才能被采证为概念解释的某种有意义内容。不能盲目信任概念语词的语文解释，更不能简单停留和满足于语文解释。但可以说，不论表达概念的语词的语义解释作出了怎样的概念阐述，就其与概念具有某种存在相关而言，都无疑透露着概念作者的问题关切，从而有益于确定概念的定义性解释判断中的实质主词这一解释程序的展开。

除了语文解释这一辅助手段外，在实质主词发现和确认程序中更重要的是对概念作出语境意义分析，明确具体语境赋予了表达概念的语词以怎样的问题意义。由于语词可以自由地黏附于观念之上而作为表征符号，同时也具有不完整性，所以语境赋义成为文本表达的手段，由之附加语词所没有的字典意义，或删除概念表达语词所包含的字典意义。实质主词的语境解释更接近思想的真实性，具有更强的解释程序的执行和完成功能。

存在相关分析是概念解释的正题切入程序，其任务是预测和确定解释的推进路径和逻辑环节。通过描写与概念解释相关的概念链条，确定概念解释的可能参与内容及其秩序，保障概念解释的有效性，即在理性阐明的概念定义的合法内容范围内，清晰、充分和有序地引入一切应该考虑的相关内容，以便准确地规定概念。对于最高概念，这种存在相关分析必须在实质主词所内在的问题结构内展开，问题概念与形式主词之间的逻辑相关环节即是。而对于次属概念，这种存在相关分析要在给定概念群中进行，任务是寻找制约待解释概念的诸上位概念，直至最高制约概念。值得指出的是，虽然二者在形式上具有迥异的表现，但却具有相同的逻辑结构和认识实质，即均为描述最高制约概念到待解释概念的中介概念系列，以便优化具体规定待解释概念的认识操作。此外，在判断构成的功能上，相对于待解释概念，二者都是在描述实质主词并在其逻辑结构内活动。次属概念的实质主词的构成恰是外在于它的最高概念和它所指示的对象。作为最高概念的待解释概念的问题意识结构所内在的概念相关链条，恰好与作为次属概念的待解释概念的外在概念存在相关链条逻辑同构。

二 "自然"概念的最高逻辑位格及其特殊解释方法

句法成分具有对其承担词汇的特定词性要求。因此，关于《道德经》中词语"自然"的词类归属，可以不触及其含义而仅仅根据其在文本中出现的句法结构地位加以判定。也就是说，"自然"的词性类别可以在给出其含义之解释之前，采取句法成分分析方法作出形式性推断，确定作者对它的使用意图。对于语词词性特别灵活的古代汉语来说，这种形式判定更为可取，甚至只能如此进行。因为，在古代汉语中，语法规范简约宽松，思想的语句表达给予观念联想以自由权利，甚至倚重对语词基本意义作基于存在领悟的扩展性发挥，这造成如下语言现象，即一个词的句法功能往往不能在词典中确定，而是必须在语境中按照用法来确定。

老子《道德经》有五处使用"自然"："百姓皆谓我自然""希言自然""道法自然""夫莫之命而常自然""以辅万物之自然"。在"百姓皆谓我自然"中，不论这个"我"指称谁，是百姓还是王者，"自然"都是对语境所描述的存在状态的总结性指示，无疑是一个名词。在"希言自然"中，不论对语句作出怎样的句法处理，是"希言（是）自然"，还是"自然（是）希言（的）（难以确定表达）"，亦即是宾词还是主词，"自然"表达的都是一种存在状态。在"道法自然"中，"自然"显然处于宾词位格，是一个名词。在"夫莫之命而常自然"中，不论是像有人理解的那样"之"为"万物"，"常"为"永远"，还是与此不同地把"之"理解为"道""德"本身，把"常"按照文本本身的解释理解为动词"归根于"，其中的"自然"都应该充当宾词，是一个状态名词。在"以辅万物之自然"中，被"之"字结构所决定，"自然"显然是一个状态名词，处于宾词位格。

通过上述分析可以断定，"自然"发挥称谓功能，充当主词或宾词，是一个名词，而且是一个状态名词。因此，它具有作为概念而存在的逻辑可能性。进而，"自然"在多种不同事态中被使用，具有抽象普遍性，正是一个概念。由此，"自然"的概念地位被逻辑地推定。

作为概念，"自然"出现在《道德经》文本中，但是，老子没有作出任何定义性说明。同时，所有那些看似具有赋义功能的语境，都牵连特殊事项而呈现概念的具体应用形态，在逻辑上不是通达概念普遍定义的门径。直言之，它们不包含对"自然"概念的表达。可以说"自然"概念的普遍定义不在《道德经》文本中，而仅仅存在于老子心中。因此，对"自然"概念的解释任务的实质是释心而非释文。老子心中有"自然"概念但却苦于没有恰当的澄清和表达方法而没有把它原本地形诸文字。成功的解释就是帮助老子在复杂混沌的观念世界中找到清晰地分享、澄清和凝固普遍概念内涵的特殊技巧和方法，从而获得能够抵御特殊争议而具有真理抗辩力量的概念定义。

尽管老子心中的"自然"概念并没有完整转移到文本表达中，但这并不妨碍确定它在老子思想中的逻辑地位，因为依据一个概念在文本中发生的与其他概念的关联关系，就可以显示和确认其逻辑地位。老子对"自然"概念的关联关系的经典表述为"人法地地法天天法道道法自然"。不论是把它句读为"人法地，地法天，天法道，道法自然"，还是十分独特甚至让人感到有点怪异地句读为"人法地地，法天天，法道道，法自然"，"自然"在其中都凸显出自己的最高地位。在前者，以"法"字表达的"依附、遵从"意义所具有的传递关系为中介，"人""地""天""道""自然"这些观念间形成存在关联序列，而"自然"直观地占据末位，也就是存在上的最高地位。在后者，所谓"地地""天天"

"道道",其中的第一个字均变性作动词使用,而第二个字均本然地作名词使用,表达了一物按照其本质要求或自身存在要求地成就自己,也就是自己成就自己的存在,此正所谓"自然"。质言之,"法自然"是对前三个"法"的申明和概括,"自然"是对"地地""天天""道道"的抽象,具有相对的普遍性,因而在逻辑上也是最高概念,"人""地""天""道"都只能作为其特殊管辖对象而被其所制约。这种关系与前者所表达的关系的区别在于,它具有"自然"同时直接针对其他四者的横向关联结构,而前者表现的是"自然"通过"道"分别依次间接针对"天""地""人"的纵向关联结构。其实,在"自然"对其他四者的关系上,两种句读并无实质区别,只是表现形式有所差异。因为,一旦追问人、地、天、道之间在文本中的存在关系,那么两者也就逻辑上相通了,即在第二种句读中,也不排斥人、地、天、道之间的依次归附关系,而第一种句读中也包含第二种句读所直接表达的"自然"对其他四者的同时性横向制约关系。

既然是最高概念,作为概念的"自然"就失去了加以逻辑定义的可能。在为人们所熟悉的定义的逻辑之路被堵塞之后,就人类认识史的文明成就而言,概念定义这一认识活动遭遇迷茫和重新探索定义新方法的挑战。虽然有胡塞尔现象学的范畴直观设想,但毕竟还没有取得可以推动实际操作的方法论进展,因而其哲学本身成为一片疑云。

在意识界,最高概念独立承担起所对应范畴下的全部存在,独立自足地定义一种存在,因此相关的绝对普遍属性也直接排他地归属于它,亦即在概念与普遍存在属性之间形成清晰确定的概念构成关联,而不像次属概念那样与普遍存在属性内容领域的关联复杂而难以清晰判定。质言之,存在的绝对普遍属性构成最高概念的内涵。最高概念定义了相应的最高存在,反过来,相应的最大存在的绝对普遍属性及其相互间的必然关联结构显示着最高概念。也就是说,最高概念的定义内容不像次属概念那样在其他概念的逻辑规定中,而是散布在存在对象的普遍属性领域。因此，相对于概念定义这一观念世界的存在确立事件而言，最高概念定义变成直接面向存在的直观，在相关存在的绝对普遍属性信念中寻找它们的凝聚逻辑和形式。从观念存在的主观现实性上说，也就是关于最高存在的绝对普遍属性的观念，支持和构造最高概念。在最高概念产生的那个历史认识水平上，人们对最高存在形成的存在属性洞察和信念，提供关于最高概念的定义探索的合法内容。寻求文本中一个最高概念的定义，也就是在关于存在的描述性最高普遍存在属性信念中，按照概念内涵的普遍存在形式寻找概念的定义内容，而不是借助其他概念的逻辑规定作用推导概念定义。

最高概念在意识界直接承担起存在概念，获得先验存在概念所赋予的存在性判定。也就是说，其存在真理性在自身构成内容的合先验存在形式中加以确定，而毋须向自身之外的其他概念内容求证。因此，最高概念的确立和显现要求存在概念的形式使用，即按照意识存在的先验概念形式填充概念形式结构。具体操作任务是甄别和选择关于存在的绝对普遍属性，以符合先验概念形式的方式组合和构造它们之间的关联，从而使它们协同嵌入概念形式中。在认识形式上，这是一种面对存在作本质认识的直观描述。作为文本解释，就其现实过程为面向关于存在的给定观念而言，它是封闭在观念内部的建构合理性存在的活动，而不是面向外在存在现象的开放性的自由建构存在的创意过程。

但是，由于最高概念可以以不同系列出现和并存，所以在观念界中，可以有多于填充一个概念所需内容的绝对普遍存在性。对于概念定义这一文本解释任务来说，便要求分析和明确待解释最高概念的存在所指，以厘定概念所定义的存在范畴，限定占有绝对普遍属性的可能范围和类别，为解释提供充分准确的指引。在逻辑上，这正是对最高概念实质主词的确认。一旦清晰描述最高概念的问题意识，即揭示其问题概念和形式主词，存在的绝对普遍属性的范畴归属就随之显现。

在逻辑上，最高概念必然要求以占据最高地位或者说具有完整存在性的至大存在对象为形式主词，因为一个仅以部分或个别性存在为形式主词的概念，不能形成占据最高地位的概念。因此，对作为最高概念的文本解释，必须在文本中发现占据最高地位或至大的存在对象。

在确定了问题概念和形式主词之后，最高概念的定义性解释便进入正题性定义建构环节。

三 问题意识诊断与解释方向厘定

追问"自然"的定义，就必须按照概念定义的判断结构首先追问它的实质主词以明确认识的具体着手方向。在针对什么（形式主词）和发问什么（问题概念）中，规定了判断谓词即定义。依据文献历史，老子创造并使用了"自然"这一概念。然而，作为第一个书写者，他并没有给予"自然"以任何专题规定，这说明他相信在当时语境下这一概念形式能够激起人们心中的正确联想，实现他的表达意图。也就是说，"自然"的语言力量可以有效指引读者把握他在关注什么存在、谈论什么问题。"自然"中的"自"和"然"二者都是指示代词，"自"为"自己"，"然"为"这样"。古代汉语语法的灵活性达到了近乎无语法的程度，词语没有固定的词典词性，主要通过语词（以单音词为主）之间的搭配结构来实现基本意义自由联想之上的语句意义的逻辑组织，在语词的互相关联缠绕中想象和推定各个语词的角色和意义，完成观念的语句表达，而组合完成之后的意义甚至可能完全脱离各个构成语词的原始意义。"自然"恰恰表现了这种意义形成情形。"自"和"然"两个指示代词的组合，在没有语法动词的条件下生成了一个事态判断，即其直白意义"自己这样"表达出深层判断语句"自己成就自己的如此这般存在"或"自己去存在"。这样，"自然"就借助语法结构创造出了与原始的代词词性完全不同的意义功能，在逻辑上补写出谓语动词而表达一种对存在事态的判断，形成一个因果事态观念，转化为一个因果名词，完成一次语法造义。从语文解释可以看到，"自然"

作为文化表达和语法造义的老子"自然"概念

是事态名词,而不是事物名称。

对"自然"的语文解释仅仅揭开了把握这一概念的一层表面意义,而完全没有切入概念本身,因为何者之"自"、怎样之"然"都有待确定。也就是说,语文解释的成果卑微到如此地步,甚至连"自然"概念的定义性判断的主词都还没有把握。有了对二者的回答,才能得到定义性判断的主词和谓词。语文解释成果所能贡献的仅仅是透露了关于"自然"概念的实质主词的一丝微弱踪迹,即虽未明言,但可以推论它所追问的是事物的因果变化机制和原理,设问概念是"因果",至于形式主词即作为追问对象的事物尚付阙如,仅仅有一个抽象而不确定的"自"放置在那里。剖白至此,以往对"自然"概念的那种停留和满足于语文解释的做法,其认识深度和定义有效性就可以给予断然评判了。

在因果范畴框架内,"自然"就是一个因果封闭和运动变化条件内部满足的事态,一个什么样的存在物能够承担起这样的"自"之所指,关联着存在的内容及其特征,不是可以任意指定的。折射到文本解释中就是,一个怎样的存在物观念可以充当"自然"之"自"。何物能够拥有"自然"之事态有其内在逻辑。既然"自然"是文本中的最高事态概念,那么就只有占据最高地位或者说至大无外的事物才能与之匹配,因为最普遍的概念必然要涵盖全部存在,否则就不能称自己为最高或最普遍的概念。在老子《道德经》中,有一个"人""地""天""道""自然"序列。严格辨析就可以发现其间的观念结构并不是单一线性连续的,而是包含一个转折或者说折断。其中的"人""地""天"为指物名词,而"道""自然"是事态或存在原理性名词,两组名词所指具有截然不同的属性,属于异质范畴,在逻辑上不能连续排列,实际上只能分别排序。如此,则在指物性观念中,"天"为最高存在物,而在事态原理观念中,"自然"为最高概念。一个必然结果(系论)是,"自然"的承载者只能为"天",所谓自然是天之自然。也就是说,"自然"是针对"天"而言的,"天"是它的实质主词中的形式主词或真实句法主词。可

· 57 ·

以说，"自然"问题意识就是对"天"之存在和变化的原理或机制的追问。

对"自然"作出上述问题意识诊断后，其解释方向随之获得指引。首先，由于"自然"作为最高事态概念直接造就"天"的绝对普遍存在属性，所以其定义性内容应该诉诸人们关于"天"的普遍存在属性信念。根据以往两文的讨论，概念的可解释意义仅仅是其普遍意义，而不应包括其变动的与个别内容相联系的偶然特殊意义。因此，仅仅关注"天"的绝对普遍存在属性观念是"自然"概念解释的应有之义。其次，由于"自然"所问事项为存在生成及其变化的原因和形式，所以在寻求其定义内容时应该聚焦"天"之普遍存在属性观念中的因果性内容，审视人们当时关于"天"的存在关联图像及其因果信念。最后，分析确认当时人们关于"天"的所指观念，亦即明确其"外延"，限定"自然"之"自（因）"的有效条件或范围。

在逻辑地确认"自然"概念的存在之后，寻求其定义也就是对它作"存在"概念的形式使用，即按照存在的普遍结构填充关于作为观念存在的它的普遍规定性。因此，意识存在的普遍结构所定义的概念的存在结构，成为给"自然"寻找定义内容的形式指导。

由于作为形式主词的"天"要对应作为最高事态概念的"自然"的谓词，在逻辑上被谓词相对形式主词的绝对普遍性要求所限定，所以它必须整体地出现在认识中，而不能展露任何特殊内容。相应地，在其中寻找"自然"概念的内涵时也就必须仅仅关注那些具有绝对普遍意义的"天"的因果存在属性，即只有那些纯粹形式规定性才可能充当"自然"概念的定义性内容，成为概念定义性判断的谓词。另外，"自然"意味着其所承担者具有存在联系和作用上的封闭性和隔绝性，其最普遍存在原理亦必是最高最抽象的概念。

对"自然"概念的实质主词的分析表明，其定义任务限定为对"天"之存在寻求因果制约和构成的原理，而且要求限定在其内部完成这种论断,否则即非"自然"了。被"自然"所表征的任何一个完整独立的存在,与内部的线性开放因果制约关系是不相容的,因为这意味着它的构成内容的某种非系统性和缺乏普遍规定性,即其中的某些内容会呈现联系的残缺,只有规定属性而无被规定属性,或者相反,只有被规定属性而无规定属性。而从关联总体功能上看,会呈现关联的断裂,在关联作用方向上的结果不能返回到关联起点,使存在必然成为静止的和不能自我维持的。更根本的是,从存在概念所规定的存在构成结构看,会呈现存在物不能成就,或者说存在不成其为存在的状况,因为这种关联形式不能满足存在概念,为意识所不能理解和认可。因此,"自然"所表达的因果存在关联不仅要理解为在其内部寻找因果关系的构成内容,而且要进一步确定为必须采取某种循环形式。但由于"自然"的定义认识被普遍性要求所限制而不能通过特殊事物间的具体因果链条来进行,所以这种对因果关联的有形解释,在逻辑上只能采用一种符合存在概念所规定的构成结构的单一并且具有某种循环形式——以表现"自"的内部性——的因果关系来实现。之所以是单一的,是因为它解释的是单一性存在,从而不能出现两个以上同类概念以防造成存在的非同一。而其循环形式是对有形因果关联循环形式的抽象和同一转移。这些考虑反映在"自然"概念的定义性认识一侧就是,作为"自然"概念普遍内涵的"天"的普遍存在属性信念之间必须构成某种循环规定和成就关系。

四 天演的古代文化信念与"自然"概念的内涵凝聚

关于天,中国先民早在远古就有了深度观察和思考,以天象历法为切入点,逐渐添加人文意蕴,成为文化中突出的观念,至春秋老子时代已经形成丰富和坚定的天理信念。在这一信念中,"天"已经不是原始的挂在空中而包围大地的那个天,而是包容万物、罗织万象、至大无外的存在整体。《尚书》中大量出现"天",称之为昊天、滔天、皇天、上天,认为它有意志(天命、天威、天罚、天灾、天心、天德、天性),有事功(天成),有秩序(天秩、天道、天休、天时、天牧),总体上,天被人格化,具有自主性、规律性和最高力量。《诗经》中也大量出现"天",一般指称至大存在。在这些对天的称谓中,"天"已经远远超出直观天象范围,被赋予许多不同的意义和属性。在"天"的扩展中,在其功能的成就上,已经包括一切可能的存在,比如人、地,人、地都处于天之中。在特殊语境下,有天与人、地的某种成双结对形式,但其所表述的不是天与人或地的存在分离和对立,而是整体与部分在认识上的主观分别。对于"天"的各种属性作出准确解释或许是一个复杂的和难有明确共识的工作,但关乎"自然"概念的因果范畴方面,却是清晰和简单的。

　　天的存在观念随着历史发展而变化,其构成内容也纷呈驳杂。然而,一旦聚焦在因果上,并用最普遍存在属性观念为选择条件,那么问题就变得简单清晰而明确了。在逻辑上,因果存在关系有三个规定要素,即因果主体或承载者、作用因及其存在方式、作用结果即变化轨迹。因此,对于"天"的存在的观念考察,被因果视角所限定,只须关注与此三者相关的社会观念,而不必也不能涉及其他内容。在此需要特别重申和提醒的是,不能超越关于"天"的观念的历史所与,而只需接受当时的观念,即不能对"天"作超越历史水平的过度解释,让存在解释的冲动诱惑解释者去玷污文本解释的本分,必须坚守只对文本语境给定的观念存在负真理追问之责,而不对文本观念本身的真理性负责这一原则。直言之,文本解释只留意一个观念的曾经存在与否以及过去观念间的联系,而不在意这个历史性观念的真假。观念世界而非事物世界才是文本解释的真理寄托。换言之,对于文本解释,文本即一般真理观念所牵连的"事物"。

　　"天"的实体所指决定作为因果关系的承担者。老子《道德经》中有关于"天"的不同使用方法,有单称的"天",有成对的"天地",有交叠的"天门""天道""天子""天纲",有转喻(人世间万物)的

"天下"。凡此种种，都首先共同肯定了"天"的实体意义，支持"天"的观念独立地位。而对于被"自然"概念的因果性所限定而充当因果施为主体的"天"来说，有意义的探索恰恰在于"天"的实体存在观念，即"天"指示怎样的存在物。老子以往，中国远古先人很早就对"天"的实体存在进行观察和想象，形成了直观信念，即"天"至大而无所不包，所谓"昊天"。从《尚书》可以看出，上古人们认为，天宰制一切，无物不归属于它，天也就是大全存在整体。《道德经》第十六章"知常容，容乃公，公乃王，王乃天"中"天"与"王"相通的中介"公"的"无所不周普"（王弼注）性，第三十九章"天得一以清，……天无以清将恐裂"中的"一"的"物之极"（王弼注）性，说明老子具有"天"的至大无外观念。需要辨析和说明的是，在《道德经》及以前的文献中，往往有"天地""天人"共在现象，似乎违背"天"的这种存在地位。但语境分析可以断定，这种共在是一种表达的修辞手段，"地""人"等是作为部分而与整体的"天"并列的，形成复指而显示一切存在之意，比如王弼本《道德经》首章的"无名天地之始，有名万物之母"，其中"天地"与"万物"在句法上相映相通，实为同一意指。因为，不论是"有"还是"无"，都指同一的存在，所以"天地"即"万物"，"万物"即"天地"，"地"在"天"之中而非其外，所谓"天地"，抛开其辞令差别而质问其等效的实在所指意义，无非就是一个"天"。可以说，所谓"天"也就是世界。在语言表达意趣上，"天地"同构于"世界与人"。天外无物，万物归天，是"天"观念的存在所指的实质意义。如果"地"外在于"天"，也就不会有《尚书》所谓的天人匹配："天叙有典，敕我五典五惇哉！天秩有礼，自我五礼有庸哉！同寅协恭和衷哉！天命有德，五服五章哉！天讨有罪，五刑五用哉！政事懋哉懋哉！""天聪明，自我民聪明。天明畏，自我民明威。达于上下，敬哉有土！"同时也不会有《尚书》所谓的"绝天地通"（《尚书·周书·吕刑》）了。形式上，似乎有天地分别独立存在而仍合法谈论二者之间关联的可能，但归属关系的设立在逻辑上取消了这种可能性。

关于"天"所包含的普遍的作用因的观念，决定天的因果存在关系的发生基础。老子以往，中国古人已经形成万物变化的原因的普遍类型观念，即五行。尽管有所谓仰观天象，俯察地理的认识发生解释，但这一学说仍包含真理叙事上的过大跳跃，带有某种神秘色彩。据《尚书·虞书·大禹谟》记载可以断定，至少禹时已有与五行类似的观念，禹曾说"水、火、金、木、土、谷，惟修；正德、利用、厚生、惟和"。周时已有五行观念，《尚书·周书·洪范》中有箕子答周武王之议："我闻在昔，鲧堙洪水，汨陈其五行。""五行：一曰水，二曰火，三曰木，四曰金，五曰土。水曰润下，火曰炎上，木曰曲直，金曰从革，土爰稼穑。润下作咸，炎上作苦，曲直作酸，从革作辛，稼穑作甘。"《左传·襄公二十七年》有"天生五材，民并用之，废一不可"。《左传·昭公二十五年》有"天地之经，而民实则之。则天之明，因地之性，生其六气，用其五行"。在老子之前，关于五行除了一个"行"字之外，没有更多概念解释性的具体讨论，现在广为人知的所谓的相生循环序列和相克循环序列是后来形成的观念。因此"五行"在本文中只能依据老子之前文本的有限线索来求解，其核心即"行"之义。五行在老子之前没有概念性阐释，其意义密码应该就在中国文化的普遍表达方法中，由"象"征义。五行之所谓行，为作用因之取象表达。因为，人体之行与天地万物的运动变化的普遍原因之间，显然存在逻辑上的差别，只有作为"象"才能取得语言表达的合法性。在《说文解字》中，"彳，小步也，象人胫三属相连也，凡彳之属皆从彳"；"亍，步止也，从反彳"；"行，人之步趋也，从彳从亍，凡行之属皆从行"。从中可见，行，动静皆在其中，五行中，包含变化和稳定机制。在"五行"中，以"行"这一人的行动机制来象天地运动原因的形式，其意义应该超越具体表象而提升普遍性，获得新的内涵。行者，化也，通也，遍布也，整体联系也，相联而成动也。五行，就是五个致动的原因或力量，意为天内万物必然总是由五个作用因参与其存在。所谓金木水火土五材并非实际参与事物存在的构成材料，而是中国人象思维方式下的取"象"。五行断言世界（天）当中存在五种作用力量，凡物都承受五种作用力量，它们共同参与推动事物的形成和变化。在因果范畴内，所谓金木水火土并非参与存在作用或事物构成的具体物质，而是五种不同作用力量的象征，仅仅抽象地断言了相互差别的原因及其数目。申言之，五行表达的不是存在五个具有固定属性的原因，而是原因的普遍数量以及它们之间的联系的格局或结构。也就是说，它是对世界万物变化原因的抽象形式的论断。五行是关于作用因的形式叙事而非质料叙事。它不是古希腊自然哲学那样的关于存在的内在构成的质料学，而是追问存在及其变化原因的形式学。五行是可以代入和充实特定事物的变量 A—B—C—D—E，互相之间具有特定的交会格局。

五行按其本义必须相通流转，要求作用范围的系统完整性，这就决定其有效对象必须具有全域性，不能存在不受其规范的事物，否则即为不通。"自然"这一因果范畴所表达的"自"这种因果存在方式本身，只有当时的五行信仰能够支撑它，因为当时没有其他"因"观念可以满足"自"所要求的绝对整体性。"自然"的文化处境使它除了五行之外别无选择。老子著作只是对中国文化天理观念的应用，即人事与国事的策论，而非对原理的专题研究，所以只略提到阴阳，甚至没有说到五行。但从其策论看，处处体现了这一普遍观念。

天是运动变化的，而且具有特定结果的必然性。中国上古就盛行阴阳八卦，至《周易》更加系统。按照这种普遍信仰，天演有数，天之内包含两种性质不同的相互对立和依赖的关于存在的作用效果，在各自的消长中推动事物变化和运动。这是可以加以逻辑解释的，即原因的作用对于它所关联的存在来说，只可能有两种效应即有利或有害，用中国古代的经典语言说就是生或损。此正所谓阴阳。对于处于天之内而作为其一部分的特殊事物来说，这种阴阳效果就表现为内在和外在的同时作用。阴阳是作用因之不同性质和功能的表达，正是二者的相对状态造成事物的变化，而且由于二者之间是此消彼长的，所以造成事物的周而复始式

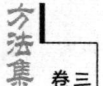

运动，呈现某种规律和运动趋势。但这种周而复始不是具体存在的简单的循环，而是五行运势的形式性循环。抽象的阴阳的互益互损和互相消长性，决定事物运动具有某种固定的形式和轨迹，可以称之为运数，同时也意味着其有效范围的整体性和封闭性。变化的结果并不溢出存在的相互作用之外，而是返回到事物的存在作用关联中，重新参与因果作用序列。联系的整体性和普遍性决定任何变化结果都不会逃逸和游离于联系状态，而是必然返回到作用系统成为一种新的作用力量。阴阳是一对功能性概念，关切的是作用效能和变化结果，意在对其作生灭的价值性描述，而不具有揭示存在构成质料和结构的功能。

　　在以上关于天的实体观念、作用因观念和变化结果观念三者之间，形成逻辑上完全契合的规定、制约和支撑关系，构成可以理解和接受的概念内涵。作为万物无外的天，提供五行的普遍关联作用空间，假如没有存在的无外性支持，五行在逻辑上就不能周行；有序关联而普遍作用的五行，其作用封闭性支持对存在的生成和抑制观念，使变化结果成为可控的和有规律可循的；变化结果的存在非溢出性即重返存在关联系统，维持天的实体的万物一体性。这种因果图式完全规定了"自然"之"何者之'自'"和"怎样之'然'"。因此，老子"自然"概念的实质，是他利用"自—然"的语法造义效果，来表达中国文化中的世界因果图景，赋予这种思想以明确的概念形式，为本来已经存在的思想观念凝练语言表达。①

---

　　① 附录：有两种认识情境不同的解释，即以给定观念为边界条件的文本解释和以给定存在现象为解释对象的存在解释。两者的区别在于，文本解释不能超越文本所设立的观念而针对文本所讨论的对象再作自由观念创造，但存在解释却恰恰要求针对给定存在现象自由创造观念。在这两种解释中，最高概念定义具有相同的构造逻辑和认识结构，都是在概念构造形式中填充相关的最普遍存在属性。因此，对于最高概念的定义来说，本文所揭示和确立的文本解释中最高概念的定义性解释方法，具有一般最高概念定义的方法论通用性，也就是说，只要把文本所接受的相关最普遍存在属性观念改为去主动发现最普遍存在属性，就可以实现存在解释中对最高概念的定义。以对"自然"概念的问题意识分析同样的方式，在确定了概念所关注的问题及其构成维度后，至于相应的普遍属性如何发现，则取决于认识方法的选择。

在"自然"概念的规范下，自然并非任意，而是被充足的原因所决定，自然而成就必然。因此，"自然"之天必有自己的普遍存在方式和特定变化轨迹，以必然而在，是其所当是，老子称之为道。天行自然而生道，故有所谓"道法自然"。"自然"致"道"，但道已经是"自然"的某种具体化，是由特定内容参与而生成的特殊自然所内在的普遍存在形式。个别事物在"天"之内，必然不能游离于天之自然和自然之道，所以万物虽"自然"却有"常道"。

仁说传统的方法论迷失*

——管窥中国儒学的四种无意识

据说，套用西方知识构成分析的术语，仁为儒家学说的最高"概念"。如此，按照认识成果——而非论断生成过程——表达的可理解性要求，仁就应该在思想文本的叙事格局中占据首位而优先确定，并且同一而明晰。唯其如此，才能在语词的同一所指中确立一致的话语主题，以概念使用的同一性保持概念在所有参与思想对话者间的交往信用，奠定逻辑上的话语主体间性，从而形成分享共同思想前提并接受相同思维约束的真正对话平台，既支撑思想的内在延展，也提供思想聚会的交往条件即是非判断规范。从理论建构的知识论角度看，只有当需要发动思想革命而缔造新的思想基础时，才降临一次重新定义仁概念的机会。所以，在儒学史上，试图给仁下定义的学者应该寥若日月。但是，偶然窥视儒学，却发现历史上关于仁概念的定义问题论者众多，莫衷一是，成为人人可以置喙的一般性日常话题。这种掀翻裁判桌的定义权竞争违背学术常道，从而强烈地刺激笔者被西方哲学精神浸润而成的学术嗅觉，遂不顾贻笑大方之忌而立穷究反思之志。

---

* 该文发表于《南国学术》2018 年第 2 期。

一　万人说仁的同一语法

为什么几千年来人们求仁而没有得到一个能够统一众识的仁观念？病根在于，所有人——包括创造仁观念的先祖——的求仁方法。

仁的文献史记录最早出现于《尚书》，但从《尚书·商书·仲虺之诰》中的"克宽克仁，彰信兆民"这一对商王朝开国帝的赞誉之辞看，仁应该是一个更早的观念，这时只不过是一次文字的运用而已。因此，从文献上说，当然无法找到仁的可靠创始定义。但是，根据中国传统文化的思维特点和原始汉字的象形特点，这未必是一个不可弥补的学术遗憾。

中华上古先祖是怎样创始仁观念的，甚至究竟何时创造这一观念的？从一般观点看，这些问题具有历史重要性。然而在目前条件下它们显然是不能获得可靠回答的问题。但是，汉字的象形性却给探寻上古先人对仁的理解和说明留下了一条道路。按照象形文字的构造原理，一个文字在其创造结构内部就蕴含其意义的确定信息，亦即象形文字具有意义的自解释功能，能够自足地在文字自身之内显示自己的意义。因此，对仁字的纯粹语言学考察完全可以补足其文献史的缺失，能够有效地勾画仁的定义并显示定义的方法。甚至可以合理地推定，在象形文字文化中，那些最原始的单字性简单观念的初创，都不可能有也不需要有外在于文字本身的定义性陈述语句。也许，那些以复合词表达的观念为获得确切的意义组合才需要定义性语句。

沿着上述思路，仁的最早甲骨文就成为确定仁的意义和定义方法的有效依据，而那些后来衍生和简化的仁的文字构造则不具有权威性和可靠性。在仁的最早甲骨文"󰁈"中，从人从二。对此，有各种解释，有的认为是指人们之间的亲密友爱关系，但也有人认为是指人对天地的服从。与本文的主题直接相关的是仁的创造方法，因此如何解释它的具体意义并不是必须面对的问题。相反仁字甲骨文的象形性得到确证已经足够支持本文主题的继续讨论。也就是说，对于本文，可以抛开仁的意义问题而仅仅考虑其构造形式所透露的认识方式。

象形文字的构造以对特殊事物及其关联关系的观察为基础，以"形"而达心中之"意"。具体到仁这一观念，就是用象形之"人"字与象形之"二"字组合，表达某种事物的德性。不论对"二"之解释为何，可以确定不疑的是，它指示或代表着某种特殊事物。因此，仁之意义在其原初创立之时，表述方式就是利用特殊事物间的关联表达一个普遍同一的观念。借用现代语言学的句法逻辑术语加以分析和表达，就是一个具有普遍意义的主词或者说一个被要求赋予普遍内涵的主词，却用只具有特殊意义的事物或属性作为谓词。从现代句法逻辑的观点看，这是一个带有逻辑错误的判断语句。按照正确的语句构造逻辑，应该给主词配置一个相对主词具有更高普遍性的谓词。

通过象形文字来刻画和指点一个具有普遍意义的观念，其间带有观念显示的不确定性，留给人们很大的自由构想空间。仁的这种思维和表述方式，是中国古代观物取象的认识传统的直接结果。观物取象是一种本质认识的经验主义方式，象是对事物规律的把握，然而又寄托在感性形象中，心中之"意"附着隐没在"象"之上，象为意之符号，正所谓"意象"，由"象"而走向"意"。象充当感性世界与抽象观念之间的中介。象思维赋予抽象观念感性表达以合法性。但问题依然不能被这种合法性所掩盖。象在特殊感性形象之中，它对普遍的心中之意的指点并不能保证接受者的想象唯一性，即既不能必然地把人们引导到原初所象之"意"中，也不能排除对此"意"的不同成"象"，因为从特殊到普遍存在非逻辑的思想偶然性，而同一普遍观念逻辑上当然地对应众多特殊事物。这导致象思维中的观念在社会群体传播中表现出某种"意义测不准"或者说"意义波动性"。仁这一观念的意义在后世流传和使用中就明显表现出主体间理解的歧义性。

仁作为一种德行的表达，直到孔子之前，一直处于童蒙使用状态，即在对仁之意义的不确定性的无反思和清晰自觉的情况下，不同人在信以为同一中各自特殊地使用着仁观念。在《尚书》中有《商书·太甲下》所谓的"民罔常怀，怀于有仁"；有《周书·泰誓》所谓的"虽有周亲，不如仁人"；有《周书·武成》所谓的"予小子既获仁人，敢祗承上帝，以遏乱略"；有《周书·金縢》所谓的"予仁若考能，多材多艺，能事鬼神"。在《国语·周语下》中有"仁，文之爱也""爱人能仁"；《国语·晋语一》中有"为国者，利国之谓仁"。在《左传·成公九年》中有"不背本，仁也"。这些不同说法的逻辑位格相同，即都是对仁的不同表现的陈说，而不是有意识地在寻求仁的普遍内涵。因此，尽管其间显现出时间轴上的说辞变迁，但各说的逻辑结构相同，言说意图相同，各种不同陈述内容之间又缺乏内在的逻辑关联，因而它们之间的真实关系是平行并列，并不构成仁说的历史进步，不能被看作仁思想的不同阶段和形式。① 相反，它们都始终沉溺于个例运用的窠臼，不构成一种真正意义的思想进步。

孔子根据自己对时代弊病的诊断，认为道德缺失是社会灾难的根源，所以着力梳理传统道德思想，构建社会道德框架。其间，仁被选中而作为道德体系一以贯之的核心观念。然而，在仁被赋予重要意义的时刻，孔子"述而不作"的学风使得"仁"错失了被认真反思的机会，既没有在内涵上突破传统文化语境而是一仍其旧，也没有着意澄清其观念来源和构造方法。一部《论语》，回避"仁是什么"的问题而在"什么是仁"中兜圈子，了无仁的概念定义意识。

从孔子弟子"问仁"的情景可以看出两个破绽。一是，孔子虽然转折性地高度重视仁，但是并没有提升关于仁的认识高度，思想依然滑动

---

① 在其《仁学本体论》（生活·读书·新知三联书店 2014 年版）中，陈来认为"仁体广大，但仁体的显现于人，则依历史之演进，而有不同的阶段、形式"（第 103 页）。

方法与可能性：绝对定义那些"不可定义"的概念

在相同的历史水平上，丛杂模糊。《论语》中弟子问仁多次，孔子都以各不相同的特殊行为作答。樊迟再三问仁，孔子各以"仁者先难而后获"（雍也）、"爱人"（颜渊）、"居处恭，执事敬，与人忠。虽之夷狄，不可弃也"（子路）作答。子贡两问仁，孔子前后作答说"己欲立而立人，己欲达而达人"（雍也）、"工欲善其事，必先利其器。居是邦也，事其大夫之贤者，友其士之仁者"（卫灵公）。子张问仁，回答是能行"恭宽信敏惠"五者于天下为仁（阳货）。颜渊问仁，得到的是"克己复礼为仁"（颜渊）。仲弓问仁，指点他"出门如见大宾，使民如承大祭。己所不欲，勿施于人。在邦无怨，在家无怨"（颜渊）。司马牛问仁，则话锋转为"仁者，其言也讱"（颜渊）。孔子诸如此类的说仁，侧面证明他没有超越心中了悟而指马说马的经验思维水平，没有对以往将用仁当作说仁这一方法的批判意识，缺乏超越片面说仁而努力达到普遍意义王国的自觉。二是，三千弟子无一发定义之问，而只是关心怎样行仁。本来，在提问中最容易触动普遍定义的追求，因为疑问具有归根溯源的自然倾向。但是，三千弟子受传统经验思维习惯的束缚而安然接受具体提问，浑然不知有普遍之问的必要。在古汉语中，"问仁"这一语句结构内在地具有两种解释，即问怎样行仁和问仁是什么。可惜，经验主义认识习惯使三千零一人都忽略了语法结构所包含的后一问这个思想空间，无缘享受语法对思想的启示和指引。老路易走，但难得崭新境界。从问答之间可以看出，师生间均没有萌发追问仁的普遍内涵的意向。

仁说发展到孟子，有人说在其中发现了新意。但站在方法论以及意义的逻辑特性视角观察，其实还是原地踏步。除了拿来使用，孟子在偶尔说仁时还是不能超越传统旧式，试图以运用而明义。孟子把仁理解为对人的爱而非对物的爱，"仁也者，人也"[①]，在其中，仁只是一个指称

[①] 金良年译注：《孟子·尽心下》，《孟子译注》，上海古籍出版社2010年版，第297页。

对待他人态度的概念。"仁者以其所爱及其所不爱。不仁者以其所不爱及其所爱。"① 而在"合而言之，道也"② 中，倒是有一丝深长意味，即把人间互爱这种行为提升到天地人整体存在的高度，是人应该遵守的普遍法则。然而，即使在这个层次和意境上，也还是没有摆脱以个别界定一般的思想和表达模式。一来仅仅是为仁找到一个外在归属，没有改变仁定义的浮动状态，二来就是这一归属化活动也仍然没有逃离指物概念模型，以人的行为对天地的服从说明仁的规范性质。不过，另眼看，这句话透露了孟子对仁的一种解释，即仁是一种特殊的道，是人之存在之道，从中释放出一种拓展联想的可能性，即按照中国古代的法天地思维方式，仁是否就是天地之性？《礼记·乐记》所谓"春作夏长，仁也"③，就已经把仁扩展到人间之外了，但仍然是以特殊行为理解仁和说仁。

先秦诸子如何说仁？据说，在他们那里，"仁对于各家来说，已经成为一个'定名'，即意义确定的概念"④。然而，所见到的是"分均"（庄子）、"德无不容"（庄子）、"仁爱"（墨子）、"非其所欲，勿施于人"（管子）、"爱己"（荀子），都是在用特殊的行为来说明仁，相互并非同一。

汉儒董仲舒虽然把仁定格在天道上，但仍然是用"博爱"这种特殊的行为表述仁。

到了宋明理学，人们似乎对仁的追问乱象有所反省，"仁之道，弘大而亲切。知者可以一言尽，不知者，虽设千万言，亦不知也"⑤。但遗憾的是，还是脱不了以特殊行为说仁的模式。朱熹意识到"爱"是"仁体"的发用，但他对仁的把握却是要求"体仁"，而非"说仁"。一个"体"字又把对仁的认识拉回到个别事物上，因为离物而难以言体认，

---

① 金良年译注：《孟子·尽心下》，《孟子译注》，上海古籍出版社2010年版，第291页。
② 金良年译注：《孟子·尽心下》，《孟子译注》，上海古籍出版社2010年版，第297页。
③ 杨天宇译注：《礼记·乐记》，《礼记译注》下，上海古籍出版社2010年版，第477页。
④ 陈来：《仁学本体论》，生活·读书·新知三联书店2014年版，第121页。
⑤ 陈来：《仁学本体论》，生活·读书·新知三联书店2014年版，第175页。

正是他所谓"格物致知"。王阳明心学以心体为仁体，在其求仁体的功夫论中显现出消除特殊现象而达到普遍仁体的否定式认识路径，这显然有别于以往的即物穷理的肯定式认识方法，但仍然不得不从一个个特殊存在观念着手。

后来学者，不论大小，都在仁之特殊表现中来说仁。

二　无家可归的仁概念

一以贯之的语法倒错，根本不能提供一个具有同一稳定性和主体间可普遍确认的仁概念。直言之，一个臆想着确定观念内涵的主词却配以特殊的个别事物作为谓词，这种语法结构在表述层面就完全没有提供所期望的直接定义内容，没有发挥语言对观念的固定作用。因为，特殊的个别事物逻辑上不能匹配普遍观念而把自己直接归属于它。普遍属性或事物可以赋予特殊事物以规定性，构成一种思想的澄明，但反之却不成立。

如果以积极态度给予这种言说以肯定，承认它具有仁的认识价值，那么也必须澄清，在倒错的仁观念表述语法下，任何说仁语句都没有完成语言对思想的描绘任务。其言说意义仅仅在于，一般地指出了存在一个普遍的仁，同时借助于个别事物提供了一个感触仁观念的机会。但是，在这一机会中并不包含对所有人来说的必然观念收获，并不直接赐予仁观念。相反，通过这种有缺欠的表述，仅仅作出了两个示意：告诉人们有一个进行如此思想活动的人这个事实，以及向人们提出在特殊事物中感悟和重温普遍观念这个认识任务。也就是说，这样的语句不是与人分享现成的思想，而是传递了一个有待复原的思想符号。然而，这个思想符号在认识论上具有诠释学不确定性，即从特殊事物没有提炼普遍观念的逻辑通道，"即物穷理"活动带有不同认识主体的想象自由性，其结果是"一物万理"。因为，从个别特殊事物到普遍观念需要认识上的超越动作这个中介,而超越的认识结构为,在当然包含普遍观念的个别事物内容中进行选择性的否定和肯定,同时还要伴随在肯定内容之上作整体关联关系的创造性添加,只有获得这种添加,从被分割而破碎的特殊事物存在内容中保留下来的内容才能重新获得存在所要求的整体联系。而不论是选择还是创造,都缺乏认识上具有规范作用的指导方法和规则,也就是说是一种无客观约束的主观精神活动,个别认识主体的偶然心理品性和知识视野,将主导结果的呈现。因此,仁说语句所给予的思想事件符号,其还原命运是不可预测的,是一种无法向他者敞开的观念世界。

也许,有人会想到语境因素对仁说语句诠释的约束作用,并借此反对关于仁说语句意义还原的悲观主义。但是,语境这一"仁说语句意义还原的救助者",并不能从根本上改变意义构成的结构,因为从待解释语句所关联的那些边界性语句的意义厘定要求看,且不说语境本身的意义多解性,就是语境本身也不是一个可以绝对确定的内容,而是放射性地深陷于语言世界的无限关联中。语境对仁说语句意义还原任务的处境具有某种改善作用,但也只是辅助的和量性的,而不是决定的和质性的。另外,语境的约束作用只能以否定形式影响意义还原方案,而不能以诱导甚至直接设置形式开显仁说语句的普遍意义。因为,把在意义的现实存在中本来关联统一的"仁说语句"和与其联接的语句群落分割对待之后,可接受的"仁说语句"意义是双方意义可能性之间的契合,即双方都有自己的意义变化空间和可选择意义项,从逻辑上说只有两个选择意义项能够契合而实现意义整合,开显一种可理解和可接受的意义,才能证明对仁说语句的解释是可接受的。但仅此而已,可接受不是必须接受、必然正确和唯一解释。相反存在其他可接受选择的相对性,而且可能是更优选择。然而,如果发现仁说语句的某种意义选择不能与语境契合,则这种选择就绝对遭到否定。直言之,语境对仁说语句意义确认的约束效力表现为弱肯定和强否定。而不论多少否定都不能直接确认被陈述对象的内涵。语境并不是一把可以固定仁说语句意义的锚,更不是承载后者的充分支点。

传统仁说语句意义确认的困难更在于同一个普遍观念可以配列无数个别谓词,而它们之间是同位和平行的。众多仁说之间的对抗和混乱使得仁说语句的意义更加难以确定,直接消解仁观念的明晰性和普遍性,甚至打碎一切哪怕是进行意志性独断的梦想。因为任何一个强制性特殊规定都在思想社会中遭遇无数其他可与之分庭抗礼的意义选择的挑战,难以取得足够的知识社会学信用。这使得仁观念内涵的不确定性合法化。

在仁说语句中,仁观念被隐约感受着,但是又难以确定踪影,像幽灵一样飘荡,骚扰人心。仁在仁说语句下的这种存在状态进一步堵塞了仁观念的规范性使用方式。所谓规范性使用,就是放弃存在考察,不从"是"出发而寻找仁的内涵,而是把仁当作一个纯粹主观观念,由人按照思维或生活的需要来强制规定或者说设置仁观念并赋之以普遍社会效力,使之成为一个规范性概念,以"应该"形式获得观念存在的确定性和合法性。这是一条主观概念自我建构道路。但是,这需要抛弃对仁之自在存在的信仰和直接把握的企图,从天真地"看"仁转换为理性地"思"仁,接受以感受为基础而作有偏漏风险的概念独断,确定然而却是有限地描述现实存在,走上在主观精神中重构现实存在关系的道路。但是,逻辑倒错的仁说语法具有一种经验迷幻力量,它天然符合人们的直接经验感受,能够利用每一仁说语句所捕捉到的真实内容辩护自身或者挽救这种认识方式。同时,它所造成的众说之间的逻辑对抗,也拒绝给予某人以特殊的概念独断权利。除非发达的逻辑理性介入仁说语句,批判和拆穿它的绵薄和无效,隐藏在仁语句中的仁观念幽灵就会继续纠缠所有仁说。

几千年来,仁观念幽灵不灭,而人们竟然一直忍受了思想的不安,并无怀疑和澄清努力,这说明"中国哲学"从原始文本到后学诸辈,一直没有觉悟到对概念的需求,更没有冲动去建立概念而步入确定的思想世界。说仁群体的概念无意识使"中国哲学"一直游戏在模糊不定的感性经验中。

三 范畴迷失：原仁与用仁

如果说在思想的洪荒时代，那种草莽粗阔的仁说方式可以谅解，甚至值得赞颂其原创行动的话，那么后世学人的直接因袭就必须接受批判。仁观念创造之后，有相当长的信然使用阶段，人们并没有着意去发挥和追问。但自孔子力举"仁"而以之统率众德之后，问仁者纷至沓来。在这一历史当口，孔子因其举仁之"作"而负有明确仁之内涵的思想义务。孔子"述而不作"，自然可以一仍仁的旧意，但是他必须阐明其特定的普遍意义；或者他有权对仁进行规范性使用，不必拘泥文献而直抒自己的胸臆，强制设定仁的意义。这两种选择所面对的任务都是原仁而非用仁。所谓原仁，就是分析仁的存在和发展，推求或规定它的内涵，确定其普遍同一的意义。而所谓用仁，就是把普遍的仁观念运用于具体情境，作出"是仁"或"如何成仁"的判断。以仁为界点，原仁讲仁之所从来、所意谓，止于确定的仁观念；用仁则是把仁观念带入现实存在中，让它显现于具体事物。这是两种完全不同性质的认识活动，承担完全不同的认识任务，使用完全不同的运思逻辑，涉及完全不同的认识能力。在西方，亚里士多德把二者区分为理论智慧和实践智慧。然而孔子面对自己的历史担当，对原仁与用仁没有建立起应有的认识差别意识，更没有断然从先祖以用仁代替原仁的做法中解脱出来，浪费了一个理论构建或思想疏理任务所带来的思想进步机遇，以致中国的思想史在孔子这一点上依旧保持直线状态而没有出现拐点。仁观念地位的陡然提升，当然会引来更多的关注和追问并形成热烈的对话。这本身就是触发对仁进行彻底反思的刺激因素，在此语境下更易于提出关于仁的各种问题，其中包括原仁与用仁的区别问题。但是，孔子面对众弟子的疑问，在习惯思维方式的驱使下，除了用仁以外，丝毫看不出、也不愿领会围绕仁观念的复杂认识可能性，总是简单地以具体行仁表现来回应，而没有被自己的诸多不同回答之间包含的矛盾所惊醒，下定决心去反思用仁与原仁或者说普遍观念和普遍观念的具体运用之间的差异。一个重大的认识问题被孔子思维的潦草埋没了，被他的肤浅回答所敷衍，而没有转化为一次思想澄明甚至思想革命。

孔子以降，说仁者络绎不绝，然而原仁与用仁混淆，不知二者为不同认识范畴，以用仁代替原仁的说仁格式代代相因。因此，众人摸象，却都卷曲在错误的传统说仁语法内，没有一人萌动追问碎片后统一之仁概念的冲动。孟子围绕仁所作出的认识开拓在于一个"仁，人心也"的断言，旨在指出仁归属于人心，是存在于人心之中的先天本性。但在孟子的思想语境中，这只是为仁确定了主体，是仁发用的结构，说明"仁者，爱人"的根源，并没有丝毫说明仁本身的内容。也就是说，孟子仁说的"新意"仍然囿于用仁的范畴内。而按照原仁的内在要求，重在追问"怎样的人心"。《吕氏春秋·开春论》所谓"仁也者，仁乎其类者也"，显然不是意在阐明仁本身，而是说明施仁的对象。庄子在所谓"亲而不可不广者，仁也"（《庄子·在宥》）和"爱人得物之谓仁"（《庄子·天地》）中，也仍然是在用中说仁。荀子试图对仁作出更全面的解释，但其思路仍在扩展用之展现上，即所谓"使人爱己"与"仁者自爱"（《荀子·子道》）。董仲舒的"博爱"显然没有超越庄子的思路。即使他的"天心"说也没有超越以用仁来说仁的水平，在说仁的逻辑格局上同一于"人心"说，只不过换了一个别样的主体而已。北宋二程道学把"识仁体"当作重要的仁学主题，似乎绽放了仁说的一片天地。程颢、程颐发觉了以用说仁的问题所在，比如不能将爱等同于仁，"仁者必爱，指爱为仁则不可"[①]。在这种否定中，潜藏着反思以往仁说和发现真理的曙光。然而，在抽象地或者说模糊地把仁归附于天理之后，识仁的功夫论还是主张在特殊的践行中体会和把握仁，把识仁归结为在仁之表

[①] 程颢、程颐：《二程集》，中华书局 2004 年版，第 1173 页。

现上去"体验",这便立即滑向了以"用仁"来说仁的老套路,又葬送了一次"原仁"的机会。因而没有能够借此否定而把仁说引向新方向,寻找说仁的更优方法,相反重又滑落到旧仁说语法中。把仁看作一实体性存在而可以直观,又辅以"万物一体"这一本体论假设,是这种"滑落"的条件。程门后人杨时(龟山)就仍然把孔子的答仁看作求仁之方,深陷于旧仁说语法并赋予它方法论意义而主张"格物致知"。主张"识仁"而不得概念,结果导致某种反动。朱熹就质疑先识仁体这种主张,在以"用仁"混作"原仁"的语境下,放弃对先人的分析批判而以之为经典,把以用仁来说仁正式合法化。他说:"某案'欲为仁,必先识仁之体'此语大可疑。观孔子答门人问为仁者多矣,不过以求仁之方告之,使之从事于此而自得焉尔,初不必使先识仁体也。"① 朱熹继承仁爱分离思想而承认有独立之仁,但不满二程及其门人空洞言仁,主张"以爱推仁",其初始构思很是深沉而有些激动人心:"以爱论仁,犹升高自下,尚可因此附近推求,庶其得之。"② 看上去颇有现代哲学理性下的分析方法气象。但是,这个学术生机被轻率的本体论独断"万物一体"扼杀了,求仁之路的逻辑终点迅速地被定格为"生物之心",求仁方法也随即返回"存天理,灭人欲"的功夫。朱熹要放水捉鱼,但人欲似海,这仁怎能"水落石出"?在逻辑上,这种否定求仁法已经预设了仁,在对非仁的识别中才能进行。因此,其本质仍然是以用仁代替原仁,所谓原仁只是一种假象而已。这种历史遗憾的关键在于他们都没有超越具体的仁概念求索问题而提出一般的概念认识方法问题,以致给特定的本体论独断干扰和遮蔽概念认识方法反思留下可乘之机。至于王阳明识仁体的"人心刮磨"说,已经预设了心中之仁而用它去抵制心之"斑垢",否则怎样分辨而不伤及仁体?这显然也是一种隐形的以"用仁"

---

① 陈来:《仁学本体论》,生活·读书·新知三联书店2014年版,第177页。
② 陈来:《仁学本体论》,生活·读书·新知三联书店2014年版,第307页。

进行"原仁"的企图。黄百家《求仁说》把在个别"用仁"的行为上进行"原仁"辩解为"仁体即此可默会"①，已经完全勾销了"原仁"的本义以及用力求索的必要性，在原仁的困难面前鸣金收兵："仁之为物，未易名状，故孔门罕言仁，凡所言者，皆求仁之功而已。其曰'仁者，人也。仁人，心也'。此则直接指仁体矣。"②

近现代以来，关于仁的说明总是因循历史而以例说仁，"用仁"与"原仁"的性质差别和不同方法要求并没有得到应有的认识和把握。在西学东渐大潮下，经受着西方概念思维和认识论的剧烈冲击却能鼾然大睡，亦不失为一种让人惊异的奇观，是淡定自若还是麻木不仁？

原仁和用仁在认识论上具有截然不同的性质和地位，归属不同的认识范畴，原仁要求在在先不涉及仁观念的条件下展开对仁概念的定义活动，是追求普遍概念，在逻辑上要求特定的认识方法保证论断的必然普遍性。而用仁是在在先拥有仁概念的条件下，用它去规范和创造特殊存在事物，是让仁显现于具体事物。二者均需要思维的创造活动，原仁是创造普遍规定性，用仁是创造特殊存在内容间的合概念关联方式。虽然二者都属于智慧，但它们如此不同，以致如前所述，亚里士多德分别用理论智慧和实践智慧命名它们。中国思想史始终未能在说仁中体会到这种认识论差别，一直处于认识论上的沉睡和无意识状态，不断令人扼腕地混淆原仁与用仁。但是，在逻辑上，以"用仁"去做"原仁"事业，绝对不会得到正果。可以说，说仁群体一直停留在认识论无意识状态。

四　仁说句法的逻辑命运

在说仁的传统句法下，有必要考虑两个问题。一是人们是否有追问

---

① 陈来：《仁学本体论》，生活·读书·新知三联书店2014年版，第195页。
② 陈来：《仁学本体论》，生活·读书·新知三联书店2014年版，第195页。

仁的普遍意义的意识、愿望或目的；二是这种语法的表意功能如何，能否推动形成意义充分而自足的语句。因为，在无限定的主词位格上出现了一个指示性的观念名称"仁"，按照逻辑，它应该是普遍的，但是并没有获得或者说为其配置一个合格的谓词，即其中的谓词不具有普遍性。这种句内句法的逻辑错位造成语句具体意义的模糊，需要对语句进行表达构成方面的解释。

　　第一个问题为古代汉语的语法简单性和解释上的语境依赖性所决定，不能直接根据对语句的内在分析来回答。在古代汉语中，"A者，B也"结构的句式具有语法功能的不确定性，在同一的句式构成形式背后，潜在诸多不同的实质意义解释方向。在其中，能够确定的是，B在陈述说明A，但是，究竟二者之间以什么关系来联接，B以什么身份出现并赋予A以何种规定性，却并不确定。比如"仁者，人也"，它仅仅依靠句内分析就不能断定语句意义，既可以说所谓仁就是把他人当人来对待，也可以说所谓仁指人所具有的德性，又可以说所谓仁是针对人而言的，还可以说所谓仁就是人的本质（人之成为仁的根据），等等。那么，到底意义为何，必须在具体语境中加以裁定。应当明确指出，"A者，B也"结构语句绝不能简单地处理为本质陈述语句，不能想当然地看作定义语句的语法标志。再比如，"仁者，爱人"，既可以说所谓仁就是关爱他人，也可以说是具有仁德的人一定会关爱他人。进一步，这时所谓的人，既可以理解为"他人"，也可以理解为包含自己的"人类"。由此可以看出，在"A者，B也"结构的语句中，甚至主词、谓词本身的意义都在飘荡而等待读者在语境中具体确定。传统说仁语句直接或间接地都是以"A者，B也"形式表达的，因此必须考察它的出场语境，以确定其中之"仁"的意味和逻辑身份。

　　传统仁说语句的运用从两个方面透露出它没有直接的仁概念意识，更没有追问普遍仁概念的认识决断。一方面，在仁说的传统语句中，为仁配列的都是特殊性事物内容，带有感性实在性，既在逻辑形式上不合乎普遍定义的要求，在内容上主谓之间也不具有定义匹配性，即二者间不具有内容赋予的合理性和恰当性，感性事物是不能作为本质内容的。另一方面，在传统的仁说历史上没有出现哪怕是强行将特殊事物或属性设定为仁的唯一内涵的举动，相反，各种不同说法相互并存。这说明说仁群体始终没有把仁作为普遍概念看待而主张它的唯一性和排他性，在谈论仁时没有伴随概念主题意识。即使后来的"仁体"观念也没有得到概念认识待遇，而是简单地设定为某种存在等待被发现，并没有产生相应的揭示其内在构成内容的特定认识活动要求。但是，没有直接的仁概念意识，不意味着传统仁说句法中丝毫不与仁概念有关联。相反，在其"用仁"的语句中，通过其对"仁"的固定指称，逻辑上说明它间接包含仁概念意识，只是非主题地显现而已。因为，没有关于仁概念的普遍性意识，何以有对它的反复的特殊使用，又何从谈起围绕"仁"的对话场域？其间的讽刺性真理为，关于仁，人们处于未明却都以为是自明的社会性自欺状态。围绕说仁，显露出说仁群体的一种不健全处事能力，即不能准确辨识思想大事，错把个别小事看成值得喋喋不休的大事。

然而，仁概念在幽灵般地骚扰人们的心灵，它借传统仁说句法为体而发动，从而使人无法满足于特殊的用仁说法，在无意追求仁概念的说仁语句中去追求仁概念，或者说以仁概念认识标准去评价各种用仁说法。不满评价下必然使说仁话语无尽地持续下去。

由于在传统仁说语法中，仁概念已然埋伏而认为可以在其使用中被直接发现，所以认识的任务只在于使其澄明，而不在于去创设。这便陷入一种认识纠结，即既然需要澄明就是没有准确把握，而尚未把握又怎能正确应用？进一步，没有正确应用把握的个例怎么能成为仁概念的发现居所？这两种问题交叠在一起，就是一个在逻辑上永远不能可靠确认仁概念的结局。

在仁说语法中，相信每一用仁都能充分承载仁概念，因而赋予它们各自独立的说仁权利，互相间平行并举，各自都可以直通仁概念。本来，果真如此，则它们之间会在仁概念的发现点上终结自己，同时也与其他说仁个例发生交汇。但是，传统仁说语法的思维走向是特殊而不是普遍，因此这种交汇绝对不能发生。同时，也正是对各个"用仁"的"说仁"功能的信仰，使得在传统说仁句法范畴内不可能设置它们之间的比较关系，进而也不会承认这种比较关系在发现仁概念中的功能（因为已经设定这些特殊内容并非仁体）。这就直接关闭了归纳方法或归纳逻辑的设想大门，不可能出现苏格拉底那样的"辩证法"（赋予个例间的否定关系以概念认识意义），也不可能设想与辩证法相牵连的归纳逻辑或者说辩护归纳结论真理性的归纳标准。按照归纳认识真理性的本体论条件，即必须完备地列举所有相关对象，以及在认识上满足这种条件的不可能性，理想的归纳真理是不可奢望的。但是，有了归纳标准或归纳逻辑的担保，便改善了归纳认识的真理判定能力，提高了归纳认识真理性的概然度，使得归纳性认识获得了真理度判定，同时也使之成为有客观约束的。而传统说仁句法在根本堵塞了归纳方法和归纳逻辑后，必然滑向无限言说而永远不知所终的命运，既不想停止，也无法停止。于是，仁说变成一场没有内在约束、既不预设终点也不可能合理接受一个人为终点的连轴大戏。至此，可以进一步对第二个问题明确作答：在逻辑上，传统说仁句法不蕴含概念的认识和表述能力。

传统仁说句法不能捕获仁概念，而识仁这一任务作为主观世界的精神事件又必须最终表现为概念把握，因而不论人们让仁以何种姿态进入视野，实践的或认识的，都必须毫不苟且地直接面对仁概念的认识问题。

在几千年的说仁历史中，人们不断地重复一种模式而没有反思这种模式的目的合理性，即它是否具有达到认识目的的逻辑可能性，以致因循至今，这侧面说明说仁群体逻辑意识的缺失，换言之即逻辑无意识。

五 "仁"愁：乱始无终

传统仁说的历史正是对说仁句法所作的内在逻辑结局断言的一个实证。试图透过个别论一般，势必造成认识迷梦，陷入恍然大悟与扑朔迷离、澄明与模糊之间的摇摆。在这种语境下，有仁而又不能直接显现，言仁而又不能确凿，仁的意义被诉诸每个人的自由感悟，因而虽为一言，却有多种想象。即便仁字本身，画为一字，读者各读，难有同一感受。因此，说仁的历史在其开端处便说者自说，听者自听，说者心中为一意，听者耳中为一意，而且这并不被"仁"字的释读规范所否定，相反正是由它所滋生，被它所辩护。质言之，说仁的历史开始便充斥混乱。一个"仁"字，画得清楚，说得糊涂，用一个多义词表达了画者心中的唯一意念。每个读者都必然产生两种阅读心态，一个是这样的疑问：我心中的意念是否为画者心中的那个意念？另一个是这样的独断：我心中的意念就是画者心中的那个意念。但是没有第三种心态：我心中的意念不是画者心中的那个意念。因为这违背了对话社会学的自明真理，既然是所指不同，又何必借用他人文字而成文贼，同时也滋生无谓的争论？而更合理也更需要的是这样的纯粹阅读心态：画字者（他）心中的仁是什么意思？在这个提问中，具有完全的作者与读者之间的分离意识，必须让作者的思想痕迹约束和支配读者的想象，暂时放弃读者的独立性和判断构造权利。

不论说仁的第一人心中是否澄明见仁而言之凿实，其说仁方法都在客观上给了仁说一个混乱的开场。对于仁说历史具有意义的是那人的"说"而非那人的"思"。在"用"中说"仁"之先河既开，便成漩涡，无限自绕流淌而不能归海。因为这样的说仁语句容许并导致不同理解，同时也诱导后人作同样形式的仁说，而"仁"之用是无限开放的和互相平等的。在这种说仁场域中，理解与创意采取了相同的形式，似乎在与先人平等地说仁。然而不论有多少种说辞，假如分析它们之间的逻辑关系就会发现，它们都没有真正的新意和相对更加透彻的洞见。比如以"爱"说仁与以"生生"说仁，二者之间有思想的进步关系吗？爱必生生，欲生生而必爱，一意各表而已。巧言另辞而以为新，仁说王国的时钟就是这样在不断旋转。然而以"用"说仁句式的习惯化和语法化，使人们难以驻足而发动对仁说历史的审视和批判。思想的因循不前没有被发现，认识道路的漫漫不见尽头也没有惊醒人们去怀疑脚下的道路，诊断一下为学方法。可是，逻辑的力量必然胜过主观意志。只要说仁语法不被废弃，不论有多少饱学之士前赴后继，仁说都不会达仁，说仁也不会终止。

在仁说历史上曾经有过划破传统说仁语法外壳的机会，但都被习惯的引力所抵制而返回到传统轨道。当二程发现爱与仁不同，仁有自己的独立存在时，只要轻轻转折而发出"这样的'仁'怎样把握"和"仁这类观念怎样认识"之问，仁说历史的批判就成为可能，并且可以开创出一个思想新纪元。但是，万物一体这个本体论独断为传统说仁方法偷开了逃生门，因而发动历史批判而寻找新思想道路的希望就此破灭。由特殊之思向普遍之思提升对于中国学术有时显得易如翻手，然而却就是擦肩而过！

只要说仁群体处于历史批判无意识状态即不反思说仁句法而批判仁说历史，仁说就不能改变其乱始无终的命运。

仍然在接着说甚至照着说的仁说传统，显露一个秘密：中国学术还活在没有历史批判意识的信步而游状态。而历史批判无意识至少葬送了思想进步乃至思想革命的一个有利条件。

在这样的判断下，不免让人泛起一丝"仁"愁和对中国学术的期待。

语境原仁：关于仁概念的一种"公共阐释"实践*

由于"仁"在孔子之后获得了突出思想地位，使得在"推原仁字之说"① 即原仁问题上用力之人陡然增加，但由于一直没有清晰正确的原仁观念和方法论而难以成就正果，具有普遍接受度的论断付诸阙如，因此形成聚讼场面。本文试图以对原仁史的反思批判为基础，依据理性规划的原仁方法论展开一次与以往原仁活动判然有别的语境原仁，即在严格给定的历史思想范围内演绎仁概念的逻辑发生和普遍内涵，而非徒劳地试图在本来就不存在仁概念的历史文本中去发现仁概念。

一　任务厘定："原仁"观念批判

古往今来，只见人们着迷原仁，而不见有人事先对"原仁"进行辨析以明确原仁的认识任务。仅此一点即可断言以往的原仁史在学术上具有盲目性。

"推原仁字之说"似乎已经对"原仁"的认识任务作出了明确规定。其实不然。关键在于，"推原"与"仁字之说"均有不同解释。一方面，

---

* 该文发表于《天津社会科学》2018 年第 4 期。
① 陈来：《仁学本体论》，生活·读书·新知三联书店 2014 年版，第 100 页。

所谓推原可以解释为：A. 根据特定材料寻求背后更深刻的东西；B. 重新发现某种陈埋的事物；C. 追问某种事物的存在根据，包括逻辑的和自然因果的；D. 创造性地认识某种事物的存在本质。在此，需要针对中外流行的一种认识谬误而强调指出，自然因果链条中的终极原因绝不是事物的存在本质。自然因果之间的联系是经验存在物间的外在生成关联，而本质所要描述的是特定事物存在的内在构成特征，二者南辕北辙。另一方面，所谓"仁字之说"具有如下解释空间：A1. 仁字的原始含义和历史演变；B1. 关于仁的真理性认识；C1. 超出仁本身而扩展性地解释为以仁为核心的原始观念体系及其历史演变；D1. 超出仁本身而扩展性地解释为以仁为核心的真理性认识体系。简单地从数学组合规律看，这两方面中一个方面的不同意义项中的任何一个与另一方面中的任一意义项相结合，可以形成16种组合。如果分析两方面中的不同意义之间结合的逻辑可能性，可以排除纯粹历史兴趣（B、A1、C1）与真理性认识（A、C、D、B1、D1）之间的结合（B—B1、B—D1、A—A1、A—C1、C—A1、C—C1、D—A1、D—C1），则剩下8种可能的结合方式。每一种结合方式都表明了特殊的认识任务，而特定的认识任务内在地要求特定的认识方式和方法以达到认识目标，不满足这种认识方法要求，就不可能有效地完成认识任务。因此，凡原仁者，必须首先明确自己的认识目的并科学策划相应的认识方式。

在可能结合的A—B1、A—D1、B—A1、B—C1、C—B1、C—D1、D—B1、D—D1中，含有C1、D1项的组合仅仅是对含有A1、B1项的组合在探求内容上有所扩展，认识性质相同，因而从方法论设计角度可以合并，仅仅考虑剩余的四种组合。其中，（1）含有B项的组合均为纯粹文本研究，任务在于说明他人心中的"仁"观念，研究者并不对仁观念的真理性负责；（2）含有A项的组合均为从给定材料中分析确定"仁"概念，或者重新发现前人的仁观念，或者独立制定作为真理的仁概念；（3）含有C项的组合为追问仁的根据；（4）含有D项的组合为挖掘仁的本质。四者之间可根据"仁字之说"的意义选择而建立某种联系，因此有联合使用的可能。比如，以 A 为组合项的组合具有相对广泛的使用，在合适的给定材料条件下可以做 A1、B1、C1、D1 选项下的研究；而 C 组合项也可以在适当使用方法中辅助 D 组合项下的研究。而就确定同一所指来说，B 组合项的研究正是所有研究的学术基础。

面对这些可能的原仁认识任务，本文选择重新发现陈埋的远古仁概念（B—A1），也就是猜度古人之心（请注意，不是古人之书），求原始仁概念。所抱的态度是进行纯粹描述而不介入是非判断，把"仁"仅仅看成一个曾经存在于人们心中的主观事件。

之所以还原原始的仁概念成为优先选项，是因为原始的仁概念在原仁中占有基础地位，它是确认一切原仁活动和论断的所指同一性、言说正当性和话语意义的参照点，因为只有通过原始的仁概念的确定，才能评判后来诸说的印合、偏离和发展。

二 元原仁：筹划原初仁概念的逼问方法

选择重新发现原始的仁概念作为原仁的优先课题，不仅是因为对思想史发展进行描述和把握的逻辑需要，而且更是因为仁概念一直若隐若现，从来没有被确切地把握，甚至没有以真正恰当的方法提出关于仁概念的确定这个问题，而是始终处于推崇"会意"理解方式，放手让人人"得意"这种貌似把握而实为不确定的认识水平。根据《仁说传统的逻辑迷失》对原仁史的批判可以判定，"仁"一直是每个人心中的私有观念，神秘而不可互识和印证地隐居于各个自我意识之内，只是虚弱地假借同一个外在的"仁"字而宣称它们之间的同一性。因此，历史文本中不可能存在可以供人们去发现的现成的仁概念。所谓发现原始的仁概念，不是一个简单的历史回忆问题，而是帮助古人把他们心中怀有却又模糊不清甚至无意识的观念萃取出来，其实质是说古人所未说，创造性地建构支配他们精神活动的普遍观念，使仁逃离私有隔绝和主观随意的昏暗而迎来社会流通的光明。在此目标下，原仁在本质上就不是一项简单的材料收集、整理和分析工作，不是把散落在古典文本中的现成仁概念搜索出来，而是要把历史文本中的"会意"所指之内在"得意"，另辟蹊径地加以构造并使之得到明确表达的过程。其中，文本之"仁"字仅能抽象地提供仁概念存在的一般见证，从而以确认认识对象存在的方式使原仁者对自己的认识活动树立具有实在意义的信念。

"创建原始的仁概念"这一原仁任务表达本身已经透露出它的奇特性甚至字面上的矛盾性，因而必须说明这一任务的实质、完成它何以可能和解决问题的方法。

由于仁说史上一直在以"用仁"说仁，所以原仁被错误的方法论误导而没有建立起有效的仁概念。但是，"用仁"本身恰恰说明人们心中有作为概念的"仁"，只不过始终处于问题状态。而问题意识表征某种领悟，其内在构成逻辑为抽象的"普遍概念"意识转向具体经验存在运用①，其作用效果为产生如下提问：仁这种感受性判断的概念前提是什么？提问说明仁概念处于前意识水平，即潜在存在而混迹于具体意识体验中，没有获得专题性表达，而是以概念感受的方式达到自我意识。概念的感受与概念的定义性描述之间具有完全不同的认识性质，归属不同的认识范畴。感受与概念的存在相同一，即有概念内容的存在就会有对它的感触，一般性地确认其有，如影随形，因为普遍性概念必然作用于具体情境而生成现实意识经验，在其中保存着概念的力量。而概念的表达却需要专题性的抽象思维，将概念内容设置在专属于它产生的纯粹抽象概念领域，依靠纯粹抽象内容间的逻辑作用关系而显现。因此概念定义属于绝对的理性认识。它之所以困难重重，原因在于一个普遍概念必

---

① 崔平：《原创法度：哲学原创的本质、方法和规范的逻辑分析》，《江海学刊》2003年第3期，第9—10页。

然要粘连相对特殊的内容而存在，它们散落在各种特殊的意识存在内容中，因而意识世界以特定经验内容表现出来，即便那些造就特定概念的普遍性抽象内容也采取这种方式存在。既然普遍概念在意识的自然活动状态下不能保持自身的纯粹独立存在，只有在特殊的逻辑思维意识条件下才能获得"人为"显现，那么要获得使理性认识得以可能的纯粹抽象世界，必须对思维加以严格的条件限制，甄别并剔除个别性经验内容的干扰，以清晰的逻辑思维发现和梳理普遍性的概念内容。没有清晰而成功的逻辑思维，就不能把握概念存在和概念世界。也就是说，意识存在的经常性表现是，那些概念构成内容以及决定概念生成的内容，都零散地现成存在于混杂的意识世界，但作为概念意识世界中的哪些内容归属于它们和如何构成，并没有显现于日常意识中，需要纯粹逻辑思维加以捕捉和补写。达到这一目的的条件为，准确地甄别与被追问概念相关的观念内容和严格地进行纯粹逻辑思维的能力，前者是思维的合适的客观材料，后者是分析这些材料的主观力量。然而，普遍概念的向下作用方向具有多元性或多样性，因而虽然其作用结果表现出必然关联性，但并不能事先给定一个概念的特定关联内容。显然，这使得具有必然关联关系的意识内容间是否属于概念关联关系变得模糊不定，必须专题性地清理以确认哪些内容具有概念生成因果关系。这也是造成概念定义困难的原因。由此可以理解或者说接受概念存在的无意识性：概念内容以及决定概念内容的那些内容已经存在于意识世界，但是它们散落和混迹于各种特定意识内容整体中，没有严格的逻辑思维就不能让它们现身而显露原形。而这一认识过程及其结果在意识世界从未存在过，因而背负创造性思维的一切困难和偶然性。所以，尽管"仁"概念已经在古人的"会意"中达到了心中"得意"，但当下尝试定义它仍是一场真正的思想创造活动，用"创立原始的仁概念"来表达原仁任务并无不妥。

至此，原仁这一认识课题的性质发生了根本改变，即由表面上的思想回忆转换为实质上的思想创造，认识活动从被封闭在故纸堆中的文本

语境原仁：关于仁概念的一种"公共阐释"实践

解释跳转为向一切可能概念涌现敞开机会的自由逻辑思维。经历如此剧变，那么被直观领会为诠释学问题的原初课题，还能否保留其解释身份而继续居留于诠释学领地？在新的问题领会下，就"仁"被视为已经存在的概念，而且其决定内容也保存在意识的历史内容中，认识的实质在于从原始观念群中寻找一种构造它的路径，以此说明远古先人的观念活动真相而言，它毫无疑问仍然是一个真正的诠释学问题。不过，其诠释对象已经具有令人惊异的非经典性，不是跟从爬梳文本显在章句间的意义联系，而是寻觅弥漫人们心中而自在发挥作用的概念幽灵，解释的任务是用纯粹逻辑思维逼迫它收敛飘散的要素而显现原形。质言之，现在，诠释的对象不再是固定的个别文本，而是超越文本而创造各种文本的心灵活动的逻辑结构。

通过对原仁任务的内容澄清，连带出完成这一任务的可能性问题，绽放出认识的挑战性和有利条件。

"创建原始的仁概念"也就是要撇开古人的既成思想脉络而直接切入尘埋在古人心中的仁概念，以我心知重演他心知。表面上看，这直接遭遇现代诠释学哲学的意义流动法则即历史文本的意义不能重新复制的否定。按照这一法则，理解具有绝对的历史变异性，对同一文本不同的读者总是有不同的意义解释。这一诠释学定律建立在理解的内在时间性结构上，是针对认识的自然状态——放任已有意识内容自发涌现和相互作用——而言的，而且其训示对象为那些企图或者说主张理解所谓"原意"的天真读者。现在，这一诠释学定律的真理性不是本文所关心的问题，相反，重要的是，从知识社会学的角度考虑，必须解决它对本文已经确定的原仁任务是否适用的问题，从而在诠释学定律广泛流行的条件下，为本文的社会可接受性奠定基础。

本来，在胡塞尔那里，意识存在构建的时间性结构的确立和演示发生在感性认知区域，能否将其视为对意识世界普遍有效的法则值得商榷，因而诠释学哲学将之作为理解活动的基础模型这种做法的恰当性也陷入可怀疑境地。现在的问题是，姑且不去批判性地考察胡塞尔内在时间意识现象学的有效范围，从而不质疑这一意识存在构建结构对一般诠释学经验的有效性，也不质疑它对一般纯粹逻辑思维活动的有效性，本文的原仁目标能否在诠释学范围内得到辩护？对此，一个可行的技术性策略为，通过摆明这一目标的特殊认识条件而合理规避通常意义上的那种文本意义的历史漂移法则。

在伽达默尔对诠释学经验的哲学分析中，被他所采用的意识存在构建的时间模型无条件地向意识世界中自然存在的一切意识材料开放，即听凭意识主体所现实拥有的相关内容自由涌现，各个意识内容可以依据它们之间相对的过去—现在—将来属性和关系，而随机地组合构建起一个当前的意识存在，从诠释学的主题看即为完成一种理解活动。把这种有限的时间性意识构建活动放置到无限可能的意识存在区域，必然发生理解经验的连续流动，从而把任何一种对历史文本的理解活动引向当前理解者的现实意识内容边界，必然超越文本作者包括以往解释者的意识视域，造成不同的意义构建结果。也就是说，他所关注的理解行为没有考虑参与理解活动的意识材料被自主施加选择和控制这种可能情况。但是，胡塞尔现象学方法本身所采取的本质还原、现象学（先验）还原，都说明现象学承认并进行着意识内容进入思维过程中的选择性控制操作。因此，完全可以设想带有反思控制条件的诠释学经验的可能性，即理解活动的时间性意识流动被自觉地调节而停驻于特定意识内容空间，并可能与历史文本作者所拥有的意识内容空间相吻合。根据诠释学经验建构的时间模型的纯粹内容性，理解不是主体的任意主观臆造，而是被给定的参与理解活动的内容特殊性所决定，具有意识内容方面的客观性。这为赋予同一的意识内容空间以理解的同一性确认功能奠定了合法性。直言之，接受思维内容控制的认识具有找回文本"原意"或重构某种观念的能力。

在扫除了由诠释学定律所可能招来的针对本文原仁任务的嘲笑之后，

语境原仁：关于仁概念的一种"公共阐释"实践

"创建原始的仁概念"的意义分析所显示出来的认识条件进一步支撑开展这一认识活动的成功可能性。就此，有两个方面的积极信息，即认识材料或内容的充分给与和给定认识形式携带有益的认识引导。

一方面，已经阐明，原始仁概念的内容以及决定它们的意识内容已经存在于以往的意识世界中，这种情形给本文原仁既提供了认识支持，也作出了认识限制。所谓支持，是指从原理上为原仁作出了成功保证，因为既然相关内容已被判定为存在于既有意识内容中，原仁也就是从中重新发现它们，只要有适当的注意过程就可以达到目的。所谓限制，是指依此判定原仁认识活动必须把视野保持在历史上存在的相关意识内容内，不能超越历史的意识存在边界而自由添加意识内容，从而真正保证所得概念的原始性。也就是说，从思维内容上，原仁要保持严格的历史态度，以与"原始仁概念"的历史性相匹配的以往意识内容为合法认识材料。

另一方面，原仁的认识形式被确定为纯粹概念思维，逻辑约束是其唯一法则。这一思维形式规定所具有的认识意义不仅仅在于明确了思维材料类型为普遍概念，而且更在于含有关于思维方向的强制性信息。结合原仁任务的概念构造属性，在原仁认识过程中的思维展开就应该采取综合方向，即由相对较高级地位的普遍概念到相对较低级地位的概念。因为，在逻辑上，能够合法地为一个待确定概念设置内容的只有占有相对更高级地位的概念，它才能依据对下级概念的自然的规定权力而有效地干涉下位概念内容，沿此综合方向而逐次建构起来的概念才具有必然有效性。相反，由相对低级的概念开始的思维就不可能达到建构更高级地位新概念的目标，因为在逻辑上前者没有对后者的内容规定能力。而即使在纯粹认识发生的经验主义性质的认识论观点上审察这种思维，虽然可以说这是认识发生的可能方向，或者说在实际中这种认识方向可以被采纳而创生新概念，但由于沿此方向展开的思维具有展开方向的多元性而处于偶然状态。因为，一个下位概念可以关联多个上位概念，具体应该选择哪个概念既没有认识论准则，更没有逻辑规范。其自然结果是，无法保证任意选择性的思维展开方向会恰好切中期待建构的那个概念，而且即使幸运地碰巧走在通向期待建构的那个概念的道路上，也会由于下位概念没有对上位概念的规定力量，使得被期待建构的概念的现实建构仍处于疑问中，甚至无法判定该当着手建构这个概念的思维时机。因此，更为值得注意的是，沿着从下到上方向展开的概念思维，即使偶然地构造出了所期待的概念，也无法判定它与原始概念的同一性，因为概念建构本身的偶然性使得无法判定它恰好与原始概念重合。与此恰成对照，由上到下的综合方向具有相对原仁任务的认识论优越性，它不仅具有必然性，而且具有展开上的清晰性、单一性和简单性，因为其内在思维结构为由一个相对高级的概念面对可能的下级概念，思维发展方向当然地以确定而有限的上位概念内容为可能线索。

思维材料的历史存贮性和思维方法的现实收敛性共同见证使用纯粹逻辑思维方法达到把握原始仁概念的可行性。

那么，应该如何实施这样一种原仁认识活动？在明确了原仁任务的实质、确认了其完成可能性之后，形成了以中国历史上曾经出现而同时至今保持着社会历史记忆或文化记忆的意识内容群为认识材料的认识处境。然而，有限理性不能无所选择地试验所有可能的认识道路。相反，应该理性地谋划具有合理方法论保障的认识起点，以确保原仁的认识可行性或者说能行性。

按照概念世界的逻辑秩序及其联系的内容渗透性，概念间的逻辑联系和作用必然造就它们之间的存在相关即某种同一性；反过来，存在相关也必然暗示着概念间的逻辑关联的存在。因此，面对杂乱的一群意识内容，为确保认识的有效性，原仁活动必须首先进行关于它们与"仁"之间的存在相关性的分析和判定，必须把认识指向那些已经甄别圈定的意识内容，并同时描绘出这一有限意识内容圈的内在等级秩序，建构仁概念的起点就是其中占据最高存在地位的意识内容。

语境原仁：关于仁概念的一种"公共阐释"实践

进一步的问题是，这种存在相关分析应该如何进行，或者具体说，应该采用什么"存在相关"判据或标志为工具来推动以"仁"为起点的存在相关链条的追溯。逻辑上，在概念世界中，概念间的存在规定关系即存在相关表现为上位概念决定下位诸概念，形成放射性统摄系统，上位概念作为范畴标划出下位诸概念的同一性或归属性，自身则显现为一种存在种类。也就是说，在概念世界中，存在相关表现为范畴相关，即一个概念归属于哪一个概念之下或者说属于哪一类，具有从属关联关系的两个概念间就具有存在相关关系。因此，在庞大的意识群中甄别标划与"仁"具有存在相关关系的内容这一任务，就变得简单明了而易行，即确定"仁"的范畴归属并以同样方式继续追溯下一个概念的范畴归属，直到可判定的占据最高存在地位的意识内容。在这一倒退式的存在相关分析中，因为要求活动在历史上存在的已知意识内容区域，它们之间的范畴性质已经历史地给定，所以并不要求逗留于某一概念，专题进行关于这一概念内涵的具体分析和把握。必须指出，虽然所可能涉及的各个概念由于上面已经阐述的理由而在这一认识过程中表现出与"仁"具有同样情形的不确定性，但是它的范畴归属必然地表露在它们的历史使用中，因此不会妨碍存在相关的确认。范畴相关是概念间存在相关的最抽象表达，并不涉及概念内涵间的具体逻辑规定关系，因而是存在相关关系的最弱判定或最低判定，仅仅设立起概念间存在关联的一般现实性，敞开或提出了进一步描述概念的具体规定关系这一问题。可以说，存在相关甄别使用的是分析方法，而具体的概念间规定关系的揭示是从分析方法所确定的最高概念开始向相对低级的概念运动，使用的是综合方法。

"仁"从上古文献开始，就与"德"连用，是"德"的一种表现。

在《尚书》中，《商书·仲虺之诰》有"有夏昏德，民坠涂炭，天乃锡王勇智，表正万邦，缵禹旧服。……德懋懋官，功懋懋赏。用人惟己，改过不吝。克宽克仁，彰信兆民"。在这一语境中，"德"与"仁"

· 93 ·

间接地形成对待关系,"德"概括地指夏王朝末期全面败坏的各种政治品性,而"仁"是所列商汤诸多美好品性"宽""仁""信"之一,在这种对待中二者显然构成逻辑上的范畴从属关系,即仁下而德上。

《商书·太甲下》中有"惟天无亲,克敬惟亲。民罔常怀,怀于有仁。鬼神无常享,享于克诚。天位艰哉!德惟治,否德乱"。这里的"德",显然不是可以用一种行为体现的品性,而是各种积极行为品性的总称,因为,一国之治乱,绝不是可以简单地由一种行为造就的,相反是多种行为共同作用的结果。而"敬""仁""诚"是相互平行的行为品性。两相映衬,可以确定其中的"仁"是"德"之属,归附于德而为一德。

《周书·泰誓中》中有"受有亿兆夷人,离心离德。予有乱臣十人,同心同德。虽有周亲,不如仁人"。在此,"德"是对心之存在品性的统称或抽象称谓,中性而不偏属于某种表现;而"仁"(尊称)与"夷"(蔑称)呼应,表示"德"的一种分化。

《周书·武成》中有"予小子既获仁人,敢祗承上帝,以遏乱略"。

《周书·金縢》中有"予仁若考,能多材多艺,能事鬼神"。

在《尚书》对仁的这五次运用中可以看出,其中三次显露了概念的范畴相关关系,"仁"从属于"德",而后两次使用的意义与《泰誓中》的意义相同。"德"在《尚书》中的使用频次远远高于"仁",这一现象也可以辅助说明"德"比"仁"出现的历史更早,内涵的普遍性也更高,因为越是普遍的概念其适用范围就越大。

而"德"在《尚书》中所显现的范畴相关概念为"天",而且是最高存在"皇天"。关于"德"与"天",如下的用法透露了这种范畴相关性:

"惟德动天,无远弗届。"如果"德"与"天"没有关联,怎么能祈求和触动"天"?

"天难谌,命靡常。常厥德,保厥位。"天因德而给予和延续王位。

"皇天弗保,监于万方,启迪有命,眷求一德,俾作神主。"天只依据德来监管万物。

"王其德之用，祈天永命。"拥有王位是德的表现，只有用德才能祈求天保持他的赐予。

"皇天无亲，惟德是辅。"至高无上的天不会特殊地偏袒某人，仅仅施惠于有德的人。

"以荡陵德，实悖天道。"任意妄为而侵害应有的德性，这是完全违反天的规则的。

"惟克天德，自作元命，配享在下。"这说明在远古先人那里，天亦有德。

"天监厥德，用集大命，抚绥万方。"这显示着天的至高无上。在远古即已滥觞的巫史文化中，天被尊奉为神圣的最高存在。

这些"天"与"德"关系的应用，显示出"德"与"天"有着直接的存在关联，甚至就来自天，来自"天德"。人之德与天之德之间具有某种同一性，若非出于自己，天何以偏"德"？"天"有德这一观念被如下观念所证实："天叙有典，敕我五典五惇哉！天秩有礼，自我五礼有庸哉！同寅协恭和衷哉！天命有德，五服五章哉！天讨有罪，五刑五用哉！政事懋哉懋哉！""天聪明，自我民聪明。天明畏，自我民明威。达于上下，敬哉有土！"

通过分析方法所达到的对于仁、德、天三者在远古历史中的存在相关性的揭示，显露出原仁问题的求解路线为天—德—仁。在这一认识过程中，被纯粹概念思维的内容关联的必然限定性所决定，只要求达到对三者最抽象内容即概念构成内容的历史确认，不能贪恋炫耀博学而超过论证认识主题的逻辑需要去作过度判断。

三 天：为存在立仪与中国巫史文化

中国远古先民在生活和生产实践中很早就关注天的存在并形成了关

于其存在形式和本质的观念。在有文字记载的传说和历史中,天在远古人们的思想中占据重要地位。天在中国思想史中源远而流长,但对本文所确定的原仁任务而言,有效的内容应该是在仁观念出现前的天观念。而且,出于论断的观念有效性考虑,只采用确凿的文献资料,而不使用所有具有推测性质的说法,比如考古资料、后人没有绝对确定性的研究成果等;在采用文献资料的历史广度上,也要有节制地停步于充分满足揭示远古先人天概念的必要要求界限内,控制探索中的好奇而把目光锁定于原仁要求之内,对天作最弱的也是最确实的观念规定。这种适度的考察可以提高原仁的认识效率,同时也规避了认识风险。除了给定的观念内容外,不牵连对该观念存在事实的其他解释,比如观念产生的根据和方式等。对本文认识任务而言,唯一有价值的是观念本身,一切围绕该观念的各种问题都对原仁没有认识相关性。

毫无争议的是,三皇五帝时代,人们就已经开始关注天文,发现了它的许多运动规律,把天与人间世事联系起来,极其重视天文历法事务,尧帝还设立了"天官"以专司其职。《尚书》记载,帝颛顼(或尧)"乃命重、黎,绝地天通,罔有降格"(《周书·吕刑》),帝尧"乃命羲和,钦若昊天,历象日月星辰,敬授民时"(《尧典》)。不论传说中的人物是否准确,可以肯定,远古时代人们就对天无比崇拜,奉为至高无上和支配一切的存在,这充分体现在远古的祭祀礼仪和决策占卜中。世界在远古先人眼中具有明确的存在秩序,各种事物在其中占有不同的地位,其中天居至高无上的首位,被称为"皇天",比如所谓"佑我烈祖,格于皇天"(《商书·说命下》)。天就是那人人头顶的无限广袤的空间,其中群星点点,有周而复始地运动的太阳、月亮。在那时,把天看成一切存在的来源和决定者。《尚书》中就有如下记载:"俶扰天纪,遐弃厥司"(《夏书·胤征》);"慎乃有位,敬修其可愿,四海困穷,天禄永终"(《虞书·大禹谟》);"钦崇天道,永保天命"(《商书·仲虺之诰》);"有夏多罪,天命殛之"(《商书·汤誓》);"惟尹躬暨汤,咸有一德,克享天心,受天明命,以有九有之师,爰革夏正"(《商书·咸有一德》),"天有显道,厥类惟彰。今商王受,狎侮五常,荒怠弗敬"(《周书·泰誓下》)。

第一,天至大无限,自足圆满,独立存在,被称为"昊天"(《尚书》)。在远古时代,人们仰望日月星辰,浩渺无垠,以排除法把人和大地以外的存在都划为天的存在。因此,天具有抽象的吸收一切可能存在物的无限存在属性,天外无物。《尚书·洪范》描述了天的恒常运动形式,表明天轮转有序,生生不息,悠悠自在。《周书·泰誓上》说"惟天地万物父母,惟人万物之灵","皇天用训厥道,付畀四方"(《周书·康王之诰》),这说明天孕育万物。《尚书·大诰》里说:"天命不易",它是神圣而万能的存在"皇天上帝"(《尚书·召诰》)。

第二,天具有绝对意志,有关于万物存在的理想,被称为"天意"。在远古时代,天在人们心目中是一个具有人格力量和意志的神,称其为"上帝"。它有喜怒哀乐,能赏罚,神秘莫测。《尚书》中说,"有扈氏威侮五行,怠弃三正,天用剿绝其命,今予惟恭行天之罚"(《夏书·甘誓》);"天难谌,命靡常。常厥德,保厥位"(《商书·咸有一德》);"今予以尔有众,奉将天罚"(《夏书·胤征》);"天吏逸德,烈于猛火"(《夏书·胤征》);"故天弃我,不有康食。不虞天性,不迪率典"(《商书·西伯戡黎》);"皇天震怒,命我文考,肃将天威,大勋未集"(《周书·泰誓上》)。所以人们通过占卜以窥视天意,顺应天的意志,以致巫史成为专门询问和传达天意的特殊行业。

第三,天有存在法则和永恒秩序,被称为"天道"。远古尧舜甚至更早,人们就在天象观察中发现了许多天文现象,总结出天体构成的图式,尊崇特定的数字,比如五、十二等,按照数字寻找和确定事物存在的普遍规律,比如《尚书》中记载,禹曰:"於!帝念哉!德惟善政,政在养民。水、火、金、木、土、谷,惟修;正德、利用、厚生、惟和。九功惟叙,九叙惟歌。戒之用休,董之用威,劝之以九歌俾勿坏"(《虞书·大禹谟》)。人们认为天道是最高存在规范，违背它的秩序就会招致失败和灾祸。"满招损，谦受益，时乃天道"(《虞书·大禹谟》)。天道不变，永恒如常，循环往复。"敕天之命，惟时惟几"(《虞书·益稷》)。"有扈氏威侮五行，怠弃三正，天用剿绝其命，今予惟恭行天之罚"(《夏书·甘誓》)。"俶扰天纪，遐弃厥司"(《夏书·胤征》)。"后胥戚鲜，以不浮于天时"(《商书·盘庚中》)。"箕子乃言曰：'我闻在昔，鲧堙洪水，汩陈其五行。帝乃震怒，不畀《洪范》九畴，彝伦攸斁。鲧则殛死，禹乃嗣兴，天乃锡禹《洪范》九畴，彝伦攸叙'。"(《周书·洪范》)

　　逻辑地分析，天的这三种普遍属性直接形成天的存在的最高地位，"昊天"以养"天道"，而"天道"以生"天意"，"昊天"又因"天意"而自我维护，不减其大。试想，如果天无其大，则何以容天之道？因为有限的存在在想象上就不能提供道的运行场域，难以在任何情况下都为天道提供必要的显现内容；如果天无其道，又怎能有自己的意志？因为任何事物都只可能按照自己的存在规律提出存在要求，换言之，一个存在物不可能具有超出自己存在范围的存在要求意识；如果没有天意，天何以成就其大？因为缺少了存在的自我维护意识，一种存在的减损和毁灭就不出意外。天意把天道化成自我保存的行动，使"昊天"永远存在下去。

　　关于天的这种最高存在观念，使中国远古先人有了观察、认识和评价一切存在包括天本身的立场，因为在一种秩序差等的存在秩序内，最高存在必然支配下级存在，下级存在必然顺应它的存在图式。

四　德：最高存在从"是"到"应当"的纯粹评价使用

　　人的意识按照其活动规律，上位概念必然形成对可能的下位概念的内容规定关系，使之符合自己的特定要求，从而在先把自己变成针对可能的下位概念或者说存在内容的评价尺度。这一认知过程表现在判断形式中就是从"是"到"应当",在其纯粹形态上,内容不变,只是内容的存在模态的转换,即把"是"之内容冠以"应当"限定①。

概念中的最高存在依据其统摄地位而要求所有可能的存在内容和形式都符合它的本质规定性,把自己的存在规定性即"是"设立为其他所有存在内容的应然标准即"应当"。因此,所有现实的和可能的存在内容都成为它的评价对象。在这种评价中,使任何可能的存在内容显现出合存在要求与否。不过,这种评价意识并不依赖现实的评价活动而存在,而是可以抽象地以纯粹概念的形式确立起来,这就是"德"。它先验地确定了这样一种必然性,即任何存在内容都受到是否合最高存在的评价而有"德"。最高存在即天也会自然地在自身内进行这种评价而有"天德",只不过在其中,"是"与"应当"同一,天德是绝对的德。

从纯粹概念形态上看,"德"仅仅指示着以某种存在标准而针对特殊存在内容进行合存在性与否的评价的可能性,任何特殊存在内容都无可避免地要承受评价而有德。但是,"德"的纯粹概念所敞开的是评价的不确定性,并不是单纯的合存在判定,而是包含不合存在要求的可能性。因此,德是一个中性判断之名,仅仅表达以最高存在规定性为标准的可能的存在评价结果。

由于德之评价标准内容由最高存在的规定性构成,而后者具有存在稳定性,所以可能的德必然具有普遍性和恒常性,只有事物存在中的那些普遍稳定内容才能承受德之评价。因为具有同一存在属性的事物之间才可以比较。就此而言,那些变动不居的存在内容就不会落入德之范畴,除非把这种"变动不居"本身抽象地看作一种属性才能加以德之评价。

德之谓词体系就是据以进行评价的最高存在的规定性,因为德之评

---

① 这种从"是"到"应当"的范畴过渡一直被冠以"休谟难题"而被否定,其可能性的理论揭示和辩护参见崔平《重构人类理性批判文丛》卷二,《道德经验批判》,江苏人民出版社2015年版,第45—51页。

价在可能的被评价事物中去发现是否含有某种最高存在的存在规定性。就此而论，天道、天意、天序就是德之可能内容的显现维度，即德之目蕴含在最高存在的有限规定性中。德作为一个拟评价指向词而非作为一个普遍概念，可以接受各种特殊内容的德作为谓词。

德有两个分野即善和恶，或者反过来说，德可以接受两种限定即善和恶。因为被德所意指的评价活动只有两种结果，即合与不合，合者得到肯定性接受并伴有积极性情感，为善；不合者遭到评价主体的否定并伴有消极性情感，为恶。德无所偏斜地包含善恶而敞开了一切可能的特殊存在的两种存在效用。作为普遍概念，"德"的谓词只有两个即善和恶。

善恶是基于存在概念的价值判断概念，而德是基于最高存在的比较性事实描述，二者属于不同类别的概念。但是从逻辑上看，最高存在的评价性权力要以存在概念为根据，因此善恶这一价值判断在意识世界中的存在层次高于德概念所表达的内容。所以，善恶可以合乎逻辑地以普遍概念身份作为德的谓词，并且可以把各种德目纳入自己的范畴而加以价值界定。

需要指出，在德概念本身之内并无适用上的特定对象限定，可以说万物有德，人可以有德，草木亦可以有德；有心者可以有德，无心者亦可以有德。

五　仁：天道图式对事物的存在要求

有了对万物进行合存在性与否的评价概念"德"，就奠定了针对个别事物进行具体评价的基础，使评价活动获得逻辑可能性，也就是说形成面对个别事物能够提出"它的德是什么？"这个问题的意识格局。就德之追问所关心的核心为存在之构成和维持而言，关于个别事物的德之问必为一个处于整体关联中的个别事物的存在，是否以合乎最高存在原理的方式拥有自己的存在并以合乎最高存在原理的方式与其他存在相关联。这是"德"问中的第一问，发问直接以抽象的存在为内容，关切的是个别事物相对存在总体或绝对存在的价值。这就是"仁"。仁是德在其现实化的过程中的第一环节，是切中现实评价对象时的第一个成果，因为其评价准则直接照搬了最高的存在，所以在可能的诸德中是第一德，占据最高逻辑地位。因为，天道万千，但其最终宗旨是创立和维护存在。

仁概念的内涵应该出自天道的最基本存在图式。中国远古先人在长期的天文历象活动所形成的巫史文化中，明确表达了这种天道图式，具体体现在从河图、洛书到五行的天文地理观中，即整体关联、整齐有序、流转不息。

按照最高存在的图式，万物于整体中关联存在，具有特定的合存在秩序，各个事物在其中占据特定位置而参与存在的构成。因此，从抽象的存在要求出发，一个事物必须充分担当起自己的特定存在，按照整体存在对自己的要求而营造自身并坚守自己的存在，发挥积极的存在构建和维持作用。

按照天道的存在关联规律，一个事物必须恰当地与相邻存在事物发生关联关系，从而积极地推动存在整体的存在。冲突还是和谐完全视存在大势而定。

按照天道的流转变迁生灭规律，一个事物必须顺应整体存在的当下演化形势对自己所提出的存在状态要求，适宜地对待自己的存在，应时而生，顺势而为，当盛则争，当满则守，当损则退，当灭则毁。

仁概念不仅仅是一个评价概念，因为它是向具体个别事物的应用，是整体存在对个别事物的存在要求，带有规范性，所以在它自身之内没有容纳否定存在的空间，不能有平行对等而相反的评价结果，因而只有单纯的仁，其下没有善恶之分。相反，在"德"那里，因为作为可能评价标准的是最高存在，而最高存在之下包含了一切可能的存在内容，其中包括对整体存在具有消极破坏作用的个别事物，所以它可以接受善恶

评价。个别事物或仁,或不仁,但仁下无恶。也就是说,仁不是一个中性概念,而是在其评价标准中包含了单纯的善选择。德是可能的个别事物拟接受最高存在的评价,而仁则是以最高存在原理去规范和评价个别事物,体现了强有力的应然性。德为事后针对既成现实存在的评价,仁则既可事后也可事先。故前者可以有善恶之别,而后者则不可能容恶于自身。仁的先验具体性过滤掉了评价标准的负面内容。

仁概念的使用对象为存在,指向具体事物,关心存在片段的合整体存在性即存在作用效果,而不要求是否具有存在稳定性或普遍性。这似乎显得矛盾,在要求应用对象具有普遍存在性的"德"之下的"仁",能合乎逻辑地可以拥有不具有存在普遍性的适用对象?其中的机要在于,"仁"的评价对象指向了现实的特殊个别事物,特殊性已经是必须考虑和参与作用的因素。

正因如此,仁概念的使用必须以对个别事物的具体存在关系的正确把握为条件。无智慧不足以近仁,无意志不能够达仁。

"德"可以无条件地适用于一切存在物。但是,与"德"形成对照的是,仁概念是要求个别事物按照天道去把握和调节自己的存在,因而需要具有自我意识、自主意志和体道认知这三个存在属性。只有一个事物被拟制为同时包含这三种能力,才能接受仁概念评价。人字的甲骨文写法已经透露出远古先人对仁概念实施对象的这种条件性限定的领会。

仁概念的内涵具有纯粹抽象性和普遍性,它们可以随着对最高存在规律认识的深化而充实实在内容作为经验显现的检验标准,比如直观共存、阴阳相生相克、五行流转等;同时它们也可以包容各种特殊对象,随着指向对象的不同而有不同的具体显现,比如"恰当地与相邻事物发生关联"就可以为"爱人""义""孝悌"等。因此,仁概念本身是固定的,但在经验使用维度上,它逻辑地具有对象开放性和自身解释即意义填充的开放性。对象域和概念意义解释的双重变动造成二者之间组合即仁判断模式的无限开放性,能够衍生出繁多的"仁"观念。在仁概念下,"生生"是仁,杀身亦可成仁;得他为仁,自爱亦可为仁。后世以"用仁"说仁的仁说历史证明了这种逻辑。同时,这一历史充分见证了本文所刻画的仁概念的纯粹性。

需要特别注意的是,在获得仁概念之后而确认的特殊仁说,比如"爱人",与获得仁概念之前的"爱人"相比,具有更准确的意义和更纯粹的真理性。因为,在获得仁概念后,通过归属关系而对某种后世仁说的确认,并非简单地重申一个历史观念,而是显现了它的特殊性和限制性适用条件,这时的"爱人"是仁在个体事物之间关系上的一种表现,但在逻辑上自动地被补充了有效性条件,即必须符合最高存在的利益,而不是随便怎样的一个"爱人"即对其他个体存在的维护都是"仁",关爱一个贫弱的人是仁,但包庇一个罪犯这一孤立地看具有爱人性质的行为放在仁概念下加以审视就不是仁。如此,"爱人"不再是一个简单的成仁公式,而是必须具体地考察"爱人"的整体存在效应,需要携带智慧和批判性反思。这一限制使得"爱人"作为仁更加契合日常对"爱人"为仁的感悟,即仁不是爱人,爱人不是仁概念本身,而是有些"爱人"行为并非"仁"。

结语:在置身于上古文化语境中之后,利用逻辑上可能参与仁概念生成的远古观念,通过综合演绎使仁概念在纯粹而不掺杂特殊经验内容的抽象概念思维中显露出来,其普遍有效性得到了方法论保障,而且可以任凭后世仁说历史的冲击而岿然不动,尽收之并显现它们的特殊性和有效条件。原仁至此,可以终讼否?君其思之。

关于哲学本质的一般知识形态学演绎[*]

——为鉴定中国有无哲学做准备

中国有无哲学？回荡在中华文化之上的这个问题事关哲学在中国的命运。因为，问题的顽固存在已经折射出中国缺乏清晰的哲学意识，从而不可能有明确坚定的学术作为。只有在明乎自己的所有、所无、所失条件下，才能有正确的坚持、成功的补白、恰当的匡正。在认识的全部范围内，如果不当地误认异类为同类，那么就会产生自欺错误，即拿自己的一种知识冒充仅仅被别人拥有而自己本来没有的知识，从而厚厚地遮掩自己的缺失直到无意识程度。其自然恶果为，在虚假的自我满足中彻底规避填补思维类型的任务，永久消灭生产某种知识的冲动。其实，对于那些已经抛弃狭隘民族虚荣感而超度到纯粹学术境界的人们来说，中国在历史上有无哲学并不重要，重要的是完成民族对哲学自身的反思并确定未来哲学的行动理念，从而使我们至少从现在开始有希望真正拥有自己的哲学。本来，如果普遍的哲学概念已经给定，那么中国有无哲学的判定就是一个比较简单的问题。不幸的是，恰恰是那个作为判定条件的前提却一直晦暗不明。由此，各种不同主张都落到模糊的特殊感觉地位而陷入逻辑无效和不可裁判的对立之中。显然，要想避免无谓的纷争而有意义地继续思考中国有无哲学问题，就必须首先承担起追寻哲学

---

[*] 该文发表于《社会科学战线》2009年第1期。

普遍定义这一奠基性的任务。"关于哲学本质的一般知识形态学演绎"这个标题已经泄露本文的心迹,即在以往所有无果的探索方式之外,开辟一条从抽象知识形态出发推导和确定哲学普遍定义的崭新道路。

一 知识的一般逻辑形态:知识类型

通过被认为是哲学的某种所作所为即"做什么"去推求哲学"是什么",这是以往人们在试图为哲学下普遍定义时的一个习惯,即使西方哲学史上最享深沉美誉的伟大哲学家也不例外,可以把它称为个例分析法。包含在这种做法中的逻辑错误,注定人们在哲学的定义问题上陷入苏格拉底追求普遍定义时一再遭遇的挫折或命运,即似乎已经近在咫尺却永无止境。但是,也许正是这种情境所具有的希望与失望交织变换的特点,使得人们不能割舍对它的幻想而重复进行同类试验。其实,这是一条看似平易自然却埋伏重重危机的魔幻之路。无疑,是感觉而不是理性充当这种哲学普遍定义追求的发动机,因为在个别"哲学"中确实让人感觉到哲学的存在,它使人产生可以直接触摸和把握哲学的信念。然而,哲学这种严肃的理性事业必然要为跟着感觉走这种看似拥有巨大方便价值的选择付出代价,其中所包含的循环定义和归纳定义这两种逻辑错误在根本上破坏一切定义的有效性。在个例分析法中所包含的循环定义错误其实是一个屡有发生的传统错误,即它在认识之初就已经预设了一种"哲学"标准或理念,否则就难以选择作为研究标本的哲学个例。结果必然是,所谓分析所得到的哲学定义也仅仅是开始就已经接受的那个理念,整个认识过程沦落为掩盖定义之感性独断本质的虚假理性包装。这种隐性的循环结构等效于一个直接的循环定义,从而逻辑无效即缺乏认识功能。由此所获得的哲学定义可能侥幸在客观上正确,但在认识上无法对此作出判定而使之提升为理性可接受的论断。另外,这种循环定义也存在经验多元性或无穷性。因为,对于哲学理念的独断受到关于哲学

方法与可能性：绝对定义那些"不可定义"的概念

现象分类的影响。而从存在层次上看，哲学现象具有不同的表现和层次，可以进行不同分类，每一种分类在形式上直接决定一种哲学定义的可能性。但按照特殊性本身的逻辑开放性，哲学现象的分类可以无限细化。因此，遍历每一哲学层次是不可能的，而究竟停留在哪一层面上并无可靠根据。因此，必须采取一种独断态度，才能排除哲学现象的层次开放性所带来的认识犹疑。这正是在哲学定义中常常出现的不可裁判争论的重要根源。

至于归纳定义这个包含在个例分析法中的逻辑错误则为，从特殊不能推出普遍，从而决定这种过程的方法与目的之间存在错位，注定不能获得认识活动所期望的效果。在个例当中归纳普遍本质，这不仅包含循环定义那样的纯粹逻辑问题，而且遭遇认识内容的生成和转换困难。从认识论上说，从特殊内容开始的认识无法理性地褪掉其特殊性，扩大归纳范围仅仅可以改善这种认识的局限性，但永远不能根除其特殊性。因为从范围上说，对归纳个例不能完成穷尽列举，有限个例不论在数目上如何扩展，也不能排除其他特异情况存在和出现的可能性。而从认识内容的逻辑性质上说，普遍概念内容不同于现实显现的知性普遍内容，它们具有的是概念普遍性，不一定以现实经验内容的方式直接显现为可观察析取的内容，而是隐伏于经验之中，并没有直接可见的存在意义。而在逻辑上，以特殊内容为主词而开始的认识不能实现向普遍主词的转换，从而不能非独断地触及和思考所确定的认识目标，比如哲学定义。因为，从知识的判断形式上看，所有以特殊现象为对象的经验观察句的主词即某种存在性质的载体都是特殊内容，它们是认识进行的必要形式条件——述谓对象——的体现，因而在逻辑上此后的一切认识都归属于它们，无法由之转换到普遍概念，自然也就不能摆脱认识的特殊形式，实现主词过渡。总之，在经验观察的上述局限条件下，如果要得出所谓的普遍知识，就必然要借助于独断，即独断归纳个例充分有效、独断逻辑上本为特殊性质的认识为普遍的。

感觉的萤火把捕捉它的理性诱骗到空幻之路上。漫漫和坎坷已经足以警示理性停步反思，筹划正确的认识道路。哲学的普遍定义问题必须使用具有纯粹普遍性的认识方法加以解决，即从起点到过程始终保持思维相对"哲学"的普遍性，也就是从某种更高事物出发，不去独断哲学而是从无到有地发现哲学，在一种可能蕴含哲学的起点中分析推演"哲学"。在逻辑上，这样的起点应该是那种与所可能有的"哲学"的普遍属性具有存在联系并且居于最高普遍地位的事物。唯有它才可能具有推演出"哲学"的力量，如果普遍的"哲学"确实存在的话。

即使在纯粹主观观念而非严格客观实有的意义上，"哲学"也当然与其他学问如物理学、数学等一样，首先只能是一种知识，归属于知识门类。而它们之间之所以有所分别而各立门户，是因为它们各自具有自己的存在形态，表现出不同的存在属性和样式亦即知识形态。因此，在知识形态的形成根据和存在谱系当中，必然包含能够给出"哲学"定义的内容。直言之，知识形态是推求"哲学"本质的逻辑起点，从分析知识形态出发，可以达到演绎出"哲学"本质的目的。

适应演绎"哲学"本质的目标，知识形态考察的任务在于发现知识形态的普遍本质和完备的构成因素，从而奠定一个在逻辑上能够完全无遗地推定和发现知识形态种类的基础。只有拥有如此逻辑力量的知识形态分析，才能有资格承担起关于"哲学"本质的认识任务，保证自己断言的可靠性，即不论论断了何种哲学本质，甚至论断了哲学的乌有，都能保证结论的终极有效性和客观可信性。

由于关于"哲学"本质的演绎所要求的知识形态认识必须具有普遍性，而且仅仅关涉知识的现实构成，所以为此而展开的知识形态认识不能指向知识来源的样式（如感觉或推理、直接或间接等），也不能指向知识的具体内容特殊性，而只能采取逻辑的视角，即关注知识构成的必然属性或者说知识构成的形式属性。

正像排斥对"哲学"定义的个例分析法一样，在此也必须摈弃对知识形态的个例分析法，即不能从现有的人类认识活动中任选某种特征来确定知识形态的成因和种类，而必须理性地设计一种能够保障认识的普遍性和完备性的认识道路。

要具有逻辑普遍性和逻辑确定性地做出关于知识形态的各种断言，就必须以形成知识形态的最高根据为根据。凡所谓知识都意味着不同认识内容之间的综合，创设它们之间的某种关系，知识形态就表现在综合所直接显现的属性中。而认知综合的一般逻辑形式是判断，正是判断构成知识的最小单元。而知识的综合本性必然要求判断之间的相互关联，进一步形成新的判断。知识形态也就表现在判断及其相互关联关系上。因此，在判断的逻辑构成和逻辑属性中包含着关于知识形态的全部根据。

判断（个别事实描述语句不属其内）以主谓结构存在，主词构成判断的承担者或者说对象，是判断的质料。在形式逻辑的判断理论中并不考虑判断的主词，因为它属于非形式的质料。但是，对于知识形态考察来说，判断的质料却具有意义，参与构成知识的存在状态，形成一种知识间的差异因素。根据知识的综合本性，知识即为对关系的肯定或否定，是在确认或缔造一种关联，即使性质判断也只不过是关于某种属性对一种实体的归属关系的判定。因此可以说，被康德作为追问先验范畴的逻辑线索的判断的"质"和判断的"关系"，在知识形态考察中却合并充当知识本身，并不显现为影响知识形态的差异因素。相反，只能作为知识的基底接受其他因素的限定。换言之，所谓知识形态，也就是对作为纯粹知识内容的"对关系的肯定或否定"所施加的修饰限定。判断的质料即构成对知识对象的限定。与此相同，形式逻辑中所论列的判断的模态，构成对知识本身即关联关系之稳定性的限定。形式逻辑中所列之判断的"量"相，构成对判断之有效范围的限制。而知识在其综合本性上必然要求知识超越个别零散判断，继续建立以完整判断为单元的诸判断间的关联，这就必然使知识显现出特定的宏观结构。严格说来，停留在个别判断水平而对知识的扩展无意识，只能是一种前知识的知识，正处于知识的边缘或起点上,还是未完成的知识。总而言之,知识受到质料、量相、模态和结构这四个因素的限定,由之显现特定的知识形态。

　　判断的质料或为抽象的概念,或为实存,因为二者是作为认识观念的全部可能的形式,即进入认识视界内的只是概念或实存。判断之量相标志判断所断定关联关系的适用广度即逻辑有效性的品质,按照形式逻辑对判断之量相的分类,只有特称和全称两种,亦即普遍与特殊两种。可以断定,对知识形态考察来说,单称判断完全具有全称判断的逻辑意义,可以归并于全称判断之中。判断之模态按照形式逻辑的分类,只有可能与必然两种。在模态判断的传统观点中,一般也将"应当""必须"等作为模态词。其实不然。"必须""应当"等只是表达了对于判断所持的一种主观上的态度或附加的主观状态,是作出判断时的主观状态的自我意识,并非所断言关系本身所具有的属性。对于只关心知识所断言关系本身性质的知识形态认识来说,它们并不具有任何意义。由"应当"表述的是一种规范语句。规范必然有其根据。在逻辑上,其根据就是谓词相对主词的普遍性和由此发生的同一关系。也就是说,在"应当"语句中,主词是在其分有普遍规律和本质的意义上使用的。但是,规范指涉现实存在,因而把主词拖入存在具体性中而作超出其普遍本质内容的使用。正是考虑主词的特殊内容对规范实现的不确定性影响,使"应当"语句的主谓词之间失去必然联系而仅仅呈现可能状态。质言之,"应当"就其所表达的真实存在关系而言,其实是"可能"模态,并不是一种独立的判断模态。

　　给定判断之间的关系必然采取复合判断形式,因而表达关系范畴的复合判断的逻辑形式就是判断间关系的可能种类。表达关系的复合判断有三种句法形式即假言判断、联言判断和选言判断。从逻辑意义上看,这三种复合判断中的第一种即假言判断表达了原因和结果关系,而后两种则表达了同一种关系即相互之间的存在构成关系,所不同的只是具体性的相容与排斥而已。知识形态考察的立场是逻辑观点,因此对于知识形态学来说就只有两种有意义的判断间关系：因果关系与构成关系。在此，因果关系采取广义意义，即仅要求具有相互间的存在影响而不要求该影响为必要的或充分的。由于因果之间在逻辑上有一因多果和一果多因的不同，并且因果关系也有可逆（互为因果）与不可逆（单向因果）之分，所以，因果关系在逻辑上必然具有纵横交织性的网络结构。而构成关系作为对一种存在的描述，必然采取有序而互相制约和结合的形式，否则就破坏存在的可能性。因此，构成关系必然以内容的层级结构为形式。而且，由于知识的综合统一要求，这种层级必然趋于向单一判断作归属运动，从而呈现收敛状态。要言之，知识的结构只可能有两种：层级和网络。

为何在考虑一般判断的知识形态要素时所舍弃的"关系"，在此却被启用？因为，在判断间关联问题中，作为其实现形式的复合判断虽然也存在一般判断的质料、量相、模态等因素，但它们已不是影响知识形态的新增要素，而关联形式即关系内容却凸显为知识形态问题的主题，成为直接标志知识形态的一个独立要素。

判断之质料、量相、模态各自所包含的不同特性和知识的不同结构之间具有组合的相互选择性和匹配要求。而每一种逻辑可能的组合就构成一种知识形态。因此，它们是知识形态的构成要素。由于这些不同的知识构成要素各自都处于最初始的或者说最抽象的分类层次，所以由此组合而形成的知识形态构成最普遍的知识形态分类，仅仅抽象地断定了知识的可能形式，而不可能有赖以进行具体断言的内容。质言之，如此形成的分类的功能仅仅在于划定了不同的知识类型。

首先，应该确定判断的可能逻辑形式。在理论上，由于质料、量相、模态各自所包含的不同知识形态要素之间不能互相组合，所以三者的不同要素可以产生八种组合，但在逻辑上只有两种组合可以成立。第一，"概念"与"普遍"之间的一致和相容关系是直观确定的。而一种作为观念自身的思维的概念思维具有完全透明性，它所断言者必然具有认识确定性，同时观念间的关系也是确凿和不变的。因此，它们三者之间可以构成一种判断类型。第二，"实存"必然具有存在上的特殊性，即在认识上逻辑地处于"有些"地位，不能保证完全周延性。在携带这样的阙失之后，关于它们的判断也就总带有认识上的条件残缺，从而只能要求一种"可能"性断言。在这两种组合方式之外的其他任何组合都在逻辑上是无效的，因而不可能成为有效的判断形式。因为，在其他组合方式中，质料、量相、模态的一个要素都与其他两个异类要素在逻辑上不相容，比如"概念"就分别与"特殊""可能"不相匹配；"普遍"分别与"实存""可能"不匹配；"必然"与"实存""特殊"之间不匹配。

在确定了判断的两种合法逻辑类型之后，知识形态的"知识结构"要素就表现为判断之间可能有哪几种合法的逻辑联结问题，而其可能的关联方式为同类之间与异类之间。换言之，也就是利用两种判断可以建立起怎样关系（因果关系与构成关系）的复合判断或者说形成哪种知识结构。首先，概念—普遍—必然型判断之间只能建立构成关系，从而形成层级结构。因为，"概念"的规定充分性、"普遍性"的无外性和"必然性"的存在确定性都在逻辑上排斥条件限制，即这样的判断不可接受一种存在条件而放弃自己的存在确定性。而构成关系所要求的存在完全性正与它们相切合，即主张绝对发生真理权利的判断之间必然要发生互相之间的共存要求。其原理为，"概念"具有特定的类属性的逻辑序位，"普遍性"之间也具有逻辑对抗性而产生等级分化，同时"普遍性"和"必然性"意味着对存在的共同参与和交融，它们之间也不容并行独立存在，否则就在逻辑上破坏存在可能性。因而这种判断类型之间只有在某种存在构成关系中相容，而且必然采取层级相属形式。其次，实存—特殊—可能型判断之间只能建立因果关系，从而形成网络结构。因为，实存的部分性、特殊的相对个别性和可能的非实然性，都在逻辑上具有存在上的非独立性，接受一种外在限制。相反，三者又都在逻辑上不能与构成关系的全体性相容。而因果关系的逻辑形式有两种，即一果多因

和一因多果，所以必然造成纵横交织现象。同时，因果关系在逻辑上又有两种性质，即互为因果的可逆因果关系与单向因果的不可逆因果关系。所以，进一步，至少在局部，因果关系网络必然带有某种有向性而超越网络的平面维度，形成锥体网络。再次，两种不同类型判断之间不能建立逻辑有效的任何关系。因为，按照认识论的一般原理，有效的认识活动必须具有对象同一性。在这一条件下，概念与实存之间的存在性质的异质使以它们为质料的判断不能发生直接存在关联，既排斥因果关系，也排斥构成关系；按照前面的分析，普遍与特殊之间不具有平等并存性，在逻辑上排斥交互构成关系；而必然与可能之间的对立使它们不能发生因果关系，即可能判断不能成为必然判断的条件，反过来，必然判断也不能成为可能判断的条件。在认识上从"必然"产生"可能"这是费解的，而在逻辑上，认识的确定度在因果关系中应该等值传递。

总之，在质料之"概念"—"实存"、量相之"普遍"—"特殊"、模态之"可能"—"必然"和知识结构之"层级"—"网络"中，只可能展开两种逻辑组合，即"概念"—"普遍"—"必然"—"层级"和"实存"—"特殊"—"可能"—"网络"。因为，只有在这两种组合中才能保持各要素之间的逻辑一致和相容性。如果在一种知识建构活动中违背知识形态要素之间的组合规律，则必然造成认识的逻辑无效，亦即使得判断及其扩展产生内在的形式矛盾，瓦解认识的可信性。

知识形态是一种直接的存在样式显现，具有绝对的存在具体性，因而是严格差异的，即在一个观察层面上的任何一点构成要素变化都即行定义一种新的知识形态。所以，一种知识形态要求其构成要素绝对普遍同一地贯穿整体或者说认识的始终。

确保知识形态构成要素的同一不但是为了维持知识形态的同一或存在，而且是保证知识有效性的逻辑要求。如果在一种知识构建中发生某一要素内的选项变化，则必然造成知识形态要素的不合法组合，导致认识的混乱和断言性质的不确定，使认识接受某种不合逻辑的根据。比如

"普遍"与"特殊"相混合，则既不知所得为何，也必将由此滋生某种虚妄，做出不该做出的断言。因此，即使不准备坚持某种知识形态，也必须按照合法知识形态要素组合方式而协同变更知识形态要素，以便保持认识的某种逻辑有效性。

二 知识类型与认识方法之间的逻辑映射

一切知识及其构成内容的直接现实存在形式都是观念，即使那些具体"实存"也必然以观念形式被纳入认识领域。可以断言，各种知识具有同一的观念本质，同等地沾有主观性和特殊性。因此，对于孤立的知识内容，在逻辑上不能辨识它们的存在性状，亦即不能论断定义知识形态的那些知识性质。相反，只有在知识内容的相互联系中才能显现知识形态的诸多品质。而知识性状是抽象的，超越联系内容的特殊性，因此必然具有形式同一性，正是联系的特定形式决定那些定义知识形态的知识性状的产生。对于追求知识的认识来说，只有遵循联系的这种特定形式并以此为自觉目标，才能得到相应的认识结果。当然，仅仅从认识的客观实在意义上讲，一种主观任意的独断性知识也可能侥幸具有与自己所采取的知识形态相符合的真理性，但是这毕竟不是理性所能安然接受的知识。理性应该尽其所能地提供知识的可靠性。而遵循知识形态的特定性状所固有的内容联系形式，是保证认识的逻辑有效性的条件，也就是说使得知识在形式上具备认识合理性。但逻辑有效性仅仅是知识真理性的必要条件，而不是充分条件。因为判断形成和判断间关联的基础是具体的存在关系认识，是针对特殊观念内容展开的主观认识活动，在把诸特殊内容纳入特定联系形式的过程中并不能排除发生错误而错认内容联系的可能性。对于努力掌握自己命运的理性来说，这种逻辑有效性具有自主地走向真理的意义，因而必须将其内容设立为认识的形式，作为具体思维过程的普遍操作格式，此即认识方法。质言之，特定的知识类

型要求与之相适应的特定认识方法，二者之间存在严格的逻辑对应关系。

那么，两种知识类型各自要求怎样的认识方法？在逻辑上，对定义知识类型的不同知识性质要素的分析，可以自然获得其解答。

首先分析两种知识类型的质料对方法的要求。作为判断质料的概念是抽象思维的产物，具有纯粹思想性，其认识和确定形式为下定义。由于良好的概念必须具有普遍性和对事物的统摄能力，所以下定义的方法为抽象。由于知识对象不直接包含和显现概念内容，所以概念的获得是一个理智过程，其中必须有智慧参与，而不是一种机械必然的活动，其实质为构造存在形式。而实存由其外在于精神所致，其认识必然要求诉诸观察和经验。

判断的普遍性是主谓词内容即概念之间的匹配适应能力，具体说就是主词对谓词的完全归属性。因此，判断的普遍性是在主谓词概念的相对联系之中确立的。它完全不同于概念的抽象普遍性，因为它是对逻辑上无限的非特定差异内容的结构化包容和整合形式，而判断的普遍性却是特定主谓词内容之间的一种逻辑关系。普遍性必须依逻辑而确立，即判断内容之间直接地具有判断为它们所断言的那种关系。普遍判断的主词表现出无限定性，因而必须作为纯粹概念使用。其谓词的逻辑抽象地位必须高于主词，因为只有在这种情况下，谓词对主词的限定才会是逻辑上可能的和无例外的。比如，兔子是动物。判断的思维方向为从主词到谓词，因而普遍判断运思的特征为走向抽象。这就是说，抽象是普遍判断所要求的方法，只有在抽象观点中才能为普遍性判断找到谓词，相应地才能使一个主词获得判断中的普遍性特征。与普遍性判断相对，判断的特殊性仍然产生于主谓词内容之间的相对关系，但主词的逻辑序位高于谓词，谓词内容相比主词内容更具体和丰富，并不直接包含在主词之中，因而虽然其间具有相容关系却并不能延及主词的全部所指。主词在判断中的逻辑特殊性由此而生。比如，有的动物是兔子。而接受了个别性限制的概念已经在其纯粹概念使用之外增添了实指用法，即指称实存的事物，其中的纯粹概念意义用来确定所指的可能范围。从判断的运思方向看，特殊性判断是走向具体。相应地，只有采取增添具体性的经验观察方法才能正确地创立特殊性判断。在造成普遍性判断和特殊性判断的主词谓词关系形式即在逻辑抽象度上主词低于谓词和主词高于谓词之外，尚有主词与谓词同等情况。在这种条件下，由于主谓词之间并列而无确定归属，所以只能形成交叠性关系，被归入特殊性判断之中。

必然性意味着直接确定性和不可移易性，也就是决定根据的充分性。因此，必然性判断也就是造成某种关系的根据已经完全由判断内的主谓内容所直接或间接提供。在逻辑上，这表现为主谓词内容对特定关系的直接蕴涵。就判断的同一综合关系本质而言，必然性判断则为主谓词内容的内在同一性，从而呈现关系的自明性。因此，造成必然性判断的根据在于主谓词之间的互相蕴涵，发现主谓词之间的同一性内涵是致成必然性判断的必然途径。判断的本质即为形成某种同一性综合，而主谓内容之间必然存在差异，因此需要从中寻找内容同一性，以确定"关系"的具体承担者。那种主谓内容无差异的判断即"A是A"这样的同一性判断，是同语反复，仅仅在纯粹形式上表达某物存在的自身确定性，并不具有实质认识意义，亦即不属于真正的知识。显然，要形成必然性判断，就必须对认识对象进行分析，在分析中显现必然性判断。直言之，分析方法是制作必然性判断的方法。在分析中，由于主谓词内容之间的同一性联系可能并不是直接显现的，因而要求对其中某种内容进行分析性的相关代换，从而以形成新的必然性判断的间接方式来显现原始主谓词内容之间的必然性判断关系，此即推理。综而言之，判断的必然性相应地要求分析推理方法。

在判断的必然性的存在问题上，康德、蒯因、克里普克等人的不同论述具有代表性。康德把必然性完全划归先验领域而排除于经验领域；蒯因却取消了可以支持必然性命题存在的分析与综合的逻辑分界；而克里普克则指出必然性命题分布的不规则性。但一旦把注意力集中于形成判断的最后环节即主谓词内容本身的意义和逻辑关系上，而不考虑其他并非判断构成直接根据的认识论因素，则他们的争论就并不能影响这里对必然性的分析的有效性。所幸对于知识形态论域来说，仅仅考虑判断的主谓词内容本身的意义和逻辑关系已经充分满足课题的内在要求，并且也不容再引入其他因素。因为，按照知识形态的本质，对其有意义的只能是现实地显现知识形态的观念，正是最终设定的观念内容直接参与判断的构造。

判断的可能性意味着判断所论及的联系虽然有存在的根据，但又缺乏充分的决定能力，在逻辑上呈现根据的不充分状态，具体表现为主词和谓词内容不能完备提供显现某种关系的内容。在其中，"根据"仅仅是确定了主谓之间的一般存在关联性和相容性，但不能唯一确切地断定判断的现实可靠性。它们之间的一般存在关联通过概念及其相容属性来建立，即特定概念要求某些具体属性，而某种属性正是其中的一种属性，从而达到某种偶然的同一关系。可能性即为主谓词之间在存在上相容，而主词相对特定谓词具有更广的属性接受范围。比如，"有的马可能是黑色的"。面对这种情景，从事主谓词的分析对于下判断来说已经显然不可行，相反，必须在判断内容之外去求取判断的根据，这也就是诉诸事实。因此，以观察事实为基础的归纳就成为制作可能性判断的当然方法。对于可能性判断的致成而言，归纳仅有弱的逻辑要求，即一例即为可能性之证据。当然，更高频度的归纳能提高可能性判断的内容相关准确度。但是，多大频度的归纳在本质上都是一种事实观察，不包含判断所要求的抽象性"关系"，所以必须辅以对"关系"模型的主观设置即猜想。显然，猜想是关于关系的主观性创造。因此，归纳—猜想是构造可能性判断的认识方法。

要确定知识形态之"结构"要素所蕴含的方法意义，就必须分析判断间关联的实质，因为其中包含认识的任务和过程。判断间关联的和纯粹形式的分类（构成关系与因果关系），仅仅是抽象的划分，并无直接认识操作功能，也就是说，要确定判断之间的某种关系，必须在关于诸判断内容的具体思维过程的展开中来确认。这种认识活动依判断给定情况可以分为两种，即或者给定有待关联的判断中的一个，或者两个均已给定。按前者，思维的任务是推出另一个新的判断；按后者，思维的任务在于给出两个判断之间关系的中介。在逻辑上，这两种情况分属于推导和证明，具有运思的不同要求，即按照数理逻辑的话语，前者只能采取谓词演算方法，而后者也可以采用命题演算方法。但尽管有此不同，二者相对认识本质即确定特定关系如何发生及怎样存在来说，仍然具有同一属性，即都必须归结于具体内容的实际考虑。命题演算只能抽象地确立特定逻辑关系，但并不能直接揭示这种逻辑关系的实际存在方式。因此，在本质上，判断间关系的确定必然是一个推导过程。而这种推导过程必然采取形成判断相续链条的形式。按照前述的知识形态同一性要求，在这一过程中出现的一切中介判断都必须与给定判断同质。因此，形成两类不同判断（构成关系判断和因果关系判断）的方法也就是制作同一类型判断间关系的方法，即分析—推理和归纳—猜想。这是"层级"和"网络"两种知识结构的微观操作方法。而在宏观上，由于层级结构必然表现出抽象等级提升和内容的统一收敛特征，同时概念—普遍—必然型判断的走向为抽象，更高级别的概念是形成判断的前提，所以，其认识建构方向必然为由高到低，并采取相属决定形式，因而呈现演绎或综合形式。相反，网络结构虽然也具有知识的综合统一倾向，但终因其构成判断的走向的具体化和因果关系在认识上的跳跃性，从而归于逻辑上的事实描述性和离散性，缺乏层级结构那样的认识紧致品质和逻辑确然性，最终呈现经验证实特征。

综合以上分析，可以断言，"概念—普遍—必然—层级"知识形态要求采用分析—推理方法展开抽象思维，而"实存—特殊—可能—网络"知识形态要求采用归纳—猜想方法展开经验实证活动。

三 逻辑可能的知识形态谱系及其学科生成功能

在定义知识的一般逻辑形态的要素中，模态、量相都是逻辑常项，仅仅具有纯粹的认识形式意义而不会发生变化，唯独质料是一个变项，因为作为判断内容必然随着认识对象的不同而不同。认识总有其对象，在逻辑上，一切相关知识都最终指向这个特定对象，作为它的谓词而存在。因此，"质料"，不论是概念还是实存，都具体地与特定对象相关，是对这个特定对象的概念和实存的表述。在认识中，相关的判断群必然统一于特定对象，把它作为认识意义的承担者。根据知识形态的要素同一性要求，作为知识质料的认识对象的变化，必然生成新的知识形态。而按照存在对象的类属分层结构，知识形态必然相应地分化为某种有序谱系，其中子类衍生，由大到小，由整体到部分，由抽象到具体。显然，这种知识形态的衍生和分化在两种知识类型中分别发生，因而形成两条基本谱系轴线。在逻辑上，任何对象都可以分别成为这两种知识类型的认识对象，因此对象差异不能成为这两种知识形态谱系相区分的要素，即同一对象可以同时进入这两条知识形态谱系轴线。对象的知识形态谱系衍生功能仅仅在每一知识形态谱系轴线之内发挥作用。

占据知识形态谱系原点的正是两种知识类型。因为，作为判断质料的知识对象在知识谱系中应该从最抽象的存在或者说整体性的存在开始，然后逐次特殊化。而最高的抽象对象或绝对抽象的结果即为无内容的形式，逻辑上等效于纯粹的逻辑形式即"概念"和"实存"。它们的对象是一切可能的存在，具有逻辑同一性，此即"世界"。世界对于有限理智来说，就是对存在的观念虚拟。使二者区分开来的是知识的逻辑形式。这两种知识构成知识的最基本的和最初的分野。从认识的对象具体性要求上说，二者并不构成具有现实认识意义的学科，而仅仅在形式上规定了认识样式。按照前面对这两种知识类型的讨论和认识，"概念—普遍—

必然—层级"型认识的运思方向为走向抽象,其构成环节为概念,其对应的方法为分析—推理。因此,它是一种发挥主观智能而以超越经验的方式来自由地把握存在的认识活动,其规范为逻辑规律,其目标为事物的终极本质和原理。可以在严肃学术的意义上把这种认识类型称为哲学。如果在追求这种知识的过程中并没有采取它所要求的方法,那么这种认识就降格为被好奇心所推动的经验性感悟,可以称为哲思。与此相对,"实存—特殊—可能—网络"型认识的运思方向为走向具体,其构成环节为经验对象及其属性,其对应的方法为归纳—猜想。因此,它是一种要求实证的理性认识活动,在认识过程中必须直接面对和处理实存对象的相关关系,其目标为事物间的现实存在结构和关系,有效性被严格地限定在特指的事物上。可以在严肃学术的意义上把这种知识类型称为科学。如果在追求这种知识的过程中没有遵循它所要求的方法,那么这种知识就降格为被好奇心所推动的猜度,可以称之为揣测。在此,暂且概要指出,方法不仅影响一种思维的外观,而且更重要的是决定它的逻辑有效性品质,使相应的认识活动具有更严格的规范意识和主动探索能力。

必须澄清和指出的是,这里的"科学"的"特殊"和"可能"是在严格的纯粹逻辑意义上取义的,仅仅指判断的外在条件性。其实,判断本身作为知识都会主张自己的普遍性和必然性,否则就失去知识意义,只不过"科学"的普遍性表现为存在普遍性而非逻辑普遍性,即在其事物实指中显现出的普遍性,从而带有逻辑上的特殊性。而"科学"的可能性如果补足存在条件,也就在存在中升级为必然性。因此,"科学"在逻辑上的"特殊"和"可能"规定性并不排斥随着认识的健全和深化而建立存在上的"普遍"和"必然"。质言之,带有逻辑上的特殊性和可能性的"科学"与规律相容,从而可以为人类实践提供控制手段。

由上述分析可以发现,哲学与科学是特定知识形态与其相应方法共同造就的抽象的认识活动类型,并不直接作为具有现实认识意义的学科而存在,二者处于同一逻辑划分水平,与下面要提到的其他可能学科具有根本不同的逻辑地位，因而并不是可以与后者并列和比较的学科。可以称二者为母学科。

具体学科的生成依赖为知识形态的"质料"设置特定内容即限定认识对象。在知识形态谱系的衍生中，按照其内在的由高到低秩序，为质料注入的第一个对象应该是大全性或整体性的世界。之后，世界中的每一事物按照其分类地位都相应地确立一个子学科。这种学科谱系是辐射性开放的，显现树状分化发展状态，直至单一具体事物。受知识类型限制，这种学科分化必然分别在哲学和科学两个系统内展开。

虽然学科分化随同认识对象的选择而同等地在哲学和科学内进行，但是由此而形成的学科谱系却各有自己的特点。由于哲学认识以概念形式进行，那些表达不同对象的概念间具有逻辑种属或决定关系，存在特定逻辑秩序，并且哲学认识的走向为抽象，所以发生在哲学内的学科分化具有内在关联秩序，有高级与下级、普遍与特殊、核心与边缘之分。相反，在科学系统内发生的学科分化结果则由于科学内容间并无必然的关联关系，并且科学认识的方向为走向具体，形成交互作用的网络关系，所以平等地存在，充其量在锥体式因果关系网络的作用下形成某种解释说明关系，但占有优越地位的学科并不能充分地提供决定其他学科的原则，因为存在的具体性决定必须在具体的考察中描述被解释的学科所代表的对象。质言之，哲学系统内的学科分化是纵向的或者说阶梯式的，各子学科间不平等而相依属，但科学系统内的学科分化是横向的，各子学科间平等和独立。

根据知识形态所作的学科生成分析表明，作为认识活动的学科，其内在构成要素是认识对象和研究方法。其中，研究方法直接牵连认识的逻辑性质，造成知识的横向区分，即哲学与科学以及这两个系统内的衍生学科之间的跨知识类型的区分。而认识对象则标划认识领域，造成知识的纵向区分，即哲学和科学在各自系统内的学科演化和生成。虽然从纯粹区别分化的角度看，认识对象与研究方法发挥不同的学科分化功能，与不同的学科分化现象相联系,但是,无疑,学科作为一种精神存在,却同时为二者所构成,即每一学科都被特定的认识对象和特定的认识方法所完整规定。

哲学或科学在其认识对象的抽象空无意义上并不是一个现实的学科,而仅仅是两种不同的知识类型,这种划分的逻辑意义压倒其认识意义。现实的学科划分正发生在哲学与科学这两种知识类型之内。因而哲学可以有本体论、认识论、宗教哲学、道德哲学、数学哲学、物理哲学、历史哲学等等在哲学之名下的学术研究。哲学的超学科普遍性由此可见一斑。而科学可以有数学、物理学、生物学、化学、分子生物学等在科学之名下展开的认识活动。显然,把哲学作为一个学科而与物理学、历史学等学科并列比较的做法是错误的,它们本来不是同一个分类原则的产物,而是不同质的分类原则的产物。如此演绎确定的学科谱系完全解释了现实的学科分类和学术研究现象,即在其他学科里有所谓历史哲学、物理哲学等哲学"渗透"现象。其实,这并非意外的"渗透",而就是一种哲学。之所以这些哲学分支学科没有在社会教育体制中表现为一个独立的学科或专业设置,仅仅是因为哲学的不发达和人们对哲学的社会重视程度不够。其实,它们完全有资格像物理学、化学等科学学科一样,获得独立的研究地位。

呈现学术形态的学科要求满足特定的认识方法,而知识形态的质料变化影响方法的成功运用。也就是说,在方法与认识对象或内容之间存在相关关系。因为,思维方法规定了认识展开的抽象格局,否定违背或欠缺方法特征的思维动作,而特殊思维内容间具有内在的关联潜能和相互选择性,特定思维形式并不能由任意内容随便拼凑来实现——犹如流水有势,所以思维方法必然生成某种思维紧张,即思维主体被夹在作为形式的特定方法与作为内容的给定材料间,被迫寻求和创造合形式的理论建构。因此,方法的运用是有条件的。首先,方法只能穿透一个特定认识内容群,因而必须占有能够充分满足一种方法的关于认识对象的内容。就关于对象内容的把握带有历史性而言，一种方法的运用现实可能性是历史变化的，即现在不能贯彻的方法在将来就可能是可以运用的方法。其次，可以参与一种方法思维的各个内容在被加以合方法处理之前都是孤立的，不能自动宣示自己的合方法属性。因此，在逻辑上，一种方法化思维必须以超越地发现各个内容间的某种合方法逻辑特征为前提，这就是灵感。不过，严肃的方法思维不能满足于抽象模糊的灵感，而是要在具体的认识展开中真实实现从而检验这一灵感。灵感仅仅是方法的探路杖，启示某种方法思维的可能性。显然，关于认识对象存在内容的把握，直接决定能否切实展开某种特定方法的认识活动。一般来说，认识对象越大则其所要求的认识内容的丰富程度越高。因此，适应一定认识发展水平的对象分化，有利于提供可以满足特定方法的存在内容，从而促成认识的成功展开。反过来，个别或局部事物的准确认识又为更大事物的认识提供新的内容，进一步促进认识的扩展和深入。学科的分化意味着对象的缩小和问题的细化，是推动认识进步的一种方式和研究策略。

对于哲学和科学这两大知识部类来说，因为它们具有不同的认识走向即抽象和具体，所以学科的历史发展也具有不同的方向和意义。哲学部类的学科分化以其抽象化的逻辑制约秩序，要求从最高级的问题开始，以此奠定继续研究的基础，即获得第一个也是最抽象的谓词。对于哲学，学科分化也就是问题的专门化或细化。而科学部类的学科分化以其指向具体事物的特性而必须从直接具体的存在物开始，逐步扩及事物整体。对于科学，学科分化也就是对象的扩展。直言之，哲学系统内的学科分化的合理秩序为由上及下，而科学系统内的为由下而上。

在如此刻画和定义了哲学与科学的特征之后，就可以清除很多围绕哲学定义问题的混乱认识和关于人类知识的许多不当但流行的分类观念。受对象定义学科这一片面的学科划分标准影响，人们往往将人类知识划分为哲学、科学、宗教（学）、艺术（学），进而有人认为那些不属于科学、宗教学、艺术学研究范围的即为哲学的对象，哲学就是关于这些"不管"对象的学问。在这种学科概念中，存在诸多逻辑的、认识的和现实的重大错误。首先，在这种划分中存在主观任意性，并没有一个客观划分标准。世界上的事物或现象千差万别，无穷无尽，何以单单挑选出哲学、科学、宗教学、艺术学？也许有人说，哲学是关于世界整体的、科学是关于自然对象的、宗教学是关于人的信仰现象的、艺术学是关于人的情感的。在此，已经显现出划分中的对象重叠。其实，一个重要现象是，真善美等是互相渗透的，并非可以为某一学科所专有的对象域。在这种划分中，并没有一个使划分具有逻辑有效性的同一划分标准。其次，世界是无限的，这就注定界定哲学的"剩余法"在逻辑上即为一条死路。不管进行了怎样的"切除"，所剩对象都是不能确定的，除非作为实施"切除"操作的对象已经完全给定。但对于有限理智，这是不可能的。最后，这一学科划分并不符合人类认识领域的现实表现。比如，关于宗教也有宗教哲学，关于艺术也有艺术哲学，关于科学也有科学哲学。这说明，四大领域划分存在严重的交叠，根本不是一种合理的和合法的划分。其实，世界上的任何一种事物都可以做不同类型知识的追问，宗教与艺术现象也不例外，是与其他现象同等的认识对象，比如物理现象、化学现象、伦理现象，并不是一种在学科谱系中可以与哲学和科学并列的认识活动。凡有具体所指对象的学科均不能与哲学和科学并称共举。宗教和艺术作为人类社会的两种实践，各自都可以分属不同知识类型而成就宗教哲学、艺术哲学和宗教科学和艺术科学等作为知识部类的学科。应该注意，要严格区分学科的知识划分意义与学科的现实教育组织方式。后者往往根据知识的相关性而把关于同一认识对象的两种知识混合设置为一种课程体系。也就是说，教育建制中的"系"并不一定严格对应一个真正的学科。

通过以知识的普遍逻辑形式为起点的逻辑分析，哲学的定义内容终于在从一般到一般的思维路径中被迫现身。相比那种哲学史考察做法而言，这种哲学定义方法的逻辑学优越性在于，它不是徒劳地从特殊去追寻普遍，而是在更高普遍性事物中去把握相对低级的普遍事物，因而符合认识的逻辑规律。而这种方法的心理学优越性在于，它毋须特别预设某种"哲学"的考察对象地位，所以能够不招惹"话语霸权"嫌疑而增强纯粹理性色彩，减弱接受上的社会心理障碍。

◆ 逻辑观念的可能来源及其恰当探问[*]

——一种关于"逻辑"定义问题新思维的导言

在从自在到自觉的发展道路上,逻辑学终于在 20 世纪超越规范和方法的发现与描述这种技艺性反思形态而提升到逻辑哲学境界,开始追问作为逻辑规范和方法前提的基本概念,如真、必然性、意义等,它们不能再套用描述逻辑规范和方法那样的认识方式来说明,而是必须作异质性的哲学思考才有希望加以解决。但是,反思的步伐如此沉缓,以致这种逻辑哲学还没有发展到在主题上把逻辑观念本身纳入视野这种彻底性水平,当然也就不能分享崭新逻辑概念的工具力量——反过来开拓逻辑哲学和逻辑方法——的回报。质言之,在"逻辑是什么"这个问题上,逻辑学还没有采用哲学态度和方法加以拷问。本文意在为逻辑观念的哲学探索作预备性引导,以便增强关于"逻辑"定义的一种严格哲学分析所包含的革命性翻转的可理解性。

一 前定义语境下"逻辑"词项的使用限制及其语法形态

何以"逻辑是什么"这一关于逻辑观念本身的提问一直没有成为哲

---

[*] 该文发表于《江海学刊》2015 年第 1 期。

学问题？

关键在于，人们在应对这一问题时，直接或间接地选择了美诺悖论中的一个选项，即"我知道逻辑是什么"，从而使问题成为明知故问，让回答变成没有实质认识意义的回顾式自言自语。其通常形式为，接受关于逻辑规范的反思结果的描述，从中提取逻辑的表述谓词。有意无意之中，这种做法已经进入循环定义的认识禁区，把本来位列在上认识序位的概念错误地放置到本来隶属它的下位事物之下，因为按理，不是作为逻辑表现的个别逻辑现象规定逻辑概念，而是相反，逻辑概念决定一种个别思维方式是否属于逻辑范畴。从方向上看，这种定义方法把前进性认识任务篡改为倒退性的观念因袭，调头返回到已有的逻辑观念水平领域，沉溺于不安全的和不确切的逻辑感觉之中。不论这种问答经历怎样的过程，其实质都是一个简单的分析判断，即按照认识的结构，在主词"逻辑"的设立中已经包含后来谓词的内容，差别只在于材料的堆砌方式和材料的多寡。但在这种实际已经作出独断但佯装不知"逻辑是什么"的假面舞会中，材料实在只是一种伪装，它已经把认识问题偷换为表达问题，即不是在真心询问逻辑概念的内容，而仅仅是在为先入逻辑观念搜寻和编织表述语句，并用装饰材料伪造认识合法性。可以说，只要不放弃这样的自欺态度，不逃离问题的表达化陷阱，"逻辑是什么"就不能获得真正的认识语境，自然也就没有希望被严格对待而奋力升华为一个哲学问题。因为，那种在所谓的"逻辑"现象或特殊形式中搜寻"逻辑"定义的做法，已经在认识上将"逻辑"实然化或者说有形化，自然无须也不容对"逻辑"作形而上追问了。

那么，怎样才能使"逻辑是什么"成为一个哲学问题？出路在于为其构造完整的前定义语境，在其中，逻辑如其本然地以问题形式存在。

在把逻辑概念设定为追问对象的条件下，就必须采用美诺悖论中的另一个选项，即"我不知道逻辑是什么"，以成就提问的认识价值，使"逻辑"称谓真正成为有待定义的定义之前的词语。作为前定义的"逻辑",按照问题意识的普遍结构①,处于偶然的个别逻辑现象与先验论断"凡物皆有概念"或"普遍概念内容为一切个别事物所享有"这两个已知认识之间,因而能够作为未知——"逻辑现象的概念形态是什么"——而存在。质言之,悖论的威胁消散,提问在实质上成为可能。因此,概念形式和个别逻辑现象构成与"逻辑"这一词项对应的模糊逻辑观念置身其中的前定义语境的奠基性要素。

初始两要素中的"概念"是一个纯粹形式性的先验概念,毫无经验性实质内容,因而它并不能给追问中的"逻辑"概念提供任何具体规定。而"个别逻辑现象"虽然在存在论上可以断定必然包含可能的"逻辑"概念的内容,但在认识论上却不具有直接从中发现"逻辑"概念的可能性,因为一旦它们作为主词成为认识展开的出发点,特殊性就尾随进入整个认识过程而不能有可靠识别标准地加以剔除,不管是针对单个逻辑现象进行分析还是在诸多逻辑现象间作比较研究,都不能辨别所得结果的概念纯粹性,保证没有掺杂特殊性;同时,作为纯粹形式的"概念"定义也不能提供鉴别特殊内容的概念性的标准。因此,在前定义阶段,"逻辑"仅仅是对一个可能的普遍本质存在"X"的预设,并无现实的内容,直言之,是一个空洞概念,显现为形而上学性的问题。

拟议中的逻辑概念"X"是在"概念"这一纯粹形式化的概念牵引下提升关于个别逻辑现象的感觉到理性认识水平的努力,应该具有自己的特定内容。既然它不能在认识上求取于个别逻辑现象,绝对抽象的"概念"也不可能是它的某种来源,那么就必须到二者之外的某种事物中去探寻。因此,前定义条件下"逻辑是什么"这一问题的出路关联着一个第三者,要求采取开放思维方式,而不能封闭在直接的问题生成要素内,倒退到个别逻辑现象领域去图谋求解。与此相应,生成一种前定义语境的引申要素,即"逻辑"概念的根源具有语境溢出性,在生成问

---

① 崔平:《原创法度:关于原创本质和方法的哲学反思》,《江海学刊》2003年第3期。

题意识的给定要素之外。

作为纯粹的问题语境,"逻辑"在其中并不能提取任何肯定认识,但是,语境本身却透露了与"逻辑"的存在相关联的信息,即一个逻辑现象不论是否完整显现了逻辑的本质,它都以自己的存在形态牵连"逻辑"的存在居所,准确地指示出求索"逻辑"本质的存在领域。一个逻辑现象可以因为分有片断性的逻辑本质而被归结为逻辑,然而在它所指引的存在归属领域中却应该包含完整的逻辑本质。换言之,不是个别逻辑现象的直接的逻辑表现内容具有"逻辑"概念的追问价值,而是这种具有"逻辑"身份的现象的存在(物)显相或者说一般实在形相成为"逻辑"认知线索。可以说,"逻辑"的前定义语境要求作认知主题和方向的变换。就此而言,前定义语境具有认识上的自我否定结构,推动认识向语境外运动。在一般的问题意识中,"我知道逻辑是什么"与"我不知道逻辑是什么"这两个美诺悖论的构成方面处于竞争中,前者消解问题而主导认识活动向个别逻辑现象倾斜,后者保持问题而推动认识向真正的普遍本质领域突破。竞争的结果取决于对语境真实认识状态和正确发展方向的把握和自觉。在"我不知道逻辑是什么"的选项下,认识被彻底限定在关于"逻辑"概念的前定义阶段,所能确定的只有与"逻辑"概念的认知相关但又不能构成概念谓述成分的偶然逻辑表现。

在获得真正的定义之前,也就是在探寻"逻辑"定义的过程中,"逻辑"词项的使用必须受到它的概念内容空洞性和实际获得的意义的限制,在以它为对象的认知活动中遵循严格而恰当的认识形式。

第一,"逻辑"不能被看作一个名词,而仅仅是一个疑问代词,因为作为"X",其全部规定性就是"什么",而且是一个期望被赋予内容而替换以具体内容的疑问。这种表现使它实质上等价于一个疑问代词。而且,作为疑问代词,它是被纯粹思维主观地设立起来的。因此,与"逻辑"直接关联的语句只能是一个疑问句。

第二,对"逻辑"不能作描述使用,即不能以它为主词作直接的描述性断言,因为作为空无内容的拟设性代词,不可能赋予被陈述内容,质言之,不能以"逻辑"为主词构造陈述句。

第三,"逻辑"不能作普遍概念使用,不能被放置在谓词地位来确认和描述主词,从而不能有列举逻辑外延的举动,更不能对列举有周延信念。因为作为未知的"逻辑"概念"X",无法以实质内容发挥这种确认功能,用它谓述任何主词都既不合法(没有联结根据),也毫无认识意义。实际上,这也就是"逻辑"不能作评价使用,因为它空无内容,绝没有充当标准而划分事物的能力。就确认性的评价总是蕴含感叹成分,或者反过来说,感叹总是某种包含评价性思维的结果而言,一种评价隐藏着感叹,即遭遇一物而带着发现欣喜情绪地说:"这就是一种'逻辑'啊!"直言之,不能根据"逻辑"构造感叹句。

第四,"逻辑"不能作规范使用,不能用它限制或引导与之相关的认识活动,因为它既然不是一个现实的普遍概念,也就不可能具有普遍限制特殊的演绎力量,不能显现普遍概念向认识发出的"应该"意向。其自然结果是,既不能用"逻辑"构造针对"逻辑"本身的认识活动的祈使句,也不能判定某种事物与"逻辑"相关——因为"逻辑"的规定性尚未知晓——并借用它构造关于该事物的祈使句。如果不留神这一点,那么独断的逻辑感觉就会借助"逻辑"的概念形式地位而非法活动,去限定认识而表现出支配要求。

总之,在前定义语境中,一切普遍概念所具有的认识的积极作为形式均不能被"逻辑"所享有。如此,任何违背本真认识情境而从"逻辑"开始的下降式认识即从普遍到特殊或从整体到部分的认识就自然被拒绝,剩下的只是在疑问中走向探索从何物的存在中发现"逻辑"本质的认识选择。因为,在前定义语境中,先验的"概念"这一概念成为继续探索的前提,规定了"逻辑"的可能定义结构,而作为对存在的规定和表述,概念的结构与存在的本质构成直接同一。如果有"逻辑"存在,那么它绝不可能是没有存在载体的飘荡的幽灵,相反,肯定是一种存在物的存在规律。这种定位把对"逻辑"的发现性认识从通常的具体逻辑表现引开而转向截然不同的认识方向即某种存在物。而这种探问包含采用哲学方法的可能性，因为存在的分析与哲学具有相容性。

二 "逻辑"反思中的三种循环及其审慎处理

在前定义语境中，"逻辑"被设立为概念，一方面具有概念形式，另一方面又无概念内容。一旦把"逻辑"设立为追问对象，如果不注意它的前定义语境所施与的认识限制，那么就会被语言表象所诱导，走向两种探究道路。

其一，违背第二、第三条限制性规范，跟随感觉或者说直觉而将它作为概念性名词，寻找其所指并作归纳式解决。越过第二条规范造成一种陈述冲动，越过第三条规范的行动，就会自然走向个例的搜集活动，再配合以概念普遍性观念的中介，就会自然被吸引到归纳定义道路上。这使认识陷入认识内容上的循环，即事先已经独断逻辑概念的定义，然后按图索骥，再在其中抽象出已经设定的内容。显然，这样的认识过程没有增加任何认识深化意义，也没有提供任何正确性保证。"逻辑"定义的这一方法足够让人感到自然和亲切，以致尽管一直受到挫折但却没有招致深刻的批判，而是不断重试。这是一种认识的纯粹循环，必须加以反对和防范。

其二，遵循前定义语境的训导而建立关于"逻辑"的独立的存在认识道路。但这仅仅是选择了正确的起点，仍然可能出现两种"对象—工具"循环。

首先，即便没有把"逻辑"看成一个可以现成使用的概念，但如果没有完整接受其前定义语境的全面限制，违背"不知逻辑是什么"的语境约定，在依托特定存在认识"逻辑"这一对象的过程中有意识地以逻辑规则的名义脱离对被思维内容的存在关联的具体考察而作出论断。这仍然是一种对逻辑的独断的表现,因为在"逻辑"本身是什么还没有确定的条件下,无从论断它的内容及其认识效力。从认识上讲,这构成"对象—工具"循环,即用作为待确认的认识对象充当确认认识对象的工具。当然,在这样的循环中,作为认识工具的"逻辑规则"因其纯粹形式性而不会直接卷入作为"逻辑"定义的概念内容中,但它会以其对认识的支配力量而间接影响认识结果的构成质料及其结构,因为相关论断结果就是被那些逻辑规则送进论断结果之中的,必然潜在地包含认识工具所表征的关系。这种循环因为出自对"逻辑"的强硬独断,故可以称之为强制循环。与纯粹循环一样,对它必须加以反对和防范。

其次,即使避开了强制循环,也不能排除发生另一种"对象—工具"循环的可能性,即尽管严格遵守了前定义语境的各种思维规范,但正是由于"不知'逻辑'是什么"而在追问"逻辑"的存在分析过程中,按照思维的直观必然性联系所作出的肯定性断言可能已经不自觉地渗入了本真的逻辑规则内容。因为,"逻辑"及其内容完全有可能具有直观必然性的可能性。与强制循环相对,根据其发生情形,可以称之为自然循环。这是一种无害循环,也符合存在分析的全面性要求,因为,本然的逻辑性也可能是存在的属性和内容。存在与可能的"逻辑"的同一性的可能性是自然循环的合法性的基础。对于自然循环,问题不是怎样避免,而是如何才能保证这种自然循环内容的不被遗漏。其方法就是保持高度的对存在关联必然性的敏感性,坚持思维方向的完备形式。为此,要求坚持作为认识起点的存在物的普遍性和对可能的"逻辑"具有完全覆盖能力。

三 逻辑观念的身份确认

为保证关于逻辑观念追问和搜索的完备性,必须认真选择和决断作为认识材料来源的认识起点,按照对"逻辑"前定义语境的分析,它应该是某种存在,而且相对发掘逻辑概念这一任务来说,这种存在必须具有对一切可能的"逻辑"定义内容的绝对包含能力。另外,也必须同时严格把握各种认识方法的论证效力,选择能够具有认识完备形式的认识方法,以便保证在认识过程中把"逻辑"的属性从所选择的认识起点中全部揭示出来。从认识上看,两个条件之间具有紧密关联。一方面,认识起点的存在地位应该能够承担起完备性认识方法的压力,即按照其认识形式要求提供充分的存在内容,而且其内容的全面展现也要求具有认识完备性的方法来保证。另一方面,具有认识完备性的方法的使用条件就包含作为被作用对象的认识起点具有相对认识目标的完全性,否则它就无法成功实施和推进。就认识"逻辑"概念定义的整个认识任务来说,这种严格的存在确认工作只是寻找"逻辑"的藏身之所,或者说存在归属和源头,相对提出"逻辑"概念定义的目标还剩余被完备性认识方法展开所规定的认识距离。可以将这一认识的意义限定为逻辑观念的身份确认。

要确定逻辑观念的身份,也就是追溯产生逻辑观念的根源。在认识上,它落入因果范畴,而且是自然因果关系的确定问题。因为,作为思维这种存在的伴生物的逻辑,本身属于存在范畴。而在存在世界内,按照"因"之属性必然大于或等于"果"之属性的自然法则,只能向作为它的存在原因的事物去寻找,在其中,必然能够全面发现"逻辑"的规定性。这一认识的关键在于,发现"逻辑"现象的存在联系。而首要问题在于,要恰当决定作为认识起点的"逻辑"现象的选择方式和对存在联系的追溯深度。需要强调,对"逻辑"存在根源的追溯绝不是对其本质或定义的描述本身。事物的存在本质是指它的存在构成的普遍属性,不能将其归结为自然因果意义上的占有原因地位的存在。显然,在自然因果之间具有中介性存在距离,一物之"因"外在于该物本身,因而绝非作为存在之内在规定性的本质。相反,它只是为本质的分析和发现工作提供了起点。针对占有根源地位的存在物的存在构成分析才能完成确定作为其结果的某种事物的本质的认识任务。

在"逻辑"的前定义语境下,确然的"逻辑"个例或者说特殊形式的逻辑不可判定,因为逻辑的普遍属性尚付阙如,自然无法实施归类判别,一切关于"逻辑"的个别存在形式确认均以模糊的感觉方式表现自身,不能断言它的真理性。质言之,关于个别逻辑形式的指认有错误可能性。虽然从存在关联链条追溯的角度看,以任何特殊逻辑形式为起点都能等效地捕捉到逻辑的存在源头,因为如果有逻辑存在,那么不同的特殊逻辑形式必然在存在上同根而使得不同线索的存在关联追溯间呈现向存在源头的递归收敛结构。也就是说,起点选择的特殊性不影响根源追溯的结果普遍性。但是,可能错误的逻辑个例由于不包含逻辑规定性而与逻辑的存在根源无关或者至少无必然关联,因而使以其为起点的逻辑根源追溯归于无果或无效。此外,由于关于一种特殊存在个例的诸多构成内容的直观描述敞开了多种可能的思维起点和展开方式、方向,其中可能包含与预定认识目标无关者,比如追问"马"的存在根源而以马之颜色开始,所以即使针对一个实际上正确的特定逻辑个例感觉展开"逻辑"的存在根源分析,其结果也有可能受到其内容特殊性的影响而被引向偏离目标的歧途。为保证认识的可靠性和有效性,规避这两种认识风险,必须使对逻辑存在根源的追溯起点远离感觉状态中的逻辑个例本身。

按照因果追溯的自然上升和收敛结构,绕开个别逻辑感觉而又必然保持追问目标的一种可行方法就是对问题作抽象式转换,即不直接追问个别逻辑现象的所谓存在原因,而是关注它们的发生领域,它们的存在原因必然属于作为它们发生领域的存在,因为后者是它们唯一可能的寓身之所,且必然居于相对更高的存在地位,具有同时包容它们并为它们提供不同内容的根据的能力。沿着这个认识方向加以考察,一个自明性真理显露出来,即逻辑意识,不论它附带怎样感悟性的特殊内容,抽象地看,它本身都是一个思维现象,在思维中显现,需要思维活动的当下支持才会产生"逻辑"有无以及是什么这样的问题。简言之即"逻辑"问题依赖思维而存在，离开思维就不会有"逻辑"问题的提出事件。因此，思维这个存在领域是"逻辑"的栖身之所。在此特别指出，"逻辑"与思维这种存在的联系完全不涉及对个别逻辑感悟的特殊内容的考虑，而仅仅抽象地指向可能的"逻辑"意识的涌现本身。

思维具有"对象—意识"二元结构，是意识对认识对象的作用和把握，涉及两种存在。因此，必须从中分析确定作为"逻辑"之原因的存在。

思维的宗旨是形成不同内容间的存在联系。在思维中，对象以被作用者身份出现，它提供有待认识的内容，而意识充当对象内容间存在关联关系的发现者或缔造者，占据主动地位。同时，从作用关系的发生形式看，对象的存在内容也只有首先转换为意识形式才能被接受，意识不可能直接操作异质性的对象存在。因此，按照存在原因的主动本性，思维的发生根源应该是意识存在，申言之，意识存在必然是可能的"逻辑"的存在原因。

能否超越意识存在继续上溯"逻辑"的存在根源，即寻找意识存在的存在根源？习惯眼光下必然会立即加以肯定，因为一般地说追问一物之存在根源天经地义，而且意识存在直观地属于一种特殊存在并处于世界之中。但批判眼光下却需要反思，根据解决问题的需要具体地作出审慎选择。

从形而上学"第一因"的想象上说，意识存在既然不能在自然存在形态上表明自身是孤立存在的或最高存在者，那么继续追问它的存在根源就不仅是可以接受的，而且是必然的。一直以来，意识存在有其自身之外的自然存在原因就是一种通俗的甚至哲学的流行见解。但是这种非常一般而自然的形而上学冲动在"逻辑"之存在根源的追问中却应该被拒之门外。首先，意识存在以其独特属性与所有其他存在相对立，如果追溯其自然因果根源，那么势必跨入异质存在领域，陷入理性所无法理解的异质存在间的作用关系问题，因而也就根本不能合理地确定意识存在的根源。其次，相对本题，意识具有存在自足性。意识存在与其他一切对象性存在的存在异质性，在双方之间挖开不可逾越的鸿沟，使得一切意识之外的存在都不能以连续方式过渡到意识存在。质言之，即使有从物质到意识的翻转过程，其间也丢失了内容传导或蕴含式的决定关系，不能向"逻辑"之存在根源的追问提供有意义的内容。即使设想对象性存在具有对"逻辑"根源的潜在联系，那也只能将其功能视为已经全部潜在地转移到意识存在中。因而可以相信，意识存在相对本题就是最高的存在根源，具有关于"逻辑"的充分解释力量。最后，尽管不能科学有效地断言意识的独立存在与否，但可以断言它是独立自主活动的，因为意识界内的一切活动都必须以意识性内容为内容，意识之外的存在没有可能直接成为思维内容而以物的方式影响思维，意识只能在自决中才能有所行动。意识界的这种特性使它具有相对"逻辑"解释问题的充分能力。意识存在对于思维占据充足理由地位。对于思维而言，没有什么根源性内容能够逃脱意识存在领域，反过来，思维的推动力量尽在意识存在之中，所有不能进入意识存在范围中的可能存在内容都不能影响思维。这一原理很早以前就已经蕴含在洛克所作的如下论断中："人心在一切思想中、推论中，除了自己底观念而外，既然没有别的直接的对象，可以供它来思维，因此，我们可以断言，我们底知识只有关于观念。"[①]这一思想被洛克更明了地表述为："我们所有的知识，不能超过我们所有的观念而外。"[②]

在此，可以暂时搁置"逻辑"的前定义语境限制，以采用人们关于逻辑的常识性观念并据之推导出相同结论的方式，验证上述关于逻辑的存在根源的抽象断言的经验符合性，从而为其构造一种辅助性证明。按

---

① ［英］洛克：《人类理解论》，关文运译，商务印书馆1959年版，第515页。
② ［英］洛克：《人类理解论》，关文运译，商务印书馆1959年版，第529页。

照习惯确认的逻辑表现内容,逻辑是某种思维规范和法则。而思维的任务是建立思维内容间的综合关联,主观地构造和把握存在。在二者之间包含一种原理,即意识存在是"逻辑"的根源。因为,按照思维的"意识—对象"结构,参照前述二者之间的存在鸿沟表述,其存在根源或者为对象性存在,或者为意识存在。如果为对象性存在,则作为主观性存在的思维在未认识对象之前就已经独断了关于对象的存在知识。显然这陷入相对"认识"概念的矛盾之中。相反,如果为意识存在,则不但意识存在以其与思维活动的直接精神同一性可以设想二者之间的无间距作用,从而避免上述矛盾,而且可以进一步以先验方式设想意识存在对思维的支配地位,顺利说明逻辑在认识中相对作为思维对象的存在的在先性,因为后者只有服从前者才能进入思维领域而被思维。

四 意识世界中蕴含逻辑规律的可能区域及其正确切入途径

把逻辑归根于意识存在之后,确定追问方向的问题接踵而来。因为,意识存在的构成具有多重成分,可能的"逻辑"与其中的什么内容相关应该勘定。这不仅是思维经济学的要求,而且关系到"逻辑"研究的成功与否。如果让非相关内容掺杂到认识过程之中,不但会造成冗余认识材料,而且增大认识负担,而且更为要害的是,会干扰认识的清晰性,导致关联关系的混乱和难以论断。

如果要寻找一种被叫作"逻辑"的可能存在(物),那么按照指称的本然要求,必然有一个与之对应的存在对象,并且这个存在对象要具有自我同一确认的被认知可能性,即在认识上能够提供始终同一的存在规定性,否则就不能承担一个同一的固定指称。具体说,逻辑这一指称内在地设立逻辑之为逻辑的同一、稳定的存在内容。因此,"逻辑"所要求的意义充实内容必须具有普遍性,相对可能的诸多特殊表现保持自己的同一性。

在意识存在中要搜索确定一种带有普遍性的"逻辑",这形成对分析方向的限定。质言之,必须在能够提供普遍性的意识存在规定中去发现"逻辑"。而只有自身具有普遍性才有可能向其派生结果或者蕴含成分提供普遍性。所以,只有意识存在中具有普遍性地位的构成内容或属性才能允许寄予发现"逻辑"的希望。

意识存在中怎样的构成成分能够承担普遍性要求,即自身永远保持普遍性为自己的真理?意识存在作为一种存在,遵循普遍存在的一般构成规律,即由存在形式和存在内容确定自己的存在现实性。其中,只有存在形式具有普遍性。因此,"逻辑"的规定性和构成内容只可能产生于意识存在形式,而不可能关联具体的特殊内容。

显然,作为占据构成普遍性地位的意识存在形式是现实意识存在的普遍性条件,即一切可能的具体意识存在内容都必须按照普遍性的意识存在形式进行相互关联才能实现为一个意识存在。这就是说,意识存在形式在存在构成秩序上先于一切具体的意识存在,具有先验性。相应地,可能的"逻辑"隶属于意识存在的先验条件或先验规定性。

厘定"逻辑"追问的意识存在先验本性这一认识着力区域之后,随之出现第二个问题,即如何采用与先验存在的品性相适应的认识方法而确保准确进入先验存在领域。

以何种方式接近和深入意识存在的先验形式才能保证一场寻找"逻辑"的工作达到目标,这是一个必须慎思而合理安排的问题。

可以确定的是,必须排除研究起点的经验性,不能从某种特殊意识出发,因为这种做法使整个认识陷入经验特殊性之中,或者说被经验特殊性所纠缠而难以澄清。合乎追寻"逻辑"要求的做法是以相反方向即从意识的最普遍性存在规定性开始,不断发现和扩展意识存在的普遍形式,因为普遍性是先验存在的必然表现。为此,要从开始谈论意识时起,就保持认识的方法论普遍性。也就是说,必须以敏锐的方法论普遍性约束意识制做意识的指称，给出以普遍性规定为支撑的"意识"之所指。在可设想的范围内，普遍性意识指称必须通过普遍思维或者说抽象思维加以描写，在普遍存在属性的揭示和理性视域中确认意识存在。直言之，用普遍属性勾勒一种存在而将之定名为"意识"。那种通过个别性指示作出的指称相对"逻辑"追问来说不具有合法性。在对意识存在的先验规定性的分析过程中，要始终将分析限制在先验形态或通向先验领域的方向上，其基本要求就是保持思维材料的普遍性的纯洁性。

进入意识存在的先验规定性区域之后，"逻辑"的追问路线并不是任意的。相反，由于"逻辑"仍在待定之中，不通确定何种先验规定与之相关，所以必须对意识存在的先验规定进行完备描述，才能发现完整的"逻辑"本质和构成内容。这就使"逻辑"追问又面对第三个问题，即如何保证论断的完备性。

为了认识上完备地把握"逻辑"而排除错认或遗漏"逻辑"规定性的可能性，必须回避一切独断冲动，采取无前提预设原则，防止未经理性审查而随感性地接受某种思想材料。独断，不论是经验性独断还是抽象性独断，都是放松认识严肃性和放弃认识完备性的表现，它破坏认识内容的理性审查和认识秩序的合理结构，既有可能造成错误准入，也有可能造成错误遗漏或排除。与反独断相匹配的有效防御措施是认识方法的审慎选择，通过方法论的完备性保证认识的完备性，而不是把完备性交给一种偶然的理智裁量。在各种认识方法中，既能够保持论断的普遍性品质，又能够满足描述完备性的认识方法是综合方法，即从最高存在根据开始而逐级展现下位普遍规定性。这种方法之所以具有认识完备性的优越性，是因为它的认识展开过程的每一环节都在先给出了全部具有普遍规定特殊功能的根据。认识方法的完备性品质事关"逻辑"追问的完整度，甚至决定追问的成败，因为就一种存在的本质规定只有在内容完备的条件下才能真正显现而言，方法论的完备性拥有防范认识的残缺或可能的错误认识风险的力量。

方法论的普遍性和方法论的完备性之间存在内在支持关系。完备性必须在普遍概念的思维形态中才能获得，因为离开普遍性思想材料就无法获得合理地推广和传递规定作用的力量，也无法断定论断管辖效力的对象完整性。而具有完备认识功能的方法确保论断普遍性的保持，因为一种相对认识对象残缺的认识不可能普遍地适用于对象的存在，甚至根本不能切中存在对象。

◆ 逻辑是什么：一种从意识存在批判而来的复杂求解*

追问"逻辑是什么"的简单做法是从逻辑现象的独断确认出发，或者说从关于逻辑的感觉印象出发展开归纳性分析。其知识论弊端和另外可能的演绎性认识方法选择已经在拙文《逻辑观念的可能来源及其恰当探问》中加以阐述，在其中，逻辑被归根于意识存在并同时圈定在意识的先验存在形式之内。如此，则"逻辑是什么"就转换成一个包含意识存在的普遍构成条件分析即意识存在批判任务的问题，因而陡然变得迂回曲折，注定求解过程的复杂性。不过，本文的使命不是包揽意识存在批判，而是在拙著《有限意识批判》已经收获的意识存在批判成果中甄别具有逻辑学意义的成分，从中发现或引申出对"逻辑"的解释。

一 哪些意识存在批判成果与"逻辑"问题直接相关

根据《逻辑观念的可能来源及其恰当探问》的阐述，思维相对可能的"逻辑"是一个完全论域，即可能的逻辑只能存在于思维活动中，通过对思维的考察应该能够发现和规定"逻辑"，假如确有"逻辑"的话。

---

* 该文发表于《江海学刊》2016 年第 5 期。

逻辑是什么：一种从意识存在批判而来的复杂求解

思维的可能性和规定性归根于意识存在，因而"逻辑"的哲学描写应该在合格的意识存在批判中发现自己的内容，并且这种内容同时被确定为一种先验规定。《有限意识批判》贯彻彻底前提批判的原则，从绝不针对论题作相关实质断言而把追问有无意识存在作为绝对任务开始，制作了系统的意识存在及其活动的条件分析，为回答逻辑是什么奠定了形式上合格的基础。[①] 但是，一来论文这一学术形式不容许全面重复意识批判的全过程或者说结果全景，而必须有选择地从中确定与逻辑直接相关的特定内容作为起点，二来就本文的论题而言，只需要分析其中直接具有逻辑学意义或能够引申出逻辑性规定的内容，所以合适的做法是首先确定哪些意识存在批判成果正在决定"逻辑"。

按照《逻辑观念的可能来源及其恰当探问》的阐释，只有直接规定思维的构成和展开的意识存在批判内容才能决定可能的"逻辑"。

第一，由于"逻辑"归属于思维，所以对于一种"逻辑"追问来说，最重要的就是确定思维的发生根据，这种根据必然蕴含探索"逻辑是什么"的根本前提。因此，意识存在批判所揭示的思维发生原理具有间接然而却是最重要的逻辑学意义。

第二，思维只能以意识方式进行，因而必须服从意识存在的当下构成要求，分有意识存在的普遍结构而成就思之事业。直言之，意识存在普遍形式决定思的表现形式。在意识存在内部，思只能拥有意识的可分

[①] 为达到关于意识存在的有效和完备揭示，《有限意识批判》（崔平：重构人类理性批判文丛/卷一，江苏人民出版社 2015 年版）贯彻彻底前提批判原则，以致放弃了最弱的、一般必然被认为合理的认识起点，即断言有"意识"，而是独立地寻找意识指称，即把意识存在的有无作为一个问题加以对待，事先作为接受"没有意识存在"而终止意识存在分析这一选项的准备。确定意识存在指称的分析起于追溯存在概念，把意识存在这种特定存在拟制定位在存在概念之下，即如果有意识存在，那么它必然蕴含在存在概念的外延之内。因此，整个指称确认分析起于对"有某物"这一存在断言形式中所包含的"有"之意识的内在分析，通过对"有"对"某物"的规定作用显现"有"之意义。在接续深入的分析中，发现有"意识"这种存在，即在断言之内被断言的"某物"，它与断言外"某物"相对立（参见《有限意识批判》第 1 章）。这种意识存在具有三种普遍实存属性，即思想同一性、直接绝对存在性和内容的绝对规定性，三者共同决定意识存在的直接现实形式——呈现。

解的构成环节。

第三，思植根于意识，亦即意识是思的绝对现实。那么，意识的普遍形式中应该包含思的产生根据，并抽象规定思的目标或一般使命。换言之，意识存在普遍结构与思之发生有关并形成对思的前提性限制，就这种限制来源于意识存在构成框架而只能表现为对思的消极规范而言，它们必然以思之有效性的抽象条件身份出现，即不能指示应该怎样展开思维，而是仅仅说明思维不能超越的戒律。

第四，思维定义在意识结构内，意识结构对思维具有先验的规定，这种规定形成对思维的积极指示和推动，同时作为思维的普遍有效性的规范。因此，意识批判关于思维所作的与意识结构相牵连的结构性论断，具有直接的也是最重要的逻辑学意义。

第五，与思维相关的概念有存在、逻辑、真（理）。意识存在批判相关于思维的这三个概念的批判性论断，将彻底显现逻辑的本质和地位。

必须指出，对于"逻辑是什么"这一问题的探索来说，《有限意识批判》的展开结构或者说内容序列并不能形成一种当然合适或者应该遵守的叙事结构，恰当的做法应该是以厘定的"逻辑"问题的自身结构为线索来寻找意识批判中与其具有映射关系的内容。

二 作为意识存在内在规定的思维

意识存在批判的重要基础性成果是揭示了意识的普遍存在形式，即意识得以存在和显现的一般形式条件。在其中，意识被规定为拥有统一包摄结构的建构性存在，具体形式为一个内容统摄下位的三个内容，而这三个内容又分别带有被自己所统摄的三个内容。可以称前者为一阶包摄，后者为二阶包摄。一阶包摄内所建构的是必然规定关系，相互牵连设置而不容任意变更。二阶包摄中的内容由于各个不同的包摄枝之间不能实现直接的相互规定，所以缺乏一阶包摄那样的内部绝对规定关系，

逻辑是什么：一种从意识存在批判而来的复杂求解

可以有所变化。①抽象地说，意识形式普遍表现为由包含不易内容的意识位与可易内容的意识位所构成的辐射状扩展形式，不易内容所占据的一阶包摄确定了意识的普遍同一性，而可易内容所占据的二阶包摄显示出意识在同一基础上的差异性。

在上述意识存在结构中蕴含着意识关于自身存在的规定，即综合关联关系与意识的存在相同一，其缺失即造成意识存在的淹没，"意识存在同时包含着造成存在的综合和了断存在的非综合即综合破绽。这造成意识中存在与非存在的连带共处"②。

但是，意识以其存在结构把自身存在的现实性定义为绝对规定关联关系，并由此意识到具有非存在性内容的反意识存在性。然而，"意识不能隔岸旁观规定作用的破绽，因为这与意识存在本身构成紧张关系。在意识之内，不会听任任何形式上的规定破绽。意识存在内的破绽必然激起针对破绽的综合冲动，以构筑新意识存在的方式弥合特定内容间的规定破绽。这是一个由一个意识存在的边缘向另一个意识存在中心——概念过渡的过程。其结果是存在区域的扩展。观念内在地具有由存在的非存在界限向新存在的创生之超越力量。因为这种力量决定于意识存在的单一包摄结构，为意识存在的本性所驱使，必然而自然地激发出来，所以是存在冲动"③。

"存在冲动具有观念具体性"④，即必然发生于特定观念之中而指向其中相互之间缺乏必然规定关系的意识内容，按照存在冲动的发生原理把完善的存在形式适用于缺乏存在形式所要求的关联规定性的意识内容

---

① 崔平：《有限意识批判》，重构人类理性批判文丛/卷一，江苏人民出版社 2015 年版，第 8、9、10、11 节。
② 崔平：《有限意识批判》，重构人类理性批判文丛/卷一，江苏人民出版社 2015 年版，第 210 页。
③ 崔平：《有限意识批判》，重构人类理性批判文丛/卷一，江苏人民出版社 2015 年版，第 210—211 页。
④ 崔平：《有限意识批判》，重构人类理性批判文丛/卷一，江苏人民出版社 2015 年版，第 212 页。

之间。"存在冲动暗含着某种抽象的存在设定，即仅仅从意识存在的要求出发，预期给定的某些内容间可能具有纯粹的存在性即一般意义上的规定作用。"① "不可避免地，存在冲动在趋向新意识的同时，要抛弃它寓存于其中的观念的存在。质言之，在观念中包含着观念之存在与存在冲动所指向的存在扩张即新意识存在之间的关于存在的张力：灭与生的纠缠。"② 它们构成追求新存在的轨迹。就这种轨迹每一环节总是处于存在与非存在的界面上，受到既有存在内容的约束（被存在概念及其由之所决定的统一的概念性关联要求所造成）而言，表现为"它本身空无规定内容，而又寻求规定内容"③。这正是思。思以意识的普遍构成形式为可能条件，是一种内在于意识存在之中的先验选择。

三 意识存在先验结构与思维形式

不论意识的具体构成内容为何，它都必然以普遍的构成形式作为内容组织框架来实现自己的存在，否则就没有意识的存在可能。而思维以意识存在为自己的绝对现实，所以它必然遵从意识的普遍存在形式，即从现实的意识存在中取得具有意识存在意义的内容并走向具有意识存在可能性或者说能够具有意识存在构成意义的意识存在。质言之，思必须在意识存在的先验结构内活动。因此，意识存在普遍结构所包含的可以构造意识存在的成分或者说可离析因素，直接决定思的表现形式。

已经阐明，思的天命在于创造在观念中被发现具有非存在性内容的某种存在。而（1）按照意识存在的自我规定，只有普遍必然关联关系

---

① 崔平：《有限意识批判》，重构人类理性批判文丛/卷一，江苏人民出版社 2015 年版，第 212 页。
② 崔平：《有限意识批判》，重构人类理性批判文丛/卷一，江苏人民出版社 2015 年版，第 220 页。
③ 崔平：《有限意识批判》，重构人类理性批判文丛/卷一，江苏人民出版社 2015 年版，第 227 页。

才能直接确立意识存在;(2)思所追求的存在按照其发生情境所处的关联关系和存在概念所确定的存在的统一关系,必须与已有意识存在内容保持关联关系。因此,作为以意识为前提的思维,先验的意识存在结构中的一阶包摄即概念结构部分必然被思所采用。在此,所谓被采用意味着既作为在给定意识中获取思维内容的对象,也作为设立可能思维目标的形式,即把可能出现的未来思维结果预设为某种概念。

意识存在构成形式中的普遍必然关联关系部分具有定义一个意识存在之类别的功能,它提供诸多不同意识存在的同一基础,表现为特定概念。如果说思必须以普遍必然关联关系为材料,那么也就直接断定了概念的思维材料的首要地位,思维不能超乎意识存在先验结构所给定的由一阶包摄造成的概念。

在思维中,被对新存在的追寻所决定,思必然要出离当下概念所在的意识存在而沿着存在关联路径走向未知存在领域。虽然这一过程只能通过其他意识中介来实现,但就出发点内容与待求概念性存在内容之间的关联特殊性而言,推动思维的中介性意识存在并不能直接整体参与思维,而是必然从中有所节选和取舍。而被意识存在先验的包摄结构所决定的意识存在,其可分析单元为不同意识位内容间的规定关系,"这种存在析取必然涉及意识存在结构中两个直接相邻意识位的内容"①,而"那些被析出的存在片段,在其游离于存在整体之外的存在中,表达着两个内容间的特定综合关系,它们超越那个产生它的个别意识存在,断定自己对一切相关于它们指向之存在的任意出现有效。在普遍性中,它们获得对存在构造方式的预制意义,作为存在必然性的显露。普通逻辑学称此种功能为判断"②。换言之,判断是思维的一种材料形式。

---

① 崔平:《有限意识批判》,重构人类理性批判文丛/卷一,江苏人民出版社2015年版,第188页。
② 崔平:《有限意识批判》,重构人类理性批判文丛/卷一,江苏人民出版社2015年版,第188—189页。

方法与可能性：绝对定义那些"不可定义"的概念

意识存在的先验结构为规定关系的析取提供了两种可能方式，即直接相邻内容间的规定关系和间接即经过中介的规定关系。因此，除概念、判断外，按照意识存在结构还可以对一个意识存在作有存在构成意义的间接规定关联关系的析取，即其中必须有一个内容同时与其他两个内容发生某种关联，这种连续性直接表明三者具有存在同一性。这种析取对思维来说是必要的，因为它容纳了一种关联关系的待定性，即被中介的两个意识内容间的规定关系的存在在形式上虽然是可确定的，但缺乏规定的直接性和实然性而有待创立，这符合思的本性。而按照《有限意识批判》第35节的阐释，这就是思维的一种材料形式即推理。

思维是从既定的意识存在出发走向被思维内容间的存在规定关系，从这种存在关系的意识存在本性上说，只有当它们以某种方式显现在一个意识存在中才有可能被合目的地把握。[①] 因为，按照意识存在结构所定义的存在概念，存在上的相关只有在直接或间接地归属于同一个意识存在的条件下才可以设想。而就思维出发点与思维目标之间已经注定发生存在关联，同时任何存在关联都必然按照意识存在的包摄结构而发生来说，思维的这种意识存在间的运动必须具有内容连续性，以保证思维的存在相关性，在出发点意识存在的"后摄范导"作用下正确展开。思维通过对判断和推理这种意识存在片段的勾连而发现新意识存在的可能构造线索，是一种必然的也是明智的探索新存在关系的道路。

判断、推理被意识存在的先验结构所蕴含，因而是可以被以意识存在为载体的思维所能理解和接受的两种具有存在意义的存在设立方式。但推理与判断所表征的存在效力根本不同，判断以其内容间的直接相邻性而在意识存在结构内被确然和现实地给与，但推理所断定的被中介内容间的规定关系却是不确定的，有待通过新的意识存在构建关于它们的

[①] 崔平：《有限意识批判》，重构人类理性批判文丛/卷一，江苏人民出版社2015年版，第200—201页。

特定的直接规定关系。

概念、判断和推理是意识存在先验结构所决定的思所能理解和操作的完备工具，因为它们是意识存在自身包含的具有存在构成意义的全部形式，作为以意识存在为自己存在的绝对现实的思维，只能按照三种形式来选择思维材料，同时也只能按照三种形式来设想存在建构的可能性。

四　思维的大观念拟制效应及其衍生规范

思维的任务在于开拓新的意识存在。而按照意识存在先验结构的存在单一性，可理解的存在必须相互间具有统一概念包摄关系，否则就不能纳入意识的存在形式之中，从而不可设想它们的同时存在。"一个概念由思推出，就是在思之原初意识存在——观念——之上设置一个高阶普遍概念，尽管这种意义不在思之本身显现。思的客观功能在于向普遍性提升关于特定存在对象的认识。思的自然结果是按照存在的逻辑派生意义，对意识秩序的构造。外在地看待思的这种活动倾向，意识秩序就是支配思的目标，思在其自然效果上而非在在先领有这一目标的意义上，不断获致意识存在的秩序。构造意识秩序是思的自在理想。"[①] 因此，思维过程的相关内容必须具有存在关联关系。"如果一个概念或者宽松一点说一个观念，孤立而无必然的存在联系，则它无法取得存在意义，因为存在就是在意识间的必然引达中确认的。同时，没有存在联系，这概念就是无效用的，因而也是无意义的。对于思的自在理想来说，只有在完成从所思结果到原初观念中的概念的存在联系建构后，思才是完备的、被证实正确有效的和可接受的。"[②]

[①] 崔平：《有限意识批判》，重构人类理性批判文丛/卷一，江苏人民出版社2015年版，第232页。

[②] 崔平：《有限意识批判》，重构人类理性批判文丛/卷一，江苏人民出版社2015年版，第241页。

方法与可能性：绝对定义那些"不可定义"的概念

具有如此存在关联的思维是可以抽象地设想符合意识存在先验包摄结构的共同的包摄关系，亦即在意识存在的不断运动和扩展中，思维所建立的是一个"观念"，在其中，各个内容可以被某种概念建立的意识存在包摄能力所容纳，即以偶相内容的身份均有成为特定概念所建立的意识存在构成内容的机会。

在确认思维的内容之间应该具有意识存在的内在构成关系之后，对于思维内容便有相应的规则随之生成。

第一，意识存在的单一包摄结构决定，特定规定性的意识存在的构成内容即各个意识结构节点（意识位）上的内容必须保持不变，"意识位内容的变化直接导致意识存在的更替"[1]。"从意识存在的积极规定性上看，意识内容的存在规定归属于名相，在一个名相中的意识内容，其存在内涵是严格特定的。受意识位填充唯一性的限制，意识存在的规定性是绝对现实上唯一的，而在保持一个意识绝对不变的前提下，要改变（增加或减少）一个意识的存在内容是不可能的——必然流逝。所以一个意识内容不能兼有原意识的存在规定和"新意识"的存在规定。用一个简洁的形式加以表达，即在内容的肯定构成上 A 不能同时是非 A（A 不是一个僵硬的所指代号，而是有存在内涵的直接意识）。联合意识存在的直接自明性即绝对肯定性，意识存在与这种流逝相关的存在规范是：A 是 A，A 不是非 A。这就是同一律。"[2] 思维的同一律表示，在思维中必须坚持论断的稳定性而不能随意改变，否则就意味着已经溢出了思维的既定主题，不能构成有效的思维。

第二，按照意识结构之内容填充的单一性要求，"不能归一的、互相独立的内容不能同时进入同一意识位。它们之间关于存在互相对抗，互

---

[1] 崔平：《有限意识批判》，重构人类理性批判文丛/卷一，江苏人民出版社 2015 年版，第 113 页。

[2] 崔平：《有限意识批判》，重构人类理性批判文丛/卷一，江苏人民出版社 2015 年版，第 114 页。

相取缔，因此不能并立。这些不能并立的内容，挤占意识位而构成意识位上内容的流逝"①。"意识位上的内容流逝所否定的仅仅是多个内容的现实共存，而不是在肯定当下内容前提下对之外内容的排斥。它所造成的是悬浮在不同内容之上的抽象规范：两个不同内容是关于意识位的一个对立，存在上必有一个失落。此即矛盾律。矛盾律是指，一个特定存在的某类属性不能同时具有两个相区别的内容，比如颜色中的黑与白。形式化地加以表达即为：A 是 B，A 是非 B，二者必有一假。"② 对于思维来说，这一规范意味着在思维中不能就同一问题作出两种及以上的断定，否则就根本破坏了整个思维的内在合理性，即不能被表现为意识存在的思维直接感受为具有任何存在可能性。

第三，意识存在的构成按照意识结构的规定其内容必须依关联关系而分布，内容间要发生规定关系而共同享有存在性，唯此，一个内容的存在才是可被意识接受和实现的。因此，作为思维之构成环节的一个意识存在内容只有取得与其他已获得存在性的意识存在发生存在规定关系或者说存在关联，才能被意识接受为可与其他意识存在内容共同进入同一意识存在的内容而成为可能有效的思维内容，否则整个思维就不可能享有存在性，不能被意识本身设想为具有存在统一性或存在同一性，从而背离思的自在理想。换言之，在思维中，一个意识存在内容要被设立起来并设定为思维的有效发展，就必须采取与此前的意识存在表现出相容和支持关系。此即根据律。由于意识内容之间的存在规定关系不可任意制造而是内容特殊性之间的个别匹配，所以根据律表现了思维中在先意识存在对后续意识存在的选择性制约，从而使思维表现出由前提所确定的发展特殊性。

同一律、矛盾律、根据律分别作为意识存在构成内容的某种先验要

---

① 崔平：《有限意识批判》，重构人类理性批判文丛/卷一，江苏人民出版社 2015 年版，第 114 页。
② 崔平：《有限意识批判》，重构人类理性批判文丛/卷一，江苏人民出版社 2015 年版，第 115 页。

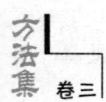

求的思维映射而完备描述了设立思维内容的先验规范。因为，就意识存在构成内容而言，只有特定意识存在的呈现、意识位内容的填充、意识内容之间的共存方式三个问题，而按照意识存在的先验包摄结构所能给出的解答分别是同一律、矛盾律、根据律。由于这三个规范均为思维内容的确定规范，所以可以统称为思维的内容规范。

五　意识对特定问题结构的方法论领悟

在一个观念中展现出诸多可思维内容或者说产生许多具体的存在冲动，但意识的单一性决定现实的思维只能选择其中的一个存在冲动来实施存在建构。而根据思的自在理想，只有具有某种普遍性并同时具有同一存在归属性的内容间才有希望进行必然存在关联建构，从而应当加以专题设问。"总而言之，在追寻特定内容的存在规定的存在之途上，有三种问题即思的任务：必然存在性确证、同一存在性确认和问题解决路径的选择。如果把后者再按意识位分布结构区别为有效的四种问题，那么就共有六种问题。"[①] "每一个推动着思的问题都是对原初存在冲动的具体化，是附带着条件——这些条件趋向对存在冲动的限定从而构造问题解决的框架——提出来的问题。其中，'条件'是问题存乎其中的观念及其直接构成'问题'的内容。而在条件之外，有相应的寻求目标。思就是依凭给定的条件（前已阐述，思按照意识存在结构只能如此进行）向相应的目标作意识存在转换。条件及目标的存在意义必然被按照意识结构加以确定，二者之间的差距和联系——存在距离——也必然按照意识结构加以阐释，因为意识结构为一切意识特性所从出。思的活动也就是以这样的形式阐明为根据，针对特定条件，完成相关于待规定内容的合目标改造。条件和目标之间的不同

[①] 崔平：《有限意识批判》，重构人类理性批判文丛／卷一，江苏人民出版社2015年版，第273页。

存在联系形式的确定,先验地决定了思所应采取的抽象活动形式即方法,但它不涉及具体的思维致成途径或模式。问题由此被理解为遵循所确定的方法是可以通向具体解决的。"①

1. "在设问之后的紧续提问中,如果不能通过观念外的概念发现观念内的某些偶相内容具有普遍性或曰必然存在性,那么就没有问题具体化的基础。必然存在性确认工作在意识结构的推动下就转向观念内。"② 其任务就是针对个例进行比较,从中发现具有普遍性的内容。于是,"思就把从个例开始,经过诸多个例达到经验普遍性的发现作为必然存在确证的方法,尽管这样的确证不具有必然有效性。因为按照意识结构的一系列衍生意义,这种方法表现了普遍性的先验存在方式。这就是归纳原则"③。"归纳方法的设置宗旨在于,通过一种与所求内容特性相契合的意识结构而赋予这种结构中的内容以经验普遍性。"④

归纳方法的运行方向是推进普遍内容的确认和使拟制具有普遍性的内容不断收敛,按其使命就不是意在创造概念,而仅仅是为创造特定概念厘定方向和范围。

2. 同一存在确认的任务是针对特定意识内容(在此即为被确证为具有普遍必然存在性的、已经得到问题化的内容)进行某种观念构造,在其中,它们被包摄并占据不同的意识位。"问题内容的观念化相对已有意识存在层面具有存在转折关系,即按照意识结构,思先验地将其规定为与原有意识存在发生意识存在间断裂,原有意识存在的必然规定内容与新的观念化结果之必然规定内容没有相容关系,前者不能提供任何关于后者的具

---

① 崔平:《有限意识批判》,重构人类理性批判文丛/卷一,江苏人民出版社2015年版,第273—274页。
② 崔平:《有限意识批判》,重构人类理性批判文丛/卷一,江苏人民出版社2015年版,第275页。
③ 崔平:《有限意识批判》,重构人类理性批判文丛/卷一,江苏人民出版社2015年版,第276页。
④ 崔平:《有限意识批判》,重构人类理性批判文丛/卷一,江苏人民出版社2015年版,第277页。

有连续性的规定线索。或者可以说,前者与后者必然是异名的即概念绝对相异。"① "这样,在关于问题内容的先验理想——互相间的某种规定关系——与具体问题所依附的原有概念或特定意识存在之间就形成一种互为彼岸的鸿沟情境。"② 思"在彼岸性情势下,建构行为被先验地设定为从原意识存在飞跃而至新意识存在,无根地使新意识降临,也就是不借助连续性的导引而陡然创立新意识存在。这是先验预设的存在超越,或者称之为超越预设"③。实现这种超越而建构新意识存在的思具有"突现"④ 特性,"是思与新意识存在的突然破面相照。这就是直觉"⑤。

"直觉或者已经给出问题的解决,或者预示了问题解决的方式。"⑥ "按着思的完备结构,直觉已在思的过程中触及'论证'问题,即占居着从发现向论证的转折环节。直觉是思的顶峰,开启思维过程的方向转换。从此它走向关于直觉的存在性论证。论证的目标即建立直觉与原初观念之概念的连续关联,把后者的'存在'推及直觉,使得直觉为'是存在的'。没有得到论证的直觉仅仅是意识界中没有效力的纯粹任意的意识现象,是相对'问题'的废品。只有在论证之后,直觉才融入原初所属的意识作用领域,被确认为相对原有意识领域不可排除、必须被考虑的意识存在,从而直觉所设立的一切才是有效的。"⑦ 这种"论证仅仅是从形式上再发现了直

---

① 崔平:《有限意识批判》,重构人类理性批判文丛/卷一,江苏人民出版社 2015 年版,第 291 页。
② 崔平:《有限意识批判》,重构人类理性批判文丛/卷一,江苏人民出版社 2015 年版,第 292 页。
③ 崔平:《有限意识批判》,重构人类理性批判文丛/卷一,江苏人民出版社 2015 年版,第 293 页。
④ 崔平:《有限意识批判》,重构人类理性批判文丛/卷一,江苏人民出版社 2015 年版,第 295 页。
⑤ 崔平:《有限意识批判》,重构人类理性批判文丛/卷一,江苏人民出版社 2015 年版,第 295 页。
⑥ 崔平:《有限意识批判》,重构人类理性批判文丛/卷一,江苏人民出版社 2015 年版,第 300 页。
⑦ 崔平:《有限意识批判》,重构人类理性批判文丛/卷一,江苏人民出版社 2015 年版,第 300—301 页。

觉所'客观'即本然而有的存在性,因而其作用是验明"①,相似于数学中的验算,可以称之为直觉的验算,其实质为存在验算。对于直觉验算,"有关于中介的形式标准:在中介中,原初观念中相关问题内容的殊相内容必须完全出现,即每个殊相内容必须至少出现一次"②。

3. 归纳完成关于问题内容的普遍性确认,使相关内容成为合格的问题内容。直觉完成关于问题内容的存在同一性确认,展示它们之间必然存在关联的可能性并赋予它们不同的意识位。就认识功能而言,直觉可能碰巧直接给出了问题答案,但仍不能幸免直觉验算所带来的繁杂认识。因此,不论从何种意义上,直觉都不是认识的终点,而是认识的开始。按照问题内容在直觉观念中的相对意识位分布格局,共有四种有效的问题处境。其中,按"四种分布的由简到繁序列为殊偶同枝、殊偶异枝、偶偶同枝、偶偶异枝"③。而"具体的分布方式规定了特殊的可能通向思维目标的必然形式"④。在此,首先分析殊偶同枝情况的认识意义。

在直觉观念中,问题内容一个处于殊相意识位,另一个处于偶相意识位,并且二者共处一个包摄枝中,这意味着后者被含摄在前者之下,"殊偶同枝分布所设定的名相和殊相关联链条为线性状态,且具有单一线性即没有旁支。对殊偶同枝分布所设定的连续的概念关联序列的完整描述为:单一线性的以名相殊相之连续而构成存在含摄性的概念序列"⑤。"由于含摄关系有传递性,借助于含摄中介即可确立两内容之间的含摄关

---

① 崔平:《有限意识批判》,重构人类理性批判文丛/卷一,江苏人民出版社2015年版,第301页。
② 崔平:《有限意识批判》,重构人类理性批判文丛/卷一,江苏人民出版社2015年版,第303页。
③ 崔平:《有限意识批判》,重构人类理性批判文丛/卷一,江苏人民出版社2015年版,第305—306页。
④ 崔平:《有限意识批判》,重构人类理性批判文丛/卷一,江苏人民出版社2015年版,第306页。
⑤ 崔平:《有限意识批判》,重构人类理性批判文丛/卷一,江苏人民出版社2015年版,第307页。

系。因此，殊偶同枝分布的思维意义就在于，它指示思应按照名相殊相单线连续的方式对问题内容之一（殊相）递进赋性，或者说把作为偶相内容的问题内容经过中介递归于另一作为殊相内容的问题内容。中介之功能在于以其连续的含摄关系将含摄关系传递给两问题内容，或者一般地说，传递给相对任何中介的两端项内容。"① 这种思维形式就是推论。推论不具有实质创新性，"推论给定的是作出结论的相关内容和可能形式，待求者为中介"②。

推论有其先验结构，即按照意识结构所展示的存在联系方向，从殊相内容出发到偶相内容，并且是一维连续的，三段论是推论的一个最小单元。③

推论必须在具有含摄关系的内容中进行，且必须是连续的和单向前进的。

4. 在问题内容按照殊偶异枝分布的情况下，直觉概念的三个殊相内容均发挥作用，解决问题的"概念关联序列由一个发挥包摄作用的概念即直觉概念和诸多发挥干涉作用的概念构成，参与形成概念关联的可能概念被定义在直觉概念之殊相的干涉延展之内。它有一个封闭的始点系统即直觉概念三殊相内容"④。其中，问题内容所在的概念关联序列为主关联序列，其他两个概念关联序列为补助性概念关联序列，三者汇聚在以自己的三个殊相内容同时与三个概念关联序列相连接的节点概念上。因此，在这种问题的解决中，"直觉所设定的规定方向为'汇聚—指向'，即三个概念关联支向一个概念汇聚以总合规定关系，并始终指向问

---

① 崔平：《有限意识批判》，重构人类理性批判文丛/卷一，江苏人民出版社 2015 年版，第 307 页。
② 崔平：《有限意识批判》，重构人类理性批判文丛/卷一，江苏人民出版社 2015 年版，第 308 页。
③ 崔平：《有限意识批判》，重构人类理性批判文丛/卷一，江苏人民出版社 2015 年版，第 314 页。
④ 崔平：《有限意识批判》，重构人类理性批判文丛/卷一，江苏人民出版社 2015 年版，第 322 页。

题内容的最终存在关联"①。此即演绎。"它作为思维的抽象原则指导思维的构造方式。演绎是先验方法论原则,奠定思维活动的现实性基础,没有它,选择这种思维方式就是盲目和偶然的。演绎原则把思维置入一个先验正确或者说致成的道路上。"② 演绎有其确定的结构③,不容跳跃,严格有向,必然含有一个节点概念并在其后才能作出论断。

5. 当问题内容作为偶相内容同处直觉观念的一个包摄枝中时,问题内容的直觉观念外的普遍性与直觉观念内的存在偶然性或个别性形成对立。但后者却证实问题内容间存在规定关系,而前者说明这种存在规定关系应该是普遍必然的,因而应该通过概念关联方式来实现。问题内容的意识结构显示,直觉概念中包摄问题内容的殊相内容与两个问题内容之间发生规定作用,而且应该分别通过概念含摄的连续方式来实现。同时,由于问题内容在上述规定关联中处于最低地位,而"按照意识存在结构,低阶内容间的存在关联以其所属高阶内容间具有某种直接存在关联为前提,否则其存在即为不可能。依此类推,两条含摄关联序列中每一同阶内容间都存在直接的存在规定关系,或者说是某一概念的殊相关联片段"④。问题内容之间的规定关系最终由处于这种关联序列的以直觉观念中包摄问题内容的殊相为名相的概念所决定,换言之,它就是问题内容的求解。因此,思维的任务就"成为从给定的问题内容间的规定方式出发,依次层层上溯特定规定方式,摆明整个规定方式序列。由给定的问题内容间的规定方式对其余规定方式的内含观点看,这一过程也就是从给定的规定方式中把它所'内含'的东西逐次提取出来,不断剔除非规定方式内容,显露规定方式,向

---

① 崔平:《有限意识批判》,重构人类理性批判文丛/卷一,江苏人民出版社2015年版,第324页。

② 崔平:《有限意识批判》,重构人类理性批判文丛/卷一,江苏人民出版社2015年版,第324页。

③ 崔平:《有限意识批判》,重构人类理性批判文丛/卷一,江苏人民出版社2015年版,第324—328页。

④ 崔平:《有限意识批判》,重构人类理性批判文丛/卷一,江苏人民出版社2015年版,第334页。

终极规定方式收敛"①。这"是一个全面的舍弃与析取过程。这就是分析"②。分析必须是彻底的、连续的、内容不重复的。

6. 如果问题内容在直觉观念中的分布为偶偶异枝，那么"问题内容间的概念关联在此被规定为直接的或者说无中介的概念存在。问题内容间的关联因而是概念内的存在关系，而非概念间的规定关系的传递"③。同时，由于两个问题内容具有同等的意识构成地位，所以它们之间的规定关系不可能是相对的包摄与被包摄关系，而只能是平等的殊相间规定关系。④ 另外，"直觉所设定的这一包摄问题内容的概念，横向连通不同分枝，处于整个直觉概念之下，因此其存在受到直觉概念的规定，具体说，按照意识存在结构，受到直觉概念殊相的规定"⑤。最终规定问题内容之间关系的是一个被直觉概念全面作用而与之相容的概念。⑥"寻求偶偶异枝分布下的问题内容之间的规定关系，就是从直觉概念这一给定存在出发，通过连续的殊相关联，向着同一内容的收敛演进，由之确定一个名相，创设关于问题内容的存在关系。"⑦ 它表现为综合。综合具有如下结构：分别从直觉概念的三个殊相内容出发，通过连续的以殊相内容为联结点的概念序列而到达一个内容交汇点，继而以此内容为名相构造关于问题内容的概念关联。⑧

---

① 崔平：《有限意识批判》，重构人类理性批判文丛/卷一，江苏人民出版社 2015 年版，第 337 页。
② 崔平：《有限意识批判》，重构人类理性批判文丛/卷一，江苏人民出版社 2015 年版，第 337 页。
③ 崔平：《有限意识批判》，重构人类理性批判文丛/卷一，江苏人民出版社 2015 年版，第 348 页。
④ 崔平：《有限意识批判》，重构人类理性批判文丛/卷一，江苏人民出版社 2015 年版，第 349 页。
⑤ 崔平：《有限意识批判》，重构人类理性批判文丛/卷一，江苏人民出版社 2015 年版，第 349 页。
⑥ 崔平：《有限意识批判》，重构人类理性批判文丛/卷一，江苏人民出版社 2015 年版，第 349—350 页。
⑦ 崔平：《有限意识批判》，重构人类理性批判文丛/卷一，江苏人民出版社 2015 年版，第 351 页。
⑧ 崔平：《有限意识批判》，重构人类理性批判文丛/卷一，江苏人民出版社 2015 年版，第 352—354 页。

六　从存在、世界、真理诸概念到逻辑观念

在思维中涌现的关于思维内容的要求和关于思维形式的要求，还仅仅是单纯的意识兴趣，即基于意识存在事实状况和先验的意识存在可能性而产生于当下意识存在的自发倾向。它如果被孤立在当前的思维意识中，那么就仅仅是一种行动感，而不会拥有思维评价功能。质言之，它们是以先验意识存在形式为根据的对当下思维处境的理解，带有个别事实性而没有普遍规则意义。就每一个观念在当下都拥有独立和完全的意识存在性而言，它们都无批判地肯定自身，只能非专题地感受到关于思维的内容和形式的要求。然而针对思这一意识存在的转换和创生活动，意识存在先验地拥有要求超越孤立意识存在而施加反思和规范作用的力量，亦即提升关于思维的内容和形式规则为明确的专题化意识，其关键机制在于先验的真理概念。

意识按照其先验存在结构只能将绝对的必然规定关系理解为存在的形式，并且将这种存在形式运用于具体的存在组建活动即诸多观念建构中。质言之，一个意识存在的存在致成形式必然作为先验存在形式而超越个别意识存在作用于诸多观念，要求它们之间形成存在上的绝对互相关联即达到完全封闭性的规定关系系统。此即"世界"概念所表达的内容。① 也就是说，存在概念的经验理想就是世界。思维作为从给定意识存在出发的追求新意识存在的诸多观念的关联链条，必然落入存在概念的权能范围而接受世界概念的理想，只不过由于受到思维起点特殊意识存在的意识效能的制约而被具体化了，表现为特殊的存在关联路径或结构要求。

---

① 崔平：《有限意识批判》，重构人类理性批判文丛/卷一，江苏人民出版社2015年版，第465—472页。

方法与可能性：绝对定义那些"不可定义"的概念

在世界概念之前或之外，任何一个观念都自然坚持自己的存在确定性，肯定自身的绝对存在意义。但是，在先验的世界概念照耀下，其存在性判定被置入观念间的关联前途中。一个遭遇世界化失败的观念，就被意识所拥有的先验存在概念所否定，从而丧失存在断定的有效性。相反，那些符合世界化关联结构的观念则分有先验存在概念而表明自身的存在断定的有效性。"关于世界中意识内容的先验存在性赋予，必然是随一个意识内容的世界性而附生的事件，表现为该内容的存在感。"具体表现为"一个世界中的意识内容具有如下规定性：带有意识内存在有效性、客观性、内容实在感。这就是真理的本质规定性"[①]。就真理是先验的存在概念向世界概念的纯粹运用而言，真理是一个关于观念存在性的理想，不能在经验中具体地完满落实，因为世界的关联无限性不可能在有限的意识经验中加以兑现。但是，真理概念却提供了针对个别观念施加批判的可能性，即由此展现出一个观念的两种存在判定前途——真或假。一个获得真理概念认可的观念其指称具有真实性。相反，则不具有指称真实性。虚假的观念仅在当下因为具有先验意识存在形式而被内在地直接确认其主观存在性。意识也借此获得自身主观性的意识，分离出纯粹的意识存在本身和观念所指内容的存在亦即客观存在。

既然思维是一个追求新存在的意识过程，那么就必然受到真理概念的自发制约和评价。换言之，真理概念是思维活动的管理者。真理概念在有限思维中的现实形式是真（性），即关联关系符合存在概念的要求，是存在形式的某种构成要素亦即存在形式片段。而在具体的思维中，这种真性已经被意识对思的内容要求和形式要求所规定。在内容上，要保持思之真性，就必须防止作为思之关联环节的意识存在出现实际上的反世界事件，因而要求思遵守同一律、矛盾律、根据律，三者各以不同的

[①] 崔平：《有限意识批判》，重构人类理性批判文丛/卷一，江苏人民出版社2015年版，第479页。

方式保证思维内容的合世界性。同一律确保思维内容的确定不易，从而使思维满足世界之建构单元的稳定要求；矛盾律确保思维内容的单一性，从而使思维满足世界之单一性要求；根据律确保思维内容之间的某种关联性，从而使思维满足世界形式。这三种要求是思维之真理性的必要条件，也是普遍条件，表现为纯粹抽象的规则。

在思维形式上，这种真性已经被解决问题的先验谋划所规定，因为问题按意识结构的先验解决给定其可能的存在关联的正确形式。申言之，借助真理概念，不同的思维方法获得对追求存在的思维的强制性，被设立为正确思维的必要条件。

不论是思维内容的三个规则，还是思维形式的六种方法，都被真理概念赋予思维正确性的必要条件属性，具有对思维的强制性，此即所谓逻辑所表达的意义。因此，除了关于思维内容的三个规则表现为思维普适规则外，并没有作为思维形式的单纯普遍的逻辑，相反，一种思维方法定义一种逻辑，即作为展开形式的逻辑有着相应于思维方法的不同内容，确定一种方法，也就意味着必须选择相应的逻辑形式。

正是真理概念使意识关于存在的先验理解逻辑化。

从对逻辑范畴的阐释以及对其内容的揭示可以看出，逻辑是一种先验观念，说它是形式的和消极限制的，仅仅是因为它不能具体地规定思维内容。然而，就其规定思维的方式和结构从而间接影响思维内容的涌现来说，逻辑又具有积极的思维推动功能，它抽象地引导思维作满足特定思维要求的努力，指示思维建构的方向，从而在事后规范之外又添加一种事前诱导。

关于普遍意识指称的严格哲学确证*

当代现象学哲学对意识存在的意向性现象的发现和确认，偶然触碰制作意识指称困难的症结。既然意识的现实构成具有绝对的对象性，完全被特殊的对象内容所填充，那么任何特定意识在其当下存在中都没有关于意识本身的专题性内容，意识本身的存在作为意识也必须在意识的对象化即反思中加以实现。然而，意识的自身存在规定性在现实意识存在构成中的退场使得意识具有面对直观认识的躲藏性，那种简单的针对特殊意识存在的直接反思所能发现的，自然只是一个基于感悟所作出的抽象的"有'意识'"判定及其具体的外在存在关联，而绝不会是意识本身的存在内容。借笛卡尔的"我思我在"也只能抽象地断定意识的存在，而不能捕捉纯粹意识的存在规定性。可以断言，一切指称有形事物的直接指示和描述方法在意识指称上必然丧失有效性，让意识指称在意识川流旁逃脱。因此，哲学以及其他学科用所习惯的直观方式为意识给出确切指称的企图无一不遭遇空无，致使采取放弃严格的意识指称策略。但是，能够直接切中存在的意识指称占据设立认识对象的地位，具有不可逃避的理论认识强迫性。因此，必须探索一种逼迫纯粹意识存在自我对象化即向意识显现自身的道路。本文被历史教训所惊醒，放弃指称活动中的简单的被动直观方法，意在

---

* 该文发表于《哲学研究》2008年第9期，发表时标题为"关于意识指称的严格哲学确证"。

通过纯粹思维的主动迂回，在抽象思维中寻找和规定意识，最终理性地给出普遍意识指称。

一　普遍意识指称的意识研究价值

确定研究对象是一切认识的常识性要求和第一环节，在思想活动的范围内，它直接体现、落实为对研究对象的指称活动。罗素关于指称的摹状词理论表明，作为指称之语言形式的表达词的意义取值在于该指称词所表示的诸多属性。这意味着指称不是简单的为物指号取名这种纯粹语言学活动，相反，在指称过程中已经涉及认识对象的同一性存在描述，也就是指称包含关于对象的最原始判断，是认识的开始。因此，按照理性向哲学提出的认识确定性和逻辑有效性要求，彻底的前提批判任务首先落在意识指称上。只有无独断前提的意识指称才能为意识研究提供可靠的原点。

就彻底批判的思维态度而言，思维对象不可独断。不能跨越思而径直指定特定对象的存在及其存在内容，因为思维按其本义反对一切非思的东西。由直接定义开始的思维即为以独断对象作始的思维。对象可以独断，但这已是放弃了安全要求的思维。

不能以直接给出其存在断言的方式来言说对象。但是，作为思维的对象，对象必须在思想中给出，只有可言说，才能进入思想中而成为对象。对处于彻底前提批判思想规则约束下的有待经历指称确认的思想对象来说，它是空无规定的，甚至包括其有无。因此，作为认识活动开端的指称，既包括对自己有所指的确认即在具体规定性缺失条件下对所指物的存在的抽象指示，也包括对所指物存在规定性的描述。对象作为空无内在规定性的直接存在，其思想存在也就是抽象的存在断言"有"。而这"有"在除却其内在规定"是什么"之后，只有外在规定性即其存在环境——它与其他共存着的差异事物的相对存在位置——可以言说，并就在这种坐标式的描绘中其存在被抽象地确指。因此，不触及内在规定性的或者说绝对的思想对象具有其存在的"位置"。在绝对反思中外在性地加以标示是思想对象之可能的与合法的获得方法。其情形就如我们为一个物体对象描述其世界中的相对空间位置一样。给出这个思想对象也就是制作一个指称（指称在这里取借助某些中介环节以指示一个事物之存在的意义）。指称应该导致关于对象的直接和具体看视即直观。就这种直观内容作为思想内容是对对象存在的表征而言，构成一种指称。而且，相对于前一个"指称"，它是与对象之存在规定性同一的指称，因而可称为直接指称，而前一个"指称"可以称为间接指称。

思维在自身中并不拥有抽象的即脱离一定认识对象而限定合法思维领域的标准。它必须在与已然确立的思维对象的联系中，运用自己的能力，从而自然达到思维对特定思想目标的切入，保证论题的形式有效性。当一个判断是针对它所意指的对象作出的，就说这个判断是形式有效的，而不考虑它是正确的还是错误的，也就是不考虑它是否现实有效或者说实质有效。在思想中，所谓针对对象，就是使用在形式上与对象有关联的材料（内容）进行思维，在与对象的关联中直接形成判断或在共同关联着对象的内容间进行判断。因此，认识的形式有效性仅仅和认识材料与认识对象的关系有关。在逻辑上，认识的形式有效性是实质有效性的前提。因此，一种有意义的理论，其内容一定整体归属于理论对象。没有对象，理论在认识上就不能确立自己的认识意义，就不会被确认为认识。认识的必然程序为，由"指什么"到"是什么"。

认识的普遍确定性首先与指称的品格相牵连。合格的指称应该是普遍指称，即构成对所指存在的普遍界定，由此使认识接受一个普遍同一的对象内容的限定。在此基础上，认识才能拥有着手的起点和深入分析的逻辑依托，同时也才能使认识有希望超越个体主观性而获得主体际的检验和普遍认同。否则，就不能保证避免思维过程的混乱，从而也就自然不能指望获得有效和深刻的理论建构。

因此,意识哲学要获得普遍有效的论断,就必须首先获得严格和科学的普遍意识指称。

二 对意识指称学术史的批评

然而,令人失望的是,历史上意识一直没有普遍指称。哲学中有意识哲学,科学中有心理学,但是它们都忽略了意识的严格指称问题。意识始终被当作自明的公有事实而任由个人根据自己的主观意见去解释。这样,每个人似乎都知道意识指什么,但一当严肃地探问意识所指,意识却突然变得空洞,难于把捉,丧失述谓。穆尔说:"当我们试图注意意识,看看它究竟是什么的时候,它好像就不见了。"[1] 人们在以各种各样的方式述说着意识的所指,但总是偏离意识存在本身,并非成功的言说。常识把它看成人们的心理活动现象,洛克面对"观念"是什么的问题时要求人们内省自己的心理事件,沃尔夫定义它为对象的表象,莱布尼兹把它作为体验的总和,黑格尔把意识一般地理解为一种具有表现事物能力的精神存在,胡塞尔把它看作意向体验。所有这些对意识的指谓,或者是心理学化的,或者是功能描述性的,因而都不是直接切中而是绕开了意识的普遍存在本身,滑向具有多元性的意识存在的自然原因或存在效果,并因而必然陷入不确定性之中。因此,意识并未由于被贴上普遍性的类标签而获得一致赞同的指称。相反,关于意识的指称充满了冲突。不必说具体的各异的意识指称描述,仅就把握意识的不同方法便有所谓第一人称解释、第二人称解释、心理学解释、形而上学解释等不同。正因如此,纳托尔普说:"意识之存在是心理学的基本事实,虽然如此,我

---

[1] [美]苏珊·哈克主编:《意义、真理与行动——实用主义经典文选》,东方出版社2007年版,第280页。

方法与可能性：绝对定义那些"不可定义"的概念

们可以认为它是千真万确的，可以把它分析出来，但是我们却既不能给它下定义，又不能从它自身以外的任何东西推论出来。"[①] 然而，一反理论探讨上的严格精神，哲学家们和科学家们都容忍了意识指称上的混乱状况。

但是，不说思维的内在要求，就是近世学术的发展状况也已经不容继续漠视意识指称问题而合法谈论意识了。哲学中的意识取消主义，科学中的意识还原论，都否认有意识存在，努力把包括人在内的世界一元化，其中没有意识的地位。对这样的世界图景是否能使人满意姑且不论，仅就存在这样一种对待意识存在的态度而言，就使得人们不再能够像从前那样满怀信心地把假定意识普遍存在作为不言的前提。意识指称关系到能否把意识谈论继续下去。可普遍接受的意识指称是辩护意识存在的直接手段。如果不能给出确定的意识指称，那么就得默许意识取消论的存在，从而把一切关于意识的言说降格为私人经验，而不能充作普遍有效的理论。其最终结果必然是取消意识理论的可能性，在意识问题面前退却。

可以这样概说种种意识理论的基本倾向或者说共同成见：在"实体"这一概念模式下，把意识判定为"现象"。从而，意识仅仅是一种副性存在，缺乏完满充实的存在意义，如果它不是在根本上不存在的话，那至少也是一种寄生的二等存在。姑且不说没有给意识在存在图式中留有正式位置的种种一元论，就是二元论哲学也总是把意识与灵魂、心这样的实体联系在一起，视意识为它们的属性或现象，并逻辑地构造出一个特化的实体概念——主体。它在粗糙的唯心主义那里就是心理经验的担当者，即经验自我；而在精致的唯心主义即以逻辑作为理论构造基础的唯心主义看来，它就是先验自我。关于意识的这种存在预断深刻地影

[①] [美] 苏珊·哈克主编：《意义、真理与行动——实用主义经典文选》，东方出版社2007年版，第280页。

响了意识哲学。意识研究态度深陷自然主义模式中,搬用物理描述框架。作为感官对象的外在物理世界,实体概念是一个有效的观念,因为它恰当地反映了人关于对象的感知结构和抽象思维的外在形式即语言的结构。在感知中,空间形式规定任一感知内容都有确定的位置归属,相同所属的杂多感性材料形成一个具有生产力的"内核"。这就是世界直接展示给人的存在结构。而人的抽象理智的思想表现为判断。在判断中,总是在主词与谓词之间建立起直接的同一联系,且必然地谓词对于主词具有被归属关系。因为在判断中相对地处于感性"内核"地位的内容不能充作谓词,所以,判断的结构总是与存在的结构相同。换言之,关于时空世界的描述结构偶合于关于思想的判断结构。这样,"实体"和"属性"或"现象"作为理智世界的最初概念就兼有感性世界的结构,具有有效性,导向对世界的思想把握。实体概念同时满足关于存在的本体论和认识论要求,它的存在具有天然的判断结构。

这种关于感性世界的思维习惯运用到意识问题上的最直接结果,是把意识视为属性或现象而归附于某种实体,独断地取缔意识的存在身份。意识因此失去了自主性,其规律和本质变得必须在他物中寻取。继之,意识的存在问题笼罩在形而上学态度下,意识思考的任务就是推设其背后的根据物。意识的存在本身成了断定对象,一场求证意识实在性的活动成为意识哲学的中心。

在实体概念的诱导下,以往意识哲学都采取了还原方法。意识研究在还原方法论的推动下,自然地呈现为为意识寻找归附地址的过程,每一种特殊的意识理论就是从一个特殊出发点的选择而开始的意识地址的索引。

这种意识研究的意图足够常识化,就其操作本身而言具有广泛的可理解性。但是,这是一个假象。研究中的实体模式适应物理世界的现象方式,然而它却不可能适用于有着截然不同性质的意识世界。人们并不是在外感官中发现意识的。必须承认,在物理世界与意识世界之间横亘

着不可逾越的鸿沟：不可能在对物理世界的任何观察中发展出意识的可观察性。意识只能在思想中加以把握，不论进行多么大系的推设和归属，都会发现恰恰在最后一个环节上功亏一篑：无法向意识的可观察性过渡，从而达到与理论宗旨相称的结论，拥有实在的意识世界。这种不可摆脱的困境使得一切这种意识理论具有逻辑上的不可理解性。另外，根据还原方法的本体论前提，它只能终止于确凿的意识实在上。但是，因为不可能有感性直观提供终止命令，而单纯思维不能产生与自身异质的实体性存在，从而在实体理想的推动下具有无限推论的倾向。所以这种方法下的思维具有无限寻址的逻辑本性。任何这种意识理论在本质上都是未完成的，其终结属于思想者的任意行为。

理论自身的这种逻辑缺陷，导致研究实践的如下严重困难。

实体把握模式总是使意识指称从指缝间溜走。当人们接触意识问题之初，试图首先确定意识对象的存在时，就立即落入还原意义上的"是什么"圈套，所指重心漂移到"什么"上，把一个意识"现象"之后的某物当作研究对象，使意识本身隐没。对象漂移的结果是研究的目光不能停驻在原初所意指的对象即"意识"上，关于意识所作的指称，在语言逻辑形式上表现为具有归属的线型判断，而非存在显示所要求的平面型描述。判断的运动性使得意识总是在判断中脱落。因此，关于指称的说明相对所指必然具有偏置性，所给指称均不可理解。因为，说明的终点不能复归于始点——二者总是异质而不可能达成终点对于始点内容的明示，意识存在在思想中仍是同样空白，甚至更加空荡，因为意识原初的一点"现象"也被否定了。所以，这种指称是无效的空白指称，在其所指示的地址上并没有可见的存在。以真指称与这种实体化指称的无关联而论，在实体框架中不会产生真指称要求。这正是长期忽视意识指称问题的根源所在。不打破旧思维传统，即使提出意识指称问题，也不会获得成功的回答。质言之，实体概念下的意识指称的基本症结在于，把意识指称问题偷换成意识起源问题，在自然世界之内定义自然世界之外的意识。

　　向某种实体的还原把意识研究定性为意识发生的历史综述。在作为对存在进行解释的意识理论中，核心不是意识存在的结构或者说存在本质，而是意识的存在史。因此，意识理论总是历史描述型而非本质解释型。研究的实践方向于此背离了哲学的目标——揭示存在之为存在。实体概念直接诱导人们篡改意识研究方向。

　　普遍指称上的困难迫使意识哲学在杂多的现象即经验意识中去选择寻址出发点。严格说来，这种选择除了任意而为之外别无更好的办法，特殊的意识现象本质上不能提供甄别认识价值的必然标准。选择因此便是世界上偶然发生的一种与兴趣、视角等主观内容有关的意志事件。不同的选择就预定一条特殊的发展路径，而其出发点仅仅因为偶然的被选择获得普遍的本体论和认识论价值。显然，这不当地把普遍性的"存在"特殊化了。其结果是理论的普遍性付诸阙如，直接表现为失掉意识领域中的普遍认同，不能判定除自身之外的意识的确然普遍存在，而只能获得相对殊异的"意识存在"。

　　可以简单概括以往意识指称的性质，即仅仅具有某种间接指称的意义，而没有达到直接指称水平。

三　意识指称的批判性发现

　　指称活动应该起始和保持在特定存在现象显露的领域内。意识没有被直接看到、嗅到、摸到、听到，也就是说，意识不是被感官感知的，而是在思维中被直接领悟到的。因此，关于意识只能在思维中来认识，而不能求助于外感官活动。通达意识指称的过程因此必须保持思想的纯粹性，不能沾染外在事物。

　　由于指称在过程中，逻辑上规定在指称被确立前，"意识"的存在尚在悬疑中，不能断定其有，所以还不能使用前理论的感悟而以"意识"为基础展开讨论。相反,重要任务却是搜索"意识",承担起其存在的证明。可以说,指称也就是一个"意识"存在的证明。而且,因为这种证明活动必须在思想之内展开,所以指称就是一场思辨。

因此,指称是对存在物的指示,是直观景观的报道。这一特性要求指称语言应该是描述的,而不能是实质综合的,即不能是异质独立存在物间的归属断定。通达指称的所有语言都以性质为内容,而不能在其中设立某种"实体"。这是前述的两种要求在语言形式中的体现。

必须在关于意识指称的研究规范的这种规划下进行"意识"探问。

指称就是给出特定观念的意指对象,具有与某种对象直接关联即指向性结构。因此,关于存在的描述是其构造的终极目的,并且作为要素存在于指称中。成功的指称是能够把人引至存在面前,接触到存在的指称。因为存在的把握具有给予性和直接性,所以指称的这种指引就是给定一条循之可见存在的直观路径。那么,意识的直观路径自何而始?

按照已经确立的关于意识指称问题的思维规则,"意识"应该通过思维并就在思维领域中来把握。如果有"意识"存在,那么它必然存在于"存在"区域整体之内,因为它也只能是存在的一种。而对于意识指称的探讨来说,这"存在"是思维可以把握的存在,即必然是思想中的"存在"。但是,这一思想中的"存在"区域并非因其展示了具体的个别存在物像而是全称的,即不是因为外延而具有了全称性。相反,它是因为揭示了"存在"的内涵而覆盖整个存在区域的。对于纯粹的思想来说,或者说在思维之内,全称的存在就是存在的内涵即抽象的存在概念。因为,在思想界中,就概念的内涵与外延的存在关系而言,逻辑上,内涵确定外延并直接具有整个外延在内涵意义上的思想效能。概念内涵和外延的这种逻辑关系,使得概念(内涵)的存在独立于它的外延之量,即不依赖外延列举的周延而存在。概念具有绝对的全称性,一切可能归类的事物必然被逻辑地置于概念所指之下。于是,作为拟议的一种存在,意识指称必须在存在概念中寻求。这也就是要作这样一种探问:在存在概念中包含"意识"这种存在吗？对意识所作的逻辑批判至此完成，其结论为"意识（如果有的话）必然包含在存在概念中"。这是一个分析性命题，其中"意识"作为一种拟设的存在，当然应该具有"存在"性而归属于最高范畴"存在"。

这种寻找工作在逻辑上以整个存在区域为对象，但不是可以任意进行的，也不可能是任意进行的。由于"存在"的外延对应"存在"的内涵，内涵必然指向存在区域，所以寻求某种其中的存在，也就等于进行"存在"意义的分析，并把所得之结果用作某种特殊内容的存在认定上。"存在"概念必然具有关联特殊指涉对象的结构。"存在"的不同指涉也就是所指存在对象享有"存在"时的特殊性限定。这特殊的"存在"享有性质即确定其存在种类。由存在所指之特殊存在性构成的对"存在"的限定，造成"存在"所确定的存在区域内的种类分化，它们之间必然以并置或相对隶属关系存在，因而形成对"存在"的限定层次和秩序。存在概念直接显露（思想中的）存在种类，因为在思想中，所有存在对存在概念可以完全显现。获得了"存在"的意义，也就达到了可以观照存在区域的总览视点。在存在区域中寻找某种存在，即为寻找一种对"存在"之存在性带有特殊性限定的所指。这决定它撇开内容的具体规定性而抽象地关注内容享有"存在"意义的普遍状况，是在寻找一种特殊的存在形式。以上分析说明，"存在"意义分析具有遍历存在区域的功能。不论从"存在"内涵与外延的哪一特殊关联开始，都无妨这种分析的目的。因为，这种"任意"必然以指涉物的特殊性显示出来，被指物显示自己为一种"个别"。而这一"个别"是在类中与其他"个别"的关联中产生的，从而一个"个别"必然引向另一"个别"。在思想界，这种关联必然是现实的。可以说，内涵落脚点仅仅具有引起分析的逻辑性能。所以，对于寻求意识指称的分析，作为其起点的"某物"是抽象的，并无特殊的要求。由此而启动的分析过程的逻辑上的有限性是遍历存在区域的可能条件，因而也是对"意识"之存在的有无作出断定的前提。思想的内在性保证了分析的有限性。对思想说来,"存在"不可能在一个思想之外的"某物"上产生,它必须根据思想中给定的事物作出,也就是说,"存在"必然地指向已然现实的思想物。"存在"所指的这种确定性就是存在区域的有限性。

存在概念直接表现为存在断言,即它以"有某物"的形式发挥存在确立功能。[1] 抽象的"有某物"表达了存在概念所可能有的外延对象的思想形式。"存在"就等同于其中之"有"。关于存在,有两个相似的断言形式,即"有某物"和"某物有"。但是,按照已经确立的讨论前提(全称抑或普遍之存在域),应从"有某物"始,而不应选择"某物有"作为讨论的开端。"有某物"中之"有"是先某物而设定的,以自己的"存在"内涵规定"某物",体现出存在概念的能动限定作用,而它自身并不受"某物"之限定而染有特殊性。相反,"某物有"中之"有"则受到了"某物"之特殊性限定,因而与前提给定的存在区域的特性不相称。

"有"为何?根据维特根斯坦的语言意义理论,回答就是"'有'何(所)为"。语词并无抽象的意义,孤独伫立之"有"不能被任何人理解,即使词典也须依据惯常句中的关联而编纂。假如有一个只有一个语词"有"的语言世界,那必然是意义空白的世界。语词的意义具体地存在于它对句子的构造作用中,也即相对于其他语词的关联作用中。因此,

---

[1] "存在"按其意义就涉及内容,即使抽象地言及存在也必然隐含一种内容意向,以抽象的内容意识作为意义支撑。因此,"存在概念直接表现为存在断言形式'有某物'"是一个分析性命题。同理,"有某物"本身也是一个分析性命题,因为"有"是"存在"的逻辑同义词,在其概念内涵中就包含某种抽象物象。"有某物"何以是一个分析命题?在语法上,它似乎是一个无主句,不符合定义分析命题的语法结构。在汉语中,有一种无主句,它们的名词性主词可以被补足。"有某物"是"有"概念的显现,因而其言说对象即为"有"。因此,在"有某物"中,"有"承担着名词性纯粹概念功能,又承担着动词性谓述功能,即作为名词的"有"按照自身意义获得或实现自身,而其方式或结果即为"某物"。如果在抽象意义上还原为完整语法结构语句,则为"'有'是'有某物'"。其中,动词是一种实现"有"的实现方式即为"有"自身。因此,在"有某物"中,"有"实际首先承担名词性概念功能,同时带有指示其自身的实现方式功能。

为了确定"'有'何（所）为"，必须再问"'有'何所施？"。这一设问的道理非常明显。要问何所为，就得先确定所为之对象，"为"是离开但却直接受对象影响的，"为"什么、怎样"为"都待对象而后定。在这里，回答是唯一、简单而不容置疑的："有"施于"某物"。

"某物"，比如"猫"，当其孤立出现时，是并无确定所指的抽象思想规定。其抽象性表现为既无确定的特指，也无普遍的确定所指。在这样使用"某物"时，总隐含着为它寻找归属的倾向，即为"某物"寻找"前置话题"，使之成为跟随性的。所谓"前置话题"，就是指使当下言说有基础、有意义的某种言说背景。当一只猫突然窜出吓了人一跳而惊呼一声："猫！"，你马上四顾时的反应就是对这一抽象词"猫"的逻辑位格的自发反映。"有"的前置使"某物"在思想中完成了独立的意义构造，消除了意义的探寻活动，终止了"某物"的归属化过程，使思想得以在"某物"上停驻。"有某物"作为完整的意义结构而确定、独立地存在起来，"某物"在并无特定的具体指示情况下而具有了实然性，尽管仍然带有抽象性却设立起自己的独立性。"某物"的这种逻辑特性的变化，也即"有"的效能，是"存在"的逻辑表现。"有"的前置不是简单的、偶然的语法现象，而是作为存在概念的代表设定"存在"区域，它积极地把后置的各种"某物"拉入区域内。这是与"存在"的绝对全称性相适应的。存在概念内涵与外延同一这一逻辑特性，赋予它以意义的独立性、确定性、圆满性（自组织性）。因此，存在具有意义的稳定性或者说实然确定性。"有"先在地设立起"存在"区域，也就是先在地规定了一切后缀"某物"的意义模式。换言之，"有"把"存在"的意义结构施与"某物"，从而使"某物"拥有独立的意义结构。"有"的这种作用是对"某物"独立意义的设立，具有充实"某物"的效能。"某物"借"有"而设立起自己的意义，反过来说，"有"营造出"某物"的稳定的意义结构，创设出一个思想中实然的"某物"。"有"使"某物"栖止、伫立在"存在"区域。

设立起来的"某物"不同于"有某物"中的"某物",此时"某物"已消除自身意义的漂游,其逻辑位置特征即其意义内涵。"某物"由此过渡到自身之"有"。但是,这个"有"已非绝对普遍之"有",而是被限定在个别之"某物"上,"有"之断言仅仅指向"某物",而非普泛所谓"有"即"存在"。"有"的意义的这种变化(特殊化)以"有"之地位改变表现出来:某物有。在"某物有"中,"某物"先在地设立起来,"某物"的观念性内容限定着它的"有"的范围。在"某物"和"有"的互相解读中,共建起"有某物"所设立起来的结果——"某物"。所谓互相解读,即"有"通过"某物"取得自己的具体意义,反之亦然,二者互相述谓。就此而言,"有某物"的设立作用使"某物"成为可述谓其存在的"某物"。

但是,由于设立之"有"是有限制的,而普泛之"有"是无限制的,"有"作为"某物"形式上的述谓成分,出现了谓述背反:"有"既是谓词,又如康德所言不是谓词。就归属于"某物"的限有而言,普遍之"有"并不是"某物"的内容,而就它给观念性的"某物"增添"有"之内容而言,又是谓词。这也就是说,"有某物"所设立起来的实然"某物"并不以"有"为谓词,"有"虽然设立但不参与构成"某物","某物"独立于"有"。因此,存在断言"有某物"具有异化性,断言使断言之结果独立于断言之外:"有某物"使得"某物"排斥"有"。存在的意义就是这一与断言相联系的独立的外在性。但是,需要特别指出,这种"外在"不是通俗意义上的两个并存自然物之间那样的外在,而是逻辑意义上的外在。思想内容之间的意义差异在逻辑上就造成独立性。质言之,这种外在性判定是一个纯粹的思想事件,虽为"外在"但仍然处于思想之中,其判定关联项均为纯粹的思想内容。显然,关于存在概念的这种分析不在形而上学本体论领域内,而属于对思想活动本身的意义分析范畴。但这仅限于存在概念的逻辑效用而不涉及其使用条件问题,并不像威拉德·蒯因的"本体论许诺"学说所断言的"被假定为一个存在物，纯粹只是被看作一个变项的值"①那样，派生于具体的语言系统的内在逻辑。而获得独立于断言的地位只是获得了一种观念间的差别，并不直接涉及能否成为"变项的值"这一问题。

作为存在断言异化物的"某物"，其存在性的获得具有三种意义。第一，这"某物"的存在个别化。因为作为对存在概念的特殊的限制性分有，本身就设置起其他可能的特殊性分有——特殊性本身具有样式上的非限定性，并给出了其模式或机制。第二，这"某物"存在上的并置化。这"某物"作为特殊某物与其他可能的特殊"某物"共享一个普遍之"有"，并且相对"有"具有同一位格，因此，被逻辑地拟设为具有特殊性层次上的并置性。第三，这"某物"与存在断言的分离和对立，把存在断言本身置入并置关联中，从而把存在性传与它，同时使其具有可作为存在断言结果的形式，本身可接受存在断言。由此，存在断言本身获得存在性，进入"存在"概念领域。必须强调，以上各项内容不必联系一个具体的其他"某物"而纯粹逻辑地设立起来。

既然"意识"必须在思想中寻找，而"有某物"中的"某物"作为断言结果外在于（但关联于）断言，那么就必须在存在断言本身中来寻找"意识"，即存在断言本身是否具有或包含意识性的存在。

在存在断言本身中寻找"意识"，这意味着仅仅考虑断言项及它们之间的关系而排除作用结果——"某物"。所需关切的仅仅是断言项的直接原本状态和由此所规定的可能的联系方式。全部问题就在于存在断言在形式上是如何被构造的。

排除"某物"，也就是排除"有"的特殊设立作用，而这要求排斥"有"的先在相对性的个别化，"有"被置于绝对抽象而毫不关联特殊外延性指示的状态。"有"在这时失去任何可能的确指功能，仅仅是绝对

---

① ［美］威拉德·蒯因：《从逻辑的观点看》，江天骥等译，上海译文出版社1987年版，第12页。

普遍的存在内涵。因此，"有"在纯粹的断言中并不蕴含任何特指的可能性，"某物"的原本规定性绝对外在于"有"。对于存在断言，"某物"的内容确定性是在"有"之外获得的。对于"有"，"某物"是纯粹外在给定的。这给定的"某物"在"有"的绝对普遍性限制下，不是在殊异性下的限制性规定，而是普遍①无外的设立。因为，只有这样普遍无外的设立才能与绝对普遍的"有"相容而不破坏它。"有"在这种绝对普遍性下直接指向"某物"。在存在断言之内，所实现的是存在概念无外延的绝对现实化，其中"有什么"与"什么有"直接同一，即二者（"有"与"什么"）享有同等的存在的绝对位格，互相直接指向对方。无外性使"某物"具有孤立性。但这孤立性不是消极限制的结果，而是因大全性而孤单。它接受绝对普遍之"有"的作用而不会有所改变，因为在其自身中本来就拥有绝对普遍性。反过来，"有"接受"某物"这后缀而不会破坏自己的抽象普遍性，因为"某物"是无区别、无限制的，虽然它是限定的。"某物"与"有"的这些断言内关系，说明它具有存在性。

作为普遍存在的"某物"，其存在是一个绝对普遍之"有"。该"有"由"某物"引起和规定，但因"某物"的绝对普遍性而不会使它成为有外在限制的。"某物"之"有"在思想效能上正同一于存在断言之内的"有"这一断言项。如果要对这"某物"加以表达，而在思想中把它的"有"和作为纯粹内容规定性的"某物"加以离析—综合，那么，正可形成一个纯粹内在而处于直接相互规定下的断言：有某物。因此，"某物"具有"有某物"这一纯粹断言形式的存在结构。在其中，它们互相复指而构成存在的现实。于是，在存在断言之内断言了一种存

---

① 这里给"普遍"引入一个反常的然而又与其通常用法有联系的意义。"普遍"在此指内容规定性上的没有其他内容相对峙和限制的存在状态，是内容存在上的无外在联系性。它在内容自身靠存在的自身化成就。一个在现实存在上穷尽了存在现实性即把存在现实性尽收自己之内的内容即为普遍的。这是直接存在的普遍性，而非指涉对象或统摄范围意义上的普遍性。

在。这一存在寓于存在断言形式中,而其内容直接表现为一个存在断言形式,因此就在存在断言之中,而无需、也不容另一断言作为其存在的根据或在任何意义上有赖另一断言的补助。

在断言之内被断言的存在(物)"某物"即普遍"某物",在存在位格上高于在断言外存在的"某物"即特殊"某物",因为普遍"某物"直接占有"有"本身,而特殊"某物"享有的是受到限制的"有"。普遍"某物"逻辑地吸收特殊"某物",即后者进入普遍"某物"所表征之存在状态中构成普遍"某物"。换言之,特殊"某物"参与普遍之"有"的现实化。"有"设置起普遍"某物"与特殊"某物"的被参与与参与关系。这种参与的效果是取代普遍"某物"而直接享有普遍"某物"位格,从而直接处于存在断言中并承担存在概念。

普遍"某物"直接享有同一之"有",因而被置入普遍"某物"位格中的特殊"某物"间必然与现实共享同一之"有"。也就是说,它们具有在存在断言之内的必然并存关系。同一之"有"只能通过一个断言而赋予它们以存在意义。特殊"某物"间在存在断言内相对"有"互相同格。而断言外之存在物间在存在上由于同为"有"之设立结果,故具有逻辑上的同格性,因而是可能并存的——逻辑同格并不保证"有"通过一个存在断言向它们投射存在意义。

在普遍"某物"状态中,"有"不容分隔,它必然把进入普遍"某物"状态的诸特殊"某物"设为一体即依存着而享有现实存在意义。在此,存在断言之外的"某物"之存在性具有了存在于断言之内的现实机制即特殊"某物"间的依存。要言之,断言外存在的断言内特征为依存。依存也就是特殊"某物"作为断言内内容间的存在关联,由此及彼,互相在存在上引达。在断言内,依存是特殊"某物"具有断言外存在意义的标志,依据"依存性","某物"获得断言外存在的意义。

让普遍"某物"独立于它在其中存在的断言,这意味着什么?(1)把一个断言形式之内的"某物"加以抽象地存在化,就直接的存在形态而言，它经历了"有"的样态的变化，从普遍无外之"有"变为有外在限制的"限有"即带上了特殊性的"有"，因为它被置于与特殊"某物"的存在同格地位。"有"从纯粹的内涵状态过渡到有外延的状态。"某物"之旁又插入了一个"他物"，构成对"某物"的限制和规定。在断言形式层面上，"他物"的插入扩大了原初的"某物"，二者共同拥有一个绝对普遍的"有"，因此造成新的断言形式所包含的"某物"。这就是说，普遍"某物"开始作为一种特殊存在而出现。而且这种特殊存在由其产生形式即存在断言的自指结构所决定，具有绝对的自我确定性。在哲学史上，笛卡尔用"我思我在"描绘了这种存在属性。

（2）这新的"某物"与原初"某物"对断言形式本身是等效的，即成就一个普遍无外的"有某物"。在其中，原初"某物"与插入之"他物"的共存因它们的无外性而被唯一化即必然化，"他物"被作为导向原初"某物"之必然出现的路径。也就是说，原初"某物"被设定为有一个存在支持系统的"某物"，它的存在是固有的，这种固有性将被与之必然联系的"他物"所证实。由于这种存在证实关系是逻辑地设立起来的，不必等待具体的"他物"加以成就，所以具有虚拟性。而思想存在中的内容间的出现性支持，在自然存在化观点中就表现为逻辑蕴含或因果关系。这就是说，这个被抽象地存在化的在断言形式之内的"某物"必然被解释为有其产生上的原因。在日常经验和一般哲学中，心灵存在对身体和环境的因果依赖观念偶合这一存在关联。

（3）除了作为一种特殊存在形式的纯粹断言本身的上述存在关联和证实之外，也产生涉及断言内容的证实问题。根据前面的分析，普遍"某物"自身具有自然的特殊断言效应，即内在一个存在断言形式即成就"有某物"，而存在断言形式必然自我异化地设立一个显现特殊内容的"某物"。由于这种特殊"某物"在思想中与其他可能的特殊"某物"共处同一之"有"下，应该共同成就一个普遍"某物"来承担存在概念，所以就产生互相间实现特殊内容的适应和关联问题，否则就不能得到存在证实和肯定。也就是说，普遍"某物"的特殊存在设立效果的有效性有待验证。

然而，这一证实的方向与提出证实要求的方向是相反的，在"某物"被抽象地设定为外化存在之时，处在绝对普遍无外的状态，从外化之后的层面上看，即为绝对孤立状态，通向它的存在推延路径不显。"某物"在其现实地外化之前，并不蕴含对它有证实力量的"他物"。相反，主宰证实"某物"的"他物"只能外在地给出，其方向是从"他物"到"某物"，即由前证实活动而给定的"他物"之存在区域开始。必须寻找这给定的存在区域，也即寻找证实。

但是，"证实"相对"某物"的外化具有事后性，而作为证实过程的"他物"区域中的每一"他物"作为断言形式中的事实，其出现是偶然的。而且，并不是任何给出的"他物"区域都可以实现证实要求。所以，证实是非必然实现的。就第一点来说，每一"他物"出现在断言形式之内都享有绝对普遍无外性，因而没有关联性，不被其他因素所决定，自由地成为现实。第二点的原因在于，存在推广要求其每一环节中的特殊"他物"都能够形成一个在断言形式内拥有同一个绝对普遍无外的"有"，这向参与存在推广的"他物"的特殊性提出了严格的要求，在形式上须就"有"具有互相同一关系。所以，"某物"之存在化有可能是无证实的，因而被视为是存在化错误——"某物"没有它的存在化所要求的与之相对应的一个证实系统。"某物"的存在化具有可错的存在论结构。人们对心灵活动的主观自由性和可错性观念与此一致。

把普遍"某物"的上述三种特性与已经发现的"意识"现象或者说人们关于意识的常识见解——特殊存在、依赖身物、主观任意性——相比较，可以断定，在存在断言形式之内即停留在断言层面而不超越断言之外所断定的存在——"某物"就是通常所谓意识之所指。

上述意识指称的逻辑优越性在于，它直接切中了意识存在，并且由存在断言独立于断言这种逻辑路径所确立的意识，在本质上不再依赖自己之外的其他断言作为存在条件,从而打破了心理学式的意识存在构造所包含的斯宾诺莎式的"观念的观念"循环。其更为重要的实质性认识价值在于,这一看似空洞的逻辑思辨结果却具有把意识哲学继续引向深入的潜在力量,即它凭借产生自己的认识过程的逻辑普遍性而获得自身的逻辑普遍性,完成了在意识指称上从特殊心理体验性的描述到普遍逻辑把握的转变,从而给意识哲学的起点赋予普遍性和确定性,并在这一过程中为意识具体地确定了"绝对普遍性",它在构成内容上将导致"绝对规定性"这一存在上的逻辑属性,为进一步把握意识的普遍存在属性提供了普遍的思想环境和分析基础。

关于纯粹文化对象的逻辑确证*

虽然文化研究自 18 世纪以来就已经成为一个重要的学术领域,但文化的定义问题却始终没有能够得到令人满意的解决,各种不同的文化概念广泛流行,据统计已经有二三百种。美国学者阿尔弗雷德·克洛伊伯和克莱德·克拉克洪将那些形形色色的文化定义大致归类为九种,即哲学的、艺术的、教育的、心理学的、历史的、人类学的、社会学的、生态学的和生物学的。[①] 由此可见,所有文化定义都带有立场选择性或者说视角特殊性,从而掺杂独断杂质。而这种独断的实质是经验认识的干扰,即都在特殊的文化现象中寻求文化的定义根据和内容。在逻辑上,如此获得的文化定义之间具有平等性,因而不可判别优劣。这使得文化研究难以获得普遍同意的统一对象,甚至令人怀疑是否存在普遍的文化对象。作为一种消极对策,马克·J. 史密斯试图以"后学科"形式回避文化定义问题,说"我们不应该认定'文化'一词可以当作一根魔杖;我们对它所做的才是真正重要的"[②]。但问题是这会使文化研究失去根基,因为研究对象的普遍确定性是认识的社会对话和获得普遍知识的基础。所以,坚持严肃态度的文化研究必须首先寻找和辩护文化存在的确

---

* 该文发表于《西南大学学报》(哲学社会科学版) 2008 年第 2 期。
　① 陆杨、王毅:《文化研究导论》,复旦大学出版社 2006 年版,第 3—7 页。
　② [英] 马克·J. 史密斯:《文化——再造社会科学》,张美川译,吉林人民出版社 2005 年版,第 171 页。

定性。本文意在抽象地在逻辑上证明普遍文化对象的独立存在的可能性，以便为进一步的文化研究确立理性基础，而把直接具体地揭示文化定义这一任务留待另文去完成。

一 两种存在确证：逻辑的与描述的

对象是一切认识活动的普遍关联项，没有对象现实性的认识就是在制造一场主观幻想。在认识中，正是确实存在的认识对象无条件地设立起认识活动的意义，即不论认识的成效如何，只要是针对真实对象的认识就是在形式上有价值的认识，构成一种认识道路上的探索，享有认识启动权利。除此之外，认识对象还拥有更高级的认识功能，即以其具体内容规定认识的范围并提供认识展开的基础，限定认识的任务。对象的这两种认识功能——抽象设定认识意义和具体规定认识内容——决定，只有具备独立存在属性的认识对象，一种认识才是逻辑可能的和可行的。因此，研究对象的存在确证是包括文化研究在内的任何认识活动所必须首先提出的问题。而且，根据对象存在属性的逻辑性质与可能获得的知识的逻辑性质之间的相关性，提问的标准即对象存在确证所指向的对象之逻辑属性，必须与所预定的知识品性相匹配，质言之，在逻辑上能够衍生出所求的具有特定品性的知识。

作为对事物有无的论断，存在概念在逻辑上意味着特定内容，与内容的显现直接同一，而判断只有两种内在关系——综合的与分析的，因此"存在"有两种使用方法，即或者是综合性地与其所论断的作为主词的事物相联接，或者是分析性地从主词中必然得出的。在前者中，作为被论断的主词并没有提供"存在"概念所本然要求的具体内容的存在现实性，仅仅是一个有待发现其现实规定性的抽象观念，因而"存在"性并不包含其中。这并不是一种纯粹的逻辑拟制，而是有其现实的判断实践。比如人们可以在并不确知"马"的现实性的情况下作出"马存在"

的断言。在后者中，主词的认知特性拥有"存在"所要求的一切现实规定性，因而在自身中直接显现着谓词"存在"，论断的功能仅仅是在认识上将其直观地摆明。按照维特根斯坦的说法，语词的意义直接表现在其用法当中。综合性使用和分析性使用说明，存在概念既具有抽象意义即可脱离具体现实内容而断言某物之现实性的功能，也具有具体意义即通过具体现实内容来直接断定某物之现实性的功能。而存在概念的意义存在方式指明了存在论断的制造方式，因为作出一个存在论断也就是针对被断言物去发现符合存在概念意义的特征，它必然被存在概念的存在方式所决定，或者说以存在概念所允许的使用方式为标准。具体说，抽象的存在概念允许以不直接陈述被论断对象的现实存在内容的方式来断言对象的存在，即存在概念与断言对象之间并无直接明证的逻辑关联，可以称之为间接存在确证。具体的存在概念要求直接陈列被断言对象的现实存在内容从而直观明见地论断对象的存在，可以称之为直接存在确证。这两种存在确证方式的划分并不牵连认识过程的特性，而仅仅与切中和表达存在确证的结果有关。申言之，它们是以判断的内在构成结构为标志的不同的存在断言种类，而不是外在于存在断言的那些获得存在断言过程的不同性质。

然而，在逻辑上，结论的特定逻辑品性必然由认识方法来成就，反过来说，认识方法必须适应认识的预期结果的逻辑品性而内含同一的逻辑品性。因此，存在论断的结果的形式差别有其连带的认识过程效应，不同的存在确证要求不同的认识方法。间接存在确证由于被论断对象缺乏当下直接存在确证的存在性，所以只能通过它与其他存在物的关联而获得存在性。但这种存在性在间接存在确证中始终是抽象的，因而这种存在关联不具有存在内容的生成功能，仅仅是在形式上表明存在的共享，从而传递着存在性。由此，导致间接存在确证的存在关联仅仅是关于存在性的抽象逻辑关系，其致成认识活动必然是逻辑推理。因而，从认识过程的性质上说，间接存在确证也就是逻辑确证。相反，直接存在确证则由于要求真实而具体的现实构成内容而必须采取描述方法,从而构成描述确证。尽管思维接触被论断对象的事实内容可以采取不同形式,甚至也要采取逻辑推理方法,但其描述性质却是不变的。二者的一个根本区别为,逻辑确证仅仅依靠存在的形式上的关联,不涉及具体内容,而描述确证以存在的形式关联为基础,同时涉及存在内容,最终以直观显现的方式获得存在论断。

对于认识任务而言,逻辑确证是弱确证,描述确证是强确证,即前者只能完成对象确证的第一个功能,而后者可以完成对象确证的第二个功能。但是逻辑确证对于一般地确立认识任务的设立合理性来说却具有独立意义。可以说,逻辑确证足以保证文化研究一般地具有认识意义,并且只有逻辑确证才真正与这一文化认识本身的存在前提问题相匹配。因为,如后文即将阐明的那样,人文存在具有非现象化特征,是本体性概念而非特殊人文存在表现承担人文存在的意义,而这种情形向对象的存在确证提出特定认识要求,使之指向超感性的普遍存在。在这种条件下,描述确证即为正式展开了认识活动从而形成相对一般地确立认识活动的意义这一认识目标的越位。虽然它在认识上享有更高的价值,但是却忽视了认识任务的本然要求和合理界限,从而不必要地承担了一个过度的认识任务。

二 确证文化存在这一任务的实质

要把握文化存在确证工作的实质,就要先对文化存在有所了解,因为针对一个事物的任何认识活动在逻辑上都必须依据该事物所提供的认识材料来进行。因此,粗略地看,在一般相关性的角度上,当前的考察主题似乎卷入了一种认识上的恶性逻辑循环,即一种认识的展开恰好以这种认识的结果为前提。但是,严格地分析,关于文化存在本身的知识与理解确证文化存在这一任务的实质所依赖的关于文化存在的认识之间

关于纯粹文化对象的逻辑确证

并不同一，至少并不完全同一。前者是文化存在的内在构成知识，后者却是文化存在的外在归属关系，即它所利用的知识仅仅是文化存在的归属物的性质，因为所谓"确证文化存在这一任务的实质"，也就是抽象地确定这一工作的方向，揭示文化存在的可能形式，而这在逻辑上决定于高于可能文化存在的类存在的特性。显然，文化存在与其类属物之间的距离避免有关确证实质的认识的直接认识循环。更进一步的问题是，如何合理建立文化存在和其类属物之间的联系，从而奠定认识展开的基础。在正题性地揭示文化存在并获得其定义之前，按照逻辑就不能正当地确定其类属。因此，必须认真推敲和选择一条认识道路。为确保认识的逻辑有效性，关于事物的正式理论论断必须严格遵守认识秩序和逻辑，但一种为获得知识而前行设置的认识筹划环节却因其预备性和启示性的辅助功能而可以实行弱的逻辑标准，从而容许某种独断，这并不与其认识目的相冲突。由于这种独断并不直接决定正题性认识所获得的断言，所以它只能影响一种认识的可行和有果与否，而绝不会干扰认识的结论。直言之，可以从文化存在的经验现象出发确定其类属。虽然这已经非反思地牵连文化定义即在确认文化现象时暗中事先使用了文化概念，但进一步的认识并不牵涉文化定义，而是仅仅与文化现象的存在联系有关。同时，暂时独断的文化现象与存在确证的目标内容也并不同一，后者是对研究来说有效的对象即具有普遍性的存在规定，而前者在逻辑上就不能作为文化研究的出发点——从特殊推不出普遍。显然，这种独断相对当前的思考主题来说，并没有造成直接的逻辑循环，即所独断的内容（文化概念）不是所寻求的结果（文化所属上层存在物的普遍存在属性）。另外，这种独断不会影响关于文化的正题性理论建构，因为如果独断恰当，那么就能得到正确结果；否则，就不会有任何结果，从而不会产生错误结论。不论是对文化概念本身的独断错误，还是在正确的前反思文化概念下而发生的文化现象的错认，都不存在由此进行的"确证文化存在"的任务实质的认识结果进一步引发关于文化的错误认识。在逻辑上，一种背离客观存在的认识活动只会落空无果，而不会在理性的形式下合法地取得错误结果。因此，作为一种事前的探索和试探的研究筹划而不是研究本身，确证文化存在以及对这一任务的反思，它只能保证研究的安全和提高研究效率，反而不可能存在负面认识效应。

要测定确证文化存在这一工作的实质，也就是一般地确认文化存在的性质和形式，以便规划寻找具体文化存在的方向。因此，首先就要确定文化存在的一般归属或类别，因为在文化存在的类别中包含文化存在的普遍规定性。尽管人们所持的通俗文化观念存在各种判别，但文化是人的精神创造物这一特征却是不可置疑的。根据这一特征可以一般地确定，文化属于人文现象。

在人文存在中，人的精神必然参与其中，并且，不管是否有物的因素参与，精神以其主动性和自由性都必然占据支配地位，从而使人文存在成为主观选择的存在。因为，精神具有自我意识并从而获得存在上的自由，它不会接受自己所不愿接受的存在状况，必然按照自己的存在选择而去存在。不管这种选择的具体内容如何以及它们与精神的关系怎样复杂——完全接受、不完全接受甚至被动接受，最终在主观选择的意义上它们都具有自主和自由属性。质言之，对存在的主观设计和筹划是人文对象的特征，完全被物质内容决定的生活便失去人文品格。按照精神活动的对象性结构即必然涉及特定存在内容，它所造成的人文对象必然有存在内容的参与，但是其中的存在内容与精神观念并不是平行并列的空间式组合关系，而是重叠性的"组织—实现"关系，即精神以对自己存在的自觉能力和选择行为提出在世界中的实现要求，而客观性的存在内容以自己的特殊性填充和实际显现精神观念。然而，在逻辑上，特殊内容之间的结合并非是无条件的和任意的，而是互相之间具有结合上的特定要求，因此客观存在内容对主观精神观念的实现也并不是无条件的和绝对可以成功的，由此显现出客观存在内容对人文对象的制约力量，只不过因为精神的主动性相对客观存在内容的被动性享有本体论优越性，使得这种制约作用显现为单纯的否定,亦即只能在现实性上否定精神观念而不能决定精神的意志。这种构成结构决定,在一切可能的和现实的人文存在中,精神占据本体地位,为其提供存在图式,而存在内容只是精神形式的构建材料,只有在考虑直接具体内容及其联系时才成为不可回避并具有认识价值的因素。因此,不利于存在内容的认识地位的是,理论知识具有逻辑普遍性要求,所以对一种关于人文对象的理论认识来说,存在内容就只能作为最后课题而优先解决观念问题。同时,存在内容具有经验给予性,不能事先加以确定,从而也就在本质上不能作为普遍理论的关切对象。总而言之,对人文对象的现实存在的分析表明,精神存在是人文研究的合理对象。

一旦精神存在被确认为人文研究的对象,在研究对象单一性的要求之下,关于精神存在的具有理论认识价值的存在描述问题就凸显出来,因而必须理性地探索能够担当理论认识起点的某种精神存在描述的形式标准,以便为正题化地展开对精神存在规定性的合理分析制定方向和规范。这一工作直接相关于作为研究对象的特定精神存在(内容),但其实质在于分辨被选择内容的逻辑性质和所处地位,因而直接决定于精神存在的普遍结构,即被选择内容必须与之相适应并持有这种普遍结构赋予它的优先存在地位和充实普遍结构的逻辑潜能。显然,从精神存在的直接现实入手追问它的普遍存在结构是完成这一认识任务的唯一道路。

自身觉识是精神存在的直接表现形式。所谓"自身觉识"即一种存在内容对自己存在的直接把握,而且正是这种直接把握成就了它的存在性:它的存在与它的自己显现自己的存在形式直接同一。精神存在的自身觉识形式具有深厚的逻辑意蕴。首先,自身觉识决定精神存在具有完全的自明性,它直接确定自己的实在性——这一点早已被笛卡尔所充分利用而为他的哲学体系奠基;同时它直接认识到自己的存在内涵。凡存在都必然有其构成内容和内容之间的关联关系即形式,二者共同构成一种存在的完整内涵。作为拥有自身觉识能力的精神存在,必然前反思地绝对观照着自己的存在形式和内容，尽管可以非正题地对待自身存在而没有当下把这种把握构造成一个特定的观念，但绝对具有这样的能力并在实时地让它们发挥作用。在其中，必然包含精神存在的自身规定性即精神存在之为精神存在的属性或我之为我的规定性，由此显现精神存在的普遍规定。其次，由于自身觉知使得精神的存在与自识直接同一，所以一切精神存在都在自我意识之内，没有超出精神把握之外的存在。精神存在的自明性与此相配合，使得精神必然拥有自我存在观念，成为具有自我支配能力的一种存在。而存在上的自我支配意味着目标预设，因为只有在目标预设的存在结构中才可能成就自我支配。在逻辑上，存在目标必然表现为存在理想或者说存在理念。以其未实现性，存在理念超越内容特殊性而表现出抽象形态，从而只能是普遍概念或属性。但是，存在的现实品性要求构成上的具体性，即完备拥有存在的形式性规定和内容性的特殊材料。这导致精神必然由普遍向特殊方向运动，能动地向着现实存在行动。因为普遍与特殊之间具有——多对应关系，所以精神的存在运动呈现放射性。由此决定，精神的存在运动具有自主性。被动的存在和运动绝不符合精神存在的自身觉识属性，因为在逻辑上被动意味着外在性和异质性，对于精神存在来说也就是超出其自身之外，换言之以非觉知的方式存在，但这直接取消了作为自身觉知的精神的存在。对精神的自然因果解释并不能推翻关于精神存在的自主性的分析，因为从精神存在的观点看，直接地，精神必然是在主观注意和觉知的条件下才有某种精神存在；间接地，那些所谓的精神之外的作用因也已经在精神的把握之内并由之展开对自己的因果理解。以此而论，即使被广泛认为具有被动性的感觉也是自主的。最后，自身觉识必然设定存在上的单一性，因为复多且隔离的精神存在便失去"自身"性，一方不能把另一方设立为自己的存在内容，否则，按照精神存在的自身觉识所内在的自我把握与自身存在之间的直接同一本性，它们即为一个精神存在。因此，精神存在要求同一性，分离和变异都造成精神存在的丧失。而精神存在固有构成内容的复多性，在其存在的基本形式中就已经包含着复多内容结构，即自身觉识就直接设立起一个客观的精神存在和主观的精神观念。显然，只有在统一关联的条件下复多精神内容才能恢复其同一性而作为一个现实的精神存在。构造起同一性的那种统一性使得诸精神内容在存在效果上保持为一。质言之，自我统一性是精神的一个必备属性。精神的活动以每一当下静态的现实精神观念为单元，因此，放射性的精神自主性在其各个运动环节上也必须采取连续的统一形式，并使得整个精神存在表现出同一性和抽象的整体化的自身觉识，同时赋予精神存在以有向的统一性——从普遍到特殊。要言之，精神存在的逻辑秩序和结构是普遍制约和统辖特殊，从而不断具体化而实现普遍概念。被如此阐述的精神存在结构与黑格尔的绝对精神概念迥然有别，因为它只具有现实精神存在的内在构成意义，而不包含黑格尔的那种历史维度，即并不依靠一种历史的发展来造就自己存在的现实性。

　　按照精神存在的上述普遍形式，观念界内容的逻辑秩序为普遍观念决定特殊观念，参与精神存在的特殊观念是对普遍观念的特定实现，其存在意义只能被普遍观念所表述。因此，精神存在的本质必须在形式上赋有最高普遍地位这一逻辑特征，直言之，最高普遍概念就是精神存在的本质，它由此成为直接表征精神存在的本体性概念。

　　在逻辑上，存在的统一性必然要求达到归一而后止。因此，作为具有统一结构的精神存在必然表现出本体一元性，即以一个单一的最高普遍概念作为表征其存在的本体性概念。但是，由于概念的本体性完全被特定的统摄关联结构所定义和赋予，所以在精神存在结构中，每一普遍概念都关于其所统辖的诸相对特殊的或者说下位的概念或精神存在内容显现为本体性概念。显然，这导致精神的本体性概念呈现相对多元性。就每一本体性概念均表征一种存在而言，精神存在被其本体性概念的相对多元性所规定，也必然显现出存在种类的多样性。同时，相对多元的本体性概念在精神存在的整体结构中又必然形成相对归属关系，呈现收敛形式或者反过来说是放射形式,所以精神存在在逻辑上必然发生放射性类属分化,在其中,每一分支都形成一个独特的精神存在领域,而分化节点上的普遍概念就是该分支的本体性概念。

可以断定,文化作为一种人文存在必然具有上述普遍存在结构。因此,确证文化存在这一任务的实质也就是寻找关于文化存在的本体性概念,而具体到逻辑确证上就是推定必然有一个本体性概念与文化现象相对应。

三 纯粹文化存在的逻辑确证:方法与认识功能

为保障认识活动的有的放矢而避免盲目落空,理性化的认识活动必须首先一般性地探测可研究对象的存在,即抽象地确定其"有",而不是具体地确知其"怎有"。按照前面的说明,此即研究对象的逻辑确证。因而文化研究只要不愿冒丧失理性安全的风险就需要对作为合格研究对象的文化存在进行逻辑确证。

对文化存在的逻辑确证也就是要初步说明可供研究的文化对象的存在。对于一种事物来说,它必须具有存在独立性才能具有研究对象资格,即在其中已经包含存在的某种自足构成内容。就文化存在而言,此即要求它不依赖其他非文化因素的介入而存在,从而是一种纯粹文化存在。在研究的视角上,文化之对象独立性也就是文化存在之纯粹性。直言之,文化之对象独立性等效于纯粹文化存在。

由于在对某种存在的逻辑确证中并不能直接发现所确证存在的具体内容,所以也就不可能以内容直接显现其存在性。同时,按照逻辑确证的思维主观性,逻辑推理过程本身不能创生一种存在性。因此,在逻辑上,对纯粹文化存在的逻辑确证有其特殊的起点要求,即作为启动文化存在之逻辑确证的认识内容,必须具有直观而确实的存在性。而按照认识论的一般原理,只有经验性存在才享有直接的存在确实性,即不管对经验存在附带作出怎样的不实判断，这种经验存在本身都是不可置疑的。即使面对当代西方哲学否定"纯粹观察语句"的论断，这种存在断言也还是可以获得足够的论断有效性辩护，即某种经验总是可以抽象地提供一个存在断言的"有某物"，尽管可以不知该物究竟"是什么"。

以特定经验存在为切入点的文化存在的逻辑确证方法直接决定于经验存在的逻辑属性。经验存在带有特殊性和综合性，即它是各种因素相互作用共同构成的结果，相对特定追问目标而言沾染不纯粹性。也就是说，它包含所追寻的内容，但又不直接是所追问的内容本身。由此向认识活动提出了从中分析提取所求内容的任务，其核心为发现经验存在的构成。在逻辑上，具体经验存在不是一种内容的机械杂拼，而是不同内容间的有序制约，呈现为内在的普遍制约（相对）特殊关系。因而分析的任务也就是追溯作为条件的上位普遍内容，表现出分析方法的特征。但这种追溯的认识能力受到认识方向与内在存在秩序反向的限制，并不能直接把握经验存在的诸普遍构成条件，而只能抽象地推定作为存在条件的某种功能。因为，在从具体经验存在上溯普遍存在构成条件过程中，每一认识环节都欠缺关于诸多上位普遍制约条件的知识，而按照存在的内在关系，事物的每一层次的规定都是在其所属诸多上位普遍条件的参与下完成的。可以断言，沿分析方法完成的认识只能是一种功能视角下的存在条件设定。这也正是纯粹文化存在之逻辑确证的界限。这一缺点只能在纯粹文化存在的描述确证中克服。因为，按照描述确证的本质，它必须依照事物的存在结构的要求直接把握和呈现存在的构成内容本身，相应地，综合方法成为其唯一合法选择。

虽然关于纯粹文化存在的逻辑确证只能抽象地推设纯粹文化对象的存在，因而是有认识缺陷的，但是对于一种非正题性认识的认识筹划来说却是充分的和必要的，即它足以防止认识活动的盲目展开，给正题性认识决断增添理性属性，并在实质上发挥某种认识启迪和引导作用。

四 从经验约定的前反思文化存在
一般地推设纯粹文化存在

在生活世界中，有许多被称为文化的存在现象，它们构成经验性的文化存在总体，由此形成文化观念及其指称的一种对应。但是，以严格的理性眼光看，这种观念和指称的联接是前反思的，带有直接的经验约定性，即并未在认识的真理性意义上分析和检查文化观念的本质内涵和被称为文化的存在现象是否严格一致于文化观念的规定性，而仅仅作为硬性的经验性的社会约定。文化观念的感性使用所造成的存在领域中的指称虽然不能直接支持关于纯粹文化存在的完全论断，但是仍然可以为某种有关文化存在的弱断言提供充分根据。即使在诸多指称中存在实质上的不一致，但在逻辑上至少有一个文化存在现象可以承担文化观念，因为从根本上说，具有第一存在性的指称决定观念的本质，文化观念的本质依从某种约定性的具体指称。所谓文化指称与文化观念的不一致，只是在选定了一种文化观念的指称之后所发生的指称之间的存在特征的冲突或欠缺。在经验中，文化观念与文化指称之间的恰当性带有原始约定性。因此，关于文化存在的可靠的弱断言便是，一定存在被称为文化的存在现象，或者反过来说，一种文化观念是真实的。

作为现实存在的文化现象具有承担文化观念的不可靠性，即可能是一个错误的指称，因此不能成为可靠的推导纯粹文化存在的依据，否则就有陷入不可判定的分歧之中的危险。但是，它们毕竟是文化观念向特殊存在的运用的结果，包含着文化观念的主观存在。而主观的文化观念本身作为主观存在具有绝对现实性。因此，把诸多文化现象赋以较弱的存在性而看作一种观念现象，就绝对排除了由此展开的认识的虚妄可能性。进言之，可以把诸多文化现象折换到观念层面上加以考察。而这样做不仅如上所述是认识可靠性的要求，而且也是可行的，因为文化是一种人文现象，其存在本质恰恰呈现观念性。

　　文化现象的多样性说明在观念界内不断发生着同一文化观念向不同特殊内容的适用的事件。这为分析发现纯粹文化存在奠定了基础。在纯粹主观界内，每一文化存在观念都是有效的，即不管客观上是否正确，它们都反映了一种文化确认活动这一精神事实。主观性的文化存在观念的内容差异表明，有某种同一的文化观念，并且，内容的差异性并没有消解文化观念的存在同一性和完整性，因为在诸多差异内容参与的条件下，精神始终保持着同一的文化自我意识。质言之，差异中的同一性证明了纯粹文化观念的可分离性或独立性，而观念存在的现实性保证这种纯粹文化观念的存在性。由此完成了对纯粹文化存在的逻辑确证。必须说明的是，这种分析完全是逻辑性的，即针对文化现象观念的"差异—同一"结构的逻辑意义设定纯粹文化存在，并没有被多样文化现象观念引入归纳方法的习惯轨道。严格说来，归纳方法并不是逻辑确证所要求的合法分析方法。

◆ 关于纯粹文化对象的描述确证*

文化定义作为研究对象的确定手段是文化研究的首要问题，但一直没有得到普遍接受的合理解决，其症结在于认识上的经验主义方法的逻辑局限性。对此，理性主义的替代策略为，直接以具有普遍认识效力的逻辑分析方法寻找文化对象，而这一工作可以分解为两个步骤：一般地抽象推定普遍文化的存在和具体地分析推导普遍文化存在的内涵。前者即所谓逻辑确证，后者即本文所谓的描述确证。拙文《关于纯粹文化对象的逻辑确证》[《西南大学学报》（哲学社会科学版）2008 年第 2 期]分析设立起纯粹文化存在概念并针对它设定上述两个认识任务，但仅仅完成了对纯粹文化存在的逻辑确证，而未深入展开描述确证，兹续文以拾遗，最终实质性地给出文化的普遍定义。

一 在意识存在中寻找文化根基

通过存在前提分析，文化批判的源头已经被确定为意识存在。这也就是说，要把意识存在看成文化生成的根基，从中发现文化存在的可能性和形式。但是，这种根据经验分析所把握到的因果关联而确定下来的研究定向并不能承诺认识的成功必然性。因为，在逻辑上，经验性认识

---

* 该文发表于《甘肃社会科学》2010 年第 2 期。

关于纯粹文化对象的描述确证

或者有经验掺杂的认识可能存在前反思成见的干扰,其结论不具有必然性;同时,对以追求普遍知识为目的的理论认识来说,认识材料的经验特殊性也有可能误导事物关联认识而错认偶然的特殊关联为普遍关联,从而使由之开始的普遍理论认识落空。然而,这种研究定向所仍然保有的认识价值在于,经验知识作为理智认识的一部分毕竟牵连着知识世界而具有某种信息意义,最保守地看也拥有传达存在关系的可能性,因而依之所确定的研究定向携带通达认识目标的机会。并且,从认识行动的可能方式看,舍此,人类理性无以再有其他保证认识成功性的手段,因为严格的普遍理性认识必然是正题反思性的,从而已经落入认识的目标内容之中而在逻辑上不可获得,所剩者唯有前反思的特殊经验知识可资作为引导认识的材料。总之,这种定向是优化理性认识而提高其成功可能性的唯一方式,而在逻辑性质上,它仅仅是尝试性探索的辅助工具。

  经验性的关联分析确立了意识存在相对可能的文化存在的根据地位,而且具有虚拟的逻辑充要品格,即如果有某种可称为文化的存在,那么它必然被意识存在的规律所蕴含。但是,一般所谓的意识存在仅仅抽象地指称精神的存在现实和形式,并未进一步论断其特殊内容及其样式,从而"意识存在"是一个绝对的非文化性概念。因此,从意识存在中发掘文化存在也就是要由一个非文化事物推导出异质性的文化存在,完全满足批判思维的无预设前提这一逻辑要求。相应地,在具体认识上,这也就是要求客观而中性地分析和描述意识存在规律及其各种效应,耐心地搜索可以切中文化的经验性质的某种生成物。由于意识存在具有高于文化存在的逻辑地位,这种推导具有普遍必然性和先天蕴含性,所以从意识存在出发的文化批判的实质,就是文化本质的经验呈现在意识存在中的先天发现。不过,必须强调,由于两种认识具有决然不同的逻辑性质——感觉的与理性的——而使得这种重新发现拥有独立的认识价值,它以其普遍推理形态保证知识的正确性和完备性,并有可能创造性地发现感性认识未加醒悟的文化性质,从而奠定全面揭示文化存在构成规律的基础。文化经验观念与意识存在分析的某种论断的碰撞和契合，是验证文化批判过程中认识内容的文化性质的标志，因为作为普遍的文化存在属性必然有其特殊经验显现，而文化理论认识的目标正在于切中和解释具体文化存在。在文化的经验认识得到文化批判的普遍认识印证之前，并不能在逻辑上保证自己的普遍必然性和确认自己的逻辑地位，从而难以肯定其文化属性和文化构成功能。从这个意义上说，杂乱的文化观念为文化批判储备了有待确认的存在材料。由于文化的经验认识与文化批判的理性认识具有不同的逻辑性质，在认识内容和关联秩序上都可能发生错位，所以文化批判认识的各个环节并不一定及时和准确地找到一种经验确证。但在逻辑上，越是占据更高普遍地位的支配文化存在的意识存在规律，就越具有广泛和显著的文化存在表现机会，因而也就必然越有机会被优先确认其文化根源身份。同时，一旦有一种文化批判所获得的普遍认识内容获得了文化确认，那么，按照存在的统一关联原理，与之有关的其他文化批判认识内容也相应获得文化确认。以意识存在为起点的文化批判之所以能够发现文化经验认识之外的文化存在性质，原因正在于此。

把意识存在确定为文化的哲学批判的行动源头并确认意识批判的文化批判意义，这对于具体的文化批判思维来说还过于抽象或者说笼统。问题在于，借用意识存在的何种内容以及从其中哪一特定内容出发来展开在意识存在中追踪文化存在的行动。根据在意识存在中寻找文化存在这一认识活动的尝试性搜索性质，它要求必须保持认识检索的全面性。而存在构成的秩序为普遍决定特殊，因此可以断言，必须从意识存在的逻辑源头即意识存在的普遍形式开始，因为它占据意识存在的逻辑发生的原始决定地位，以其为起点可以保证文化的意识发生认识的完备性和逻辑恰当性，从而在文化的客观的自然发生处及时准确地发现文化存在并依其应有的逻辑发展秩序而有序拓展文化存在的构成环节，使得认识结果一致于可能的文化存在自身的构成逻辑。

二 存在复制：意识对自我存在冲动的可能释放形式

《有限意识批判》一书发现意识具有概念式存在结构，即由一个内容（名相）包摄三个互相制约的普遍必然内容（殊相），而每一普遍必然内容又可以包摄一组虽然互相制约但可以变动的三个内容（偶相）。简言之，一个意识的构成具有一个普遍必然内容层和一个偶然特殊内容层。[①] 这种结构显示，单一性的绝对规定关系是意识的直接实现方式或者说现实呈现形式，离开这一组织形式就没有意识的存在。然而，在这一普遍构成形式中，同时包含着缺乏为意识存在本质所要求的绝对关联属性的构成层即偶相特殊内容。而意识能够自我意识，它必然对违反其构成原则的偶相特殊内容有所觉识并判定为沾有非存在性。对于这种存在状况，意识按其存在本性必然给予否定，要求使之完成存在化，此即存在冲动。它内在于意识本身，为意识存在所自然具有。

针对欠缺存在性的构成内容所产生的存在冲动，其内涵为赋予它们以意识存在的完善存在形式。这是只有通过意识活动才能完成的任务。就任何自觉的活动都结构性地关联一个目标而言，补足某种意识内容的存在性的活动也必然被一个先行的目的所引导，这就是意识的一般存在冲动所指向的抽象存在形式即存在概念。具有自我切身意识本性的意识存在对自己的存在形式必然可以直接加以把握，因而无需专题性反思就能够将其绝对关联性的包摄结构确定为普遍存在形式。也就是说，存在冲动的目标是具有普遍必然性的概念式关联。

被存在冲动的自发性和特定目标所决定，意识存在必然自为地趋向扩展其存在范围，将已经进入意识视野之中但处于存在边缘的某些内容

---

① 崔平：《有限意识批判》，吉林教育出版社2002年版，第57—78页。

存在化，而其实质和行动任务就是按照自己所内在的完善存在形式去复制存在形式。

由于受到意识存在的逻辑二元性结构的规定，对于存在形式的复制进一步表现为特定内容的形式化。在意识存在的包摄结构中，第一层次为定义意识存在的普遍必然内容，它们与特定意识存在直接同一，在逻辑上与特定意识存在共始终，即只要有这一意识存在，就必然有那些特定的普遍必然内容参与并主导意识存在的构建。而第二层次包摄内容则与第一层次内容具有相反的逻辑特性，它们之间缺乏必然的关联和共存关系，可以变动和被替换为其他内容，因而任何这样的构成内容相对特定意识存在具有偶然性和特殊性，在逻辑上不具备定义特定意识存在的功能，不能保持与特定意识存在的存在同一性。由于存在冲动所指向的第二层次特殊偶然内容已经属于第一层次内容所组建的特定意识存在，而按照意识存在的普遍存在形式，同一存在的内容之间必然采取概念式必然关联形式，所以，按照意识存在的单一性包摄结构，两层内容之间必然具有存在统一性，即具体地归属于单一的意识存在最高组建内容之下，在存在上应该具有符合普遍存在形式性的必然关联。因此，占据存在组建优先地位的第一层次内容必然制约第二层次内容。在逻辑上，其延伸效应为，由存在冲动所推动而在第二层次内容中进行的存在形式复制，必然通过中介性必然关联形式与第一层次内容发生存在关联，从而满足存在的统一性要求，由此必然受到第一层次内容的普遍制约，要求与它们相容并作为存在构建的根据，在具体的存在组建中首先体现它们的存在规定性。这就使得第一层次内容以其存在构成结构地位而拥有了存在构建形式的意义，成为特殊存在构建活动的普遍方式和前提，把自己的存在规定性渗透到新的存在构建之中并体现出来。申言之，作为先决存在形式，意识存在包摄结构中的第一层次包摄内容预定了存在构建的普遍要求，在抽象的纯粹存在结构之外又形成对存在冲动的第二种目标性规范，从而引导具体的存在构建活动。

三 普遍存在构建方式的诸种经验效应

以意识结构的内在逻辑关系为基础，普遍存在构建方式发挥其经验作用并赋予自身某些行为特性。

1. 存在方式的逻辑普遍性转换为经验存在特征的强迫重演

按照意识存在结构，其第二层意识内容与第一层意识内容的普遍必然性不同，具有逻辑变动性，即被第一层意识内容所定义的同一意识存在可以对应不同的第二层意识内容，从而形成一——多相对关系，并由此在逻辑上设定第二层意识内容的特殊性。对于每一组相应的特殊内容，意识存在冲动都触及它们而自发提出意识存在构建问题。而根据意识对自我存在冲动的可能释放形式，其解决必然是一种普遍存在形式在每一组特殊内容中的复制，这种存在复制受到同一的意识存在普遍必然构成内容的制约，是同一存在构建方式向诸多互相独立的可能特殊内容组的同一使用。就每一种构建都建立起相应的具体经验存在而言，上述同一存在方式的重复性存在构建的效果为，它们必然转换为特殊存在的普遍特征，造成经验存在群的类型化。

作为存在构建方式实质内容的那些占据普遍必然地位的意识内容，其作用显现为对具体存在构建的关联关系要求，这种关系的直接表现者是现实性的特殊内容。因此，存在构建方式没有自己独立的直接存在现实，而是潜在于具体的特殊存在之中，具有抽象性，只有通过思维活动才能把握和体悟。

对于普遍性的存在构建方式，意识被其存在上的直接自我意识特性所决定，必然具有明确的自觉。并且，由于这种存在构建方式产生于意识存在内容间的内在必然关系，具有某种存在强迫性，所以意识必然自发地使其成为一种存在建构的方法，将其提升为处理问题的相对稳定的目标和手段。

面对可能的诸多特殊内容,由意识存在的类概念性内容所决定的普遍存在构建方式的经验存在重演,必然表现出各异性,即通过不同内容间的复杂关联加以表现,这种表现会因作为存在构建对象的特殊内容的不同而有不同的表现环节和具体形式。因为,按照前述意识存在结构所规定的普遍存在构建方式发挥作用的中介方式,意识存在的普遍必然构成内容要通过普遍必然关联内容的中介触及待进行存在构建的特殊内容并发挥现实的存在构建支配作用。而在逻辑上,不同的特殊内容与定义意识存在的那些同一普遍必然内容的关联环节和具体内容会有所不同,它们必然作用于最终的现实存在构建,这就使得同一的普遍存在构建方式获得不同的表现方式。此外,不同的特殊内容在逻辑上也向参与其存在构建的其他特殊内容提出特殊要求,不论在关联内容和关联环节上都会表现出差异性,最终造成现实经验存在的多样性。由作为存在构建对象内容的差异性所引起的这两种存在构建方式的现实表现的差异性的叠加,势必促成普遍存在构建方式的现实表现的复杂性,既可以有存在构成相对简单的对应存在物,也可以有存在构成相对复杂的对应存在物。

2. 普遍构建方式的态度化

以经验存在基本特征的形式,普遍的存在构建方式展现它的存在建构能力。针对可能的特定存在构建,意识必然启动关于普遍构建方式的评价。因为,普遍存在构建方式是以内在于意识存在的存在冲动为根据确立起来的,正是意识按其必然存在形式而要求以符合意识存在必然关联关系的方式扩展自身存在到包含非存在性的特殊内容上的这种存在冲动,把占据意识存在包摄结构中的第一层普遍必然内容赋予普遍存在建构方式的意义。而意识存在的直接自我觉识能力必然将其客观的存在冲动改造成主观目的,即把抽象的存在形式作为自主的追求目标。因此,特定的普遍存在构建方式与一般的意识追求一致起来,形成同一关系。

作为具有自我觉识能力的意识,必然用其所追求的目的去评价一切意识存在。因此,对于普遍存在构建方式本身及其可能的构建结果,意识必然要产生自发的合目的性评价。由于这种评价标准是纯粹的普遍存在形式，所以是一种抽象的存在形式的合理性判定，具有纯粹形式性。在具体的评价活动中，意识必然把自己对普遍存在形式的追求赋予主观情感色彩，亲近符合其存在欲望者而排斥违背其存在欲望者。

根据普遍存在构建方式与一般意识存在形式的一致性关系，普遍存在构建方式不但要受到一种合存在形式这种目的性评价，而且必然从中获得积极的主观性肯定，使之附加一种由合需求认定所产生的价值地位，成为主动追求的目标。由于合目的评价的形式抽象性，这种追求构成一种抽象的接受，即对其可能的存在扩展或复制给予必然赞成和支持。它由于带有纯粹形式性，其根据是绝对的普遍存在形式，所以并不需要经历比较程序而作出相对性判断，相反，必然直接生成于单一普遍存在构成方式之中，呈现为单纯的绝对赞赏。这恰好构成一种典型的心理性的态度。

3. 存在构建活动之方式选择的自然倾向化

被意识结构描述所确定的存在冲动方向和内容所给出的是一种意识行动情境，严格定义了意识自身的任务自觉，即在所指向的非存在性特殊内容之间建立存在化的普遍必然关联。由于这一任务包含创造性要求即可建立存在关联的特殊内容并未全部给定，同时怎样的关联可以建立起它们之间的合普遍存在结构的存在关系也并不自明地显现或蕴含在已经显现的意识内容之中，所以这就启动意识的自主建构活动，努力将未知变为了然的存在。此即思。思是一种意识中的作为要求，而作为，不论是纯粹意识的还是有形的，都具有行动意义。在逻辑上，作为一种行动，思的现实成就必然具有存在有限性，即从哪里开始、怎样展开和达到什么目标。由此表明，思是需要主观筹划的或者说其本身需要反思。虽然存在冲动在纯粹形式上已经给出了思的目标即普遍存在形式，但"从哪里开始"和"怎样展开"的问题却涉及内容而仍需选择。但是，下面的分析将证明，这一切都被意识结构所蕴含的存在效应所取缔，使

方法与可能性：绝对定义那些"不可定义"的概念

思成为一种没有自由设计意识或要求的直接的本能性自然行动。

在面对一种新的存在——就意识构成来说也就是给定一组新的意识构成内容——时，或面对一个新的个别存在状况——就意识存在来说也就是给定一组新的偶然特殊意识内容——时，意识便被置于存在冲动情境之中，要求按照某种存在构建方式构建关于偶然内容的必然存在关联。前面的有关讨论已经表明，这种存在构建方式产生于意识存在的概念性构成内容。由于正是特定的概念性构成内容才使得意识存在成为可能，现实地设立起具体的存在冲动及其可能范围，并且它决定可能的必然关联展开的结构和关联路径，所以，是它造就了思的特定视域，包括问题及其解决形式。质言之，有怎样的概念构成内容就会有相应的特定存在构建方式，在逻辑上二者具有同一关系。

而意识存在结构具有绝对的单一性，即一个意识存在严格地被一组特定概念内容所定义，变动则导致该意识存在的消失，也不能容许同时使两组以上概念内容发挥存在组建作用。其效应为，它内在地取消在现实意识存在之外另作他想的可能性，使意识活动的可能性被绝对封闭在当前的特定内容所展现的视域之中。对于思来说，这也就是在根本上排除对"彼思"可能性的意识而使"此思"成为唯一的思维可能性，从而将当前的特定存在构建方式绝对化，成为无需甚至排斥选择程序而直接有效的存在构建方式。在这种情形下，意识在设立一个思的任务时也就同一地设立了思的绝对结构，根本不可能抽象地保有思与存在构建方式或者说思维方式之间的疏离意识。相反，只能以自然倾向或冲动的方式而当然地实践这种给定的存在构建方式。一切思都直接地是某种思维方式之下的思。因此，在分析理性看来与"存在冲动"对应的"如何去思（想）"的问题，在思的现实的意识存在中并不存在。由概念构成内容所生成的存在构建方式的逻辑作用力量一旦在认识上排除反思检讨的特权，在意识的自我意识机制下便被提升为不容置疑的主观认识，成为独一无二而无条件直接接受的存在构建方式，把意识推入关于存在构建方式的无意识性自我强迫境地。由此，当前给定的存在构建方式转变为自由而又必然的主观取向。实际上，对于任何真实进行着的思来说，它取缔对思的抽象反思所设置的问题"我该怎么办"而非反思地径直决断为"我就这么办"。

落入封闭处境的思必然在根本上错过另外选择存在构建方式的反思机会，但是，它对此并无意识。由于造就当前构建方式的概念构成内容完全占据了意识存在所能提供、也是意识向一切可能意识存在所要求的形式，所以当前意识存在达到了形式与内容的契合与同一，即在普遍的意识存在单一性结构中，当前意识存在的概念性构成内容充分地满足和实现了意识存在结构对意识存在构成的要求，意识不可能有再提出内容诉求而滋生构想新的存在构建方式的余地。在意识存在形式丧失了对特定构成内容的批判能力之后，后者就独占存在意义而自居完满存在地位。因此，意识对于给定的存在构建方式安然不疑，信然而有自我充足感，自缚于茧体之中而怡然不觉，不再有产生对给定存在构建方式之有限性和特殊性的意识的可能性。

不知有、不能有和不愿有其他存在构建方式，是当前概念性构成内容所造就的思的存在特征。它们共同消除了思对存在构建方式的选择欲望，使当前给定的存在构建方式成为思的自然倾向，被非反思地直接用来应对和处理各种特殊的存在处境，从而显现为一种认识和行为上的定势或习惯，带上本能特性。

4. 存在构建方式的自我维护和眷恋

根据普遍的意识结构所定义的存在形式，意识只能接受具有概念式必然存在关联的内容，因此它要求把所有存在内容都以必然存在关联关系———于一个相对原始的建构特定意识存在的概念之下，而不容互相分离的意识存在，这就形成所谓的"世界"。这直接被意识存在结构的单一性所决定。质言之，"世界"的普遍结构表现为在一个概念之下放射性地延展出诸多具有存在连续性的普遍必然关联内容，它们之间互相形成必然关联关系。因为分离或并列都破坏意识所能接受的存在形式。

而推动实现意识内容世界化的正是意识存在冲动,它的造就者就是占据意识存在内核地位的概念构成内容。依照前面的分析,这种概念构成内容的直接逻辑效能是造成某种存在构建方式,把存在冲动具体化。申言之,意识界内的"世界"化就是按照给定的存在构建方式来展开存在关联。因此,存在构建方式内在地拥有建构"世界"的能力,其积极结果必然是一种特定意识世界的形成。

意识的存在形式所自然提供的存在概念——互相间的绝对必然关联——在意识的自我意识作用下必然向特定存在构建方式所建构的世界内容适用,其效用为赋予具有存在概念特征的内容以存在合理性,确认它们的存在确实性。因为,"世界"为其所包含的内容普遍地提供了存在形式,使它们之间生成一种互相进行存在支持和确认的力量。作为"世界"核心内容和存在构建方式表征的最高概念,也必然禀受"世界"对其存在确实性的赠与,得到来自外在存在关联内容的存在支持,从而加强自己的存在性。也就是说,一种存在构建方式的存在合理性被其自身的作用结果所加强,形成存在上的自我确认和巩固结构。

在"世界"结构与存在概念的同一关系向存在构建方式添加存在合理性信念的同时,意识存在结构所决定的世界一元性——在逻辑上意识按照其存在单一性结构只能接受一个"世界"体系——又为发挥"世界"组建作用的特定存在构建方式提供了主观稳定性,即已经建立起某种"世界"的存在构建方式,随其作用结果"世界"的逻辑唯一性而被提升为唯一可能的存在构建方式,从而导致以世界的逻辑形式为根据的存在构建方式的定型化,阻碍对其变化可能性的关注和考虑。

至此,作为特定存在构建方式的效果的"世界"对该存在构建方式的存在性的反馈性加强还没有穷尽。由于"世界"具有普遍的和绝对的必然关联关系，在其中每一构成内容都得到了存在确认，所以它们之间形成存在确证的连带关系，否定其一也将消极地牵动其他构成内容。在这种情况下，要否定特定存在构建方式，就必然触动其滋生存在内容的存在性，而后者也已经获得其存在性的主观确认，因而必然以自己所拥有的存在力量对抗和钳制否定相应存在构建方式的意图，在客观上使其稳固化。

综合上述分析结果，可以断定，存在构建方式具有自我维护机制，折射在具有自我意识的意识活动中就形成一种有意识的自觉行为，导致存在构建方式的自我眷恋，从而形成自我稳定结构。

四　实践的普遍理性：文化

对普遍存在构建方式的经验效应的上述分析，分别揭示了占据意识存在最高核心地位的概念性内容的经验作用形式、被评价结果、发生作用过程的情状（无意识性）和自身存在上的自我稳定机制，它们一起构成关于意识存在中的概念内容的存在机能的完备描述，因为这是意识存在结构的品性所能提供的所有分析指标和维度。所谓存在建构方式的属性也就是围绕存在建构方式及其构成内容发生了什么作用及其结果。就存在构建方式而言，由于它正是在意识存在普遍结构境域中被提出的，所以其属性和意义只能在意识存在结构内生成和确定。而在意识结构内，围绕存在构建方式具有三个直接作用关联项，即概念内容、偶然特殊内容、存在构建结果。同时，又有一种认识因素即意识的自我意识能力造成对存在构建的反思，其工具为意识结构和普遍存在形式。在四者之中，只能形成四种互相间作用与被作用关联从而产生相应的存在构建方式属性。第一是概念内容与偶然特殊内容之间的作用关系，其效果为逻辑普遍性在复多特殊性内容之中的重复显现，即经验存在重演。第二是概念内容对自己存在价值的评价，其标准只能是作为目的的普遍存在形式，其自然结果就是所谓态度化。第三是概念内容对自己存在地位的反思，其范围或水平只能局限于意识存在结构内，以意识结构为根据，因为反思的现实形式也只能是意识自身，循环式自我肯定是其必然结果，此即所谓自然倾向化。第四是对概念内容与存在建构结果所构成的存在整体的评价，即针对其逻辑形式作存在性鉴定，其标准也只能是普遍存在形式，结果必然是对存在性的积极确证。此即所谓自稳定结构。在四个作用关联项之中，不会发生针对偶然特殊内容的积极反思评价活动，因为在意识结构中它们所展现的并不是存在性而是非存在性，而"存在建构方式"按照其本性指向存在，所以对于存在构建方式来说，任何评价标准都只能适用于某种存在性内容。而"存在构建结果"作为存在构建方式所定义的存在构建活动的终端，除它与给定概念内容的存在关联关系外，其本身没有独立的作用延展，同时也没有独立的存在评价，因为它的存在形式仅仅是存在构建方式的翻版，已经在对作为概念的意识构成内容的评价中被评价。

在存在构建方式的四种属性之间具有某种统一关系。"经验存在重演"体现的是普遍存在形式，而"态度化""自然倾向化""自稳定结构"都根源于普遍存在形式。这种同源性必然使四者围绕普遍存在形式构成某种关联。首先，存在构建方式的"态度化"以其主观肯定力量支持"自然倾向化"，保证在意识自觉层面上维护自然倾向性的存在构建选择及其结果。其次，存在构建方式的"自然倾向化"以其现实存在构建活动的成功，塑造对存在构建方式的存在性的确证，同时自身也表达着存在构建方式的某种选择稳定性，因而直接支持存在构建方式的"自稳定结构"。再次，存在构建方式的"自稳定结构"又以自己的存在牢固性说明"态度化"的正确，并使之充实而能够稳定地指向同一目标。最后，存在构建方式的"经验重演"将上述三者统一起来，成为一种现实的存在表现，即"经验重演"把三者加以综合，具体发展出三者的现实存在效果，是"态度化""自然倾向化""自稳定结构"的必然逻辑延伸。或者反过来说，三者共同体现了"经验存在重演"的内在规定性和实现机制。就存在构建方式的四种属性所形成的这种关系形式而言，它们必然被意识看作一种存在，因为它们之间的普遍必然规定关系及其包摄结构，已经具备由意识存在所定义的普遍存在形式，从而符合存在概念。由分析过程所揭示的内容可知，这种存在的实质是意识应对诸多可能特殊存在情境时的普遍反应方式或者说定势，具有认识和行为上的指导和塑造力量。

被如此规定和发挥作用的存在构建方式构成对可能存在的抽象筹划，因为它缺乏存在构建的内容具体性而只具有纯粹形式意义。它的逻辑功能在于相对可能的特殊存在构建活动形成在先判断，抽象地断定可能存在的基本要素和形式即存在构成内容之间的普遍关系。申言之，这种存在构建方式是特殊存在构建活动——认识活动与实践活动——的规范，产生某种约束和诱导作用，是一种认识方法。

获得重演力量的存在构建方式结构性地拥有特定的思维出发点和发展方向，因而表现为一种思维方式。而它同时具有与意识存在可能性的直接同一性，即完全规定了意识活动能力，所以它直接表征意识存在的特征，是内化于精神之中并转变为精神的普遍存在逻辑的一种意识存在。在直观上，存在构建方式的普遍重演以其主观特殊性和稳定性而表现出某种精神本质和类型，使精神在复杂的存在活动中拥有了自己的主导线索和原则或者说"灵魂"。

稳定地发挥作用的存在构建方式的逻辑结果是"世界"即具有普遍必然关联关系的存在体系。特定的存在构建方式不但已然是"世界"的一部分，而且决定了"世界"拓展的方式和能力。对于给定的作为存在构建对象的特殊内容，不同的存在构建方式必然使之生成不同的存在构建可能性和要求，具有不同的存在意义。虽然不同的特殊存在内容本身内在地拥有特殊的存在力量，制约存在建构的现实性，但在先给定的存在构建方式却决定从中认识和把握到怎样的存在构建可能性，从而影响

"世界"的面貌。因此，成为精神之"灵魂"的存在构建方式必然成为"世界"扩展的核心和主观源头，成为"世界"的一半，并作为展望另一半"世界"即待展开存在构建活动的特殊内容的"眼镜"，影响关于它们的可能的存在意识。

由于存在构建方式以存在冲动为基础，而存在概念包含对存在的筹划和现实操作，所以特定存在构建方式必然以实践为目标而最终导致实践——包括主观认识行为和客观行动。不断重演着的存在构建方式必然本能地主张对存在的占有权，通过实践致成功能努力扩大自己的实在领域。

根据以上分析，可以断定，具有重演力量的存在构建方式就是所谓的文化，因为在人们所称的"文化"经验中，正包含由"经验存在重演""态度化""自然倾向化""自稳定结构"所构成的精神存在的特征及其存在效应。在各种不同语言所具有的"文化"概念的所指和意义中，都不同程度地捕捉到"文化"的普遍存在性质。汉语中的"文化"一词，集中体现出文化的精神本性和特定创造活动方式属性。按照古代汉语的解释，"文"通"纹"，本义为纹理刻画，泛而言之，就是事物在发展中形成的结构或对事物的修饰。"化"的古字是"匕"，就是转变。综合起来，"文化"就是主动地改造，其对象可以是自然，也可以是人，正所谓"观乎天文，以察时变，观乎人文，以化成天下"。（《易·象传》贲卦释词）故文化就是人文化成。可以看出，中国古人已经把握到文化的主观性和普遍性。在现代汉语中，文化被领悟为人类所创造的物质财富和精神财富的总和，其"创造性"定位契合于对存在的主观构建这一规定性。而在欧洲语系中，文化（culture）的原义是对农作物的培育，后又引申为对心灵的培育。在现代西方世界中，露丝·本尼迪克特的考察结论是，文化"是思想和行为的一个或多或少贯一的模式"[①]。而按照

[①] ［美］露丝·本尼迪克特：《文化模式》，王炜译，生活·读书·新知三联书店 1988 年版，第 48 页。

戴维·钱尼的理解,"需要把文化定义为一种风格和选择"[①]。这些观点比较切近于存在构建方式的"态度化"、"自然倾向化"特性。根据阿尔雷德·克洛依伯和克莱德·克拉克洪的著作《文化：概念和定义批判分析》的归纳,有九种基本文化概念[②],其中哲学的、教育的、心理的、社会学的、生态学—生物学的文化概念比较突出地印证了存在构建方式的相对稳定的精神构成品质、评价性态度特性、普遍的行为方式属性、主客对待关系。更值得注意的是,在历史中显现并被当代清醒看到的那种否定文化的可普遍定义性的证据即文化内容或领域的历史开放性,却恰好印证了作为存在构建方式对象的特殊内容的逻辑偶然性和逻辑无限性,从而侧面映衬出存在构建方式的重演性存在的文化本质。显然,人们对文化的经验体认说明,由意识存在结构所决定的具有自我重演能力的存在构建方式正是通常所谓的文化。而且,凭其存在确证过程的逻辑普遍性,它赋有高于文化的经验认识的知识有效性,反过来成为批判文化经验的一个基准,可以由此展开对众多文化理解的确认、修正和删除工作,从而澄清和优化文化概念。

首先,把存在构建方式的物化结果看作文化是一个世代相传的普遍错误。由于以往的文化定义都着眼于文化现象而采取归纳方法,而归纳认识并无创造性,从而不是通向与认识起点异质的具有逻辑普遍性的概念的途径,所以在逻辑上所有的文化定义努力都停滞在文化现象即存在构建方式的作用结果层面上,并陷入无限特殊性和对立之中。文化本身是一种无形的主观观念,具有生产某种有形存在的能力并将自身物化在其中,但作为结果,文化产品已经失去其能动创造性,从而不再是文化,即使一个被文化改造的人,作为一种特殊的主体,他本身也已经不是文化。所以,不能用指陈文化表现的方式来定义文化。从这一点上看,即

[①] [英]戴维·钱尼：《文化转向——当代文化史概览》,戴从容译,江苏人民出版社2004年版,第92页。

[②] 陆扬、王毅：《文化研究导论》,复旦大学出版社2006年版,第3—9页。

使那些对文化本质有所领悟和触及的文化定义也都失之妥当，它们不是丢失了文化的本性，就是陷入片面之中，而这两点都与概念的定义要求背道而驰。以此说来，那种历史的文化概念、艺术的文化概念、生物学—生态学的文化概念就根本没有触及文化存在本身。同时，正因为以文化结果认定文化，过去的文化定义才陷入文化存在结构中的对象侧即"世界"的经验边缘的开放性之中。

其次，文化具有绝对有效性，即它必须保持其能动的作用力量，被主观接受为可以随时向相关对象施加作用的存在构建方式。换言之，文化总是具有饱满活性的活文化。那些已经退出合法主观舞台的文化就不再是真正的文化。而之所以在特定语境中仍赋予它们以文化地位，只是因为在想象中打破时间屏障后拟制和恢复它们的活性的结果，是对它们曾经拥有的精神力量的历史缅怀。文化只有现在进行式，而绝无过去式。但混淆活文化与死文化，抽象地对待和思考文化问题，却是一个经常碰到的文化反思现象。其极端后果为文化异化，即为文化而文化，不进行文化有效性批判而简单地从事文化选择，在其中盲目地把某种历史文化援用为选择对象。文化的高度实践性决定，文化选择不是娱乐性游戏，在诸多主观兴趣之外还必须顾及它的存在效果。其实，混淆活文化与死文化是文化概念的现象式考察的自然延伸，一旦文化定义得以脱身于特殊文化现象而复归文化的直接主观存在，文化的纯粹形式就可以显现而清晰地界定真实的文化存在。

最后，从作为存在构建方式的文化的普遍本质可以看出，文化被内在主观规定性所充分界定，对文化存在的确认无须借助它的外在存在属性即所属和所有来进行。后者仅仅是文化存在的偶然状况，并不能参与文化的本质构成。但人们却一直比较普遍地把这些非文化本质接受为描述文化存在基本特征的要素。比如，长期占据权威定论地位的18世纪德国启蒙思想家赫尔德尔的文化三特征论，要言之即，其一，文化是一种社会生活模式；其二，文化总是一个"民族"的文化；其三，文化有一个明确的边界，其中就包含两个这种错误。可以说，后两者作为文化的主体和文化存在的空间，在逻辑上都不可能是文化的本质特征。

　　扫除关于文化概念的误解之后，文化的意义变得更加明晰确定。正面描述衬以反面的否定性限制，文化本质的轮廓在模糊的经验背景中凸显。文化存在本身是一种由占据意识存在结构中概念地位的内容所形成的稳定的存在构建方式，它指向偶然呈现的经验内容，表现为先于具体的现实存在构建活动而作出的关于存在可能性的判断。显然，文化推动实施存在构建，具有实践本性。因此，就判断是理性的特有活动形式而言，文化是实践的普遍理性。

善概念的普遍定义如何可行[*]

——从人的意识的先天内在结构出发演绎善概念

引论 理性伦理学的合理开端及其获得路径

在道德评价领域，善是最普遍的评价范畴而不被其他概念所规定，道德之善的意义在道德思维中处于绝对原始的地位。善作为一个道德概念在逻辑上也同时具有对道德判断主词和谓词的综合性，即善的一定是真的——"真"是主词作为事实的指谓者所牵连的最高认识要求；但真的不一定是善的——"善"于此显示出对存在的特殊选择性并将其置入价值维度。[①] 善是造成道德判断即把特定主词与谓词以"应当"形式联系在一起的根据。因此，伦理学必须从"善"切入论题。但是，在伦理学史上，善概念的普遍定义问题却一直没有得到令人满意的解决，甚至有人宣布"善"是不可定义的。

对于理性思维来说，一切断言都要求给出特定根据。根据意味着更高的存在地位。因此，在善被规定为道德论域的最高概念之后，其根据已不可能属于道德论域。任何在道德论域内寻求善之本质规定的做法，都落入分析模式而面临方法论困难，因而不能用道德现象作为定义善概

---

[*] 该文发表于《河北学刊》2006年第3期。
[①] 关于善与真的这种不对称关系，请参阅崔平《有限意识批判》，吉林教育出版社2002年版，第364—367、373—376页。

念的线索和材料。道德论域在此显现出其非独立性，亦即相对于道德论域的理性解决要求，它是非自足的，需要依托某种论域外的思维来支撑。伦理学由此面对两种不同道路的选择，要么放弃严格的逻辑要求而依凭经验给予伦理学一个独断论开端，要么坚持理性所指示的方向而暂且搁置伦理论断，依循善概念的某种存在属性向更高论域过渡，使伦理学最终扎根在安固的基础上。理性以其前提追问本性而反对独断策略。以往伦理学的一个重大缺陷就是叙事上的独断论形式，其后果就是由独断论的片面性所带来的伦理学体系的破产和道德论断的贫乏。

  运用善概念的道德判断是一种认识活动，善概念在其中必须以主观观念形态存在。而且"善"在道德判断中作为最高谓词适用于一切特殊的主词，在与主词特殊性的关联中保持普遍同一，享有超越特殊性的绝对普遍性，因此它剔除特殊差异于自身之外，不包含经验实然内容，只能是一种抽象的形式规定。就这个"善"在判断中总是关联和针对某种事实而言，它所拥有的形式规定必然是关于存在形式的理想。因此，"善"观念作为一个意识存在，表达的恰是一种存在形式，具有在抽象的存在观点下的自相关性，即存在在自身之内以意识这种特殊形式的存在，表现了存在的一切可能世界的普遍形式。实际上，这种自相关是意识存在内的自我制约，因为"善"的观念性把与之牵连的一切事物都拉入观念界，它们都必须采取意识的形态才能进入认识活动，所有可能的"存在"都是意识中的存在。也就是说，一切可能的认识都只能在观念界内进行。因而，善作为一种存在形式理想，是意识以一个意识存在向所有意识存在提出的存在构成要求，换言之，是意识对自身普遍存在形式的表达。由于善无关于内容特殊性而只与它们的关联形式或者说存在结构相关，所以它只决定于意识这种存在的纯粹构成规律。从观念生成的认识特性看，意识只能以其可能有的存在形式给定一种存在形式即形成某种存在观念。所以，"善"来自意识存在现象，在意识存在论域有其根据。

一　道德普遍谓词的预备性发现及其一般性意识批判

"善"的定义的可能根据也就是对善的限定内容。因为，在逻辑上，作为根据的内容必然具有相对高级的普遍性，从而使与自己相关联的特殊内容必然接受自己的规定作用，把自己显现在自己所属的特殊内容中。而在判断形式上，这种普遍规定关系就表现为善的普遍谓词。直言之，"善"的普遍谓词就是善的根据，善概念就是可能的普遍谓词共同限定下的一个观念。

由于"善"的可能谓词即作为其普遍属性的限定内容具有相对善概念更高的普遍性，所以按照逻辑只能存在于纯粹的道德现象之外。同时，在逻辑上，不能先于具体发现而独断这种可能谓词的实际存在，更不能进一步独断地具体指定其内容。独断的理论后果是丧失思想的安全性即逻辑有效性并错过追问其根源和本质的机会与线索。因此，必须进行某种分析来发现"善"的至少一个普遍谓词以一般地确认其有，再努力由之确定深入和全面把握普遍谓词体系的方向。

简单列举善的普遍谓词似乎即可达到对普遍谓词的存在性的确认目的，比如善是合目的的、善是美的。但是，这种方法的逻辑缺陷在于，它仅仅笼统地坚持抽象的谓词的普遍性观点，而不能必然有效地将作为"善"本身的本质定义的普遍谓词与作为善概念的超越性限制的普遍谓词区别开来，因此，相对于当下的考察目的——寻找善概念的超越性普遍谓词——来说是不安全的，存在偶然例示其本质定义谓词而即行做出存在善概念的超越性普遍谓词这一判断的可能性。

必须另觅必然有效的例示善概念的普遍谓词的存在的方法。其要害为，确定能够同时保证普遍性和超越性的道德意识现象作为分析的出发点。

善概念是道德现象世界的定义者，因此，一切道德现象都必须完整地取法于善而成为道德存在。而一切道德现象都依从道德规范来表现，道德规范作为道德现象的内容描述必须完整地体现善概念所具有的一切规定性——包括内在的与外在的。换言之，善概念为道德规范赋性，反过来讲，道德规范必然完全按照善概念的规定性而成就自身。因为善概念作为普遍规定性，必然在具体的道德规范中相对特殊规范内容表现为普遍形式，所以善概念在道德规范中的直接体现者是道德规范的形式，亦即道德规范是把特殊内容灌注到依照善概念的规定性所注定的形式中，它既不能增益也不能减损善概念的规定性。所以，分析道德规范的普遍形式的意义构成即可发现善概念的普遍规定性，其中必然包括善概念的超越性普遍谓词。

道德判断的构成形式为"你应当作为X"，其实质为向人发出一个善行指令，也就是由命令词"应当"加"善行描述"组成。善行描述部分作为一种具体的道德设计，关联着道德行为主体的特定存在处境，是对这种处境下所存在的各种特殊内容按照善的概念所作的调整和处理，即期望行为主体向既定情境添置某种内容而创造一个合乎善概念的存在结局。因此，道德规范的善行描述部分被善概念本身所决定，体现的是善概念的本质内容，对于当前的研究目标来说，没有实际意义。

一方面，祈使命令词"应当"针对善行描述内容而设置，也就是说以善概念的本质规定为对象，形成对善概念的外部限定。另一方面，"应当"所表达的意义为善行描述内容所本然牵连，是善概念的本质的必然附带属性或自然延伸，为善概念的内容所必然具有的普遍规定。因此，"应当"是善概念自身所携带的超越规定的体现者，而其效力恰取自善概念的存在特性。由"应当"可以见证善概念的普遍谓词的存在，其判断形式为"善是应当（做）的"。

"应当"作为一个关于行为的祈使概念，必然要关联着行为的结构概念，需要它们来支持和限定。以行为的智性而论，行为普遍具有目标指向即目的；而以行为的意志品性而论，行为普遍具有选择的自由，是特定价值观念的表现。因此，行为的致成结构以目的概念和价值概念为要素。只有在目的概念和价值概念的限定下，"应当"才有现实性。目的和价值与"应当"具有并存性质，占据相同的逻辑普遍性地位。由此可以做出丰富善概念超越规定范畴的进一步断言：善是合目的的，善是有价值的。

善的本质概念作为一个整体是否具有普遍谓词的问题已经通过"应当""目的""价值"等限定概念的例示得到充分肯定。按照其逻辑普遍地位，道德普遍谓词具有积极建构功能。不同于语言表达形式的谓格附从地位，道德普遍谓词在逻辑上是作为尺度对述谓对象（主词）的评价，同时以其上位普遍性而发挥对下位内容的规定和干涉作用，按照意义的必然性关联规律参与致成或确定下位概念，因此具有逻辑观点下的动力特性。从发生逻辑上说，它们必然是道德意识的根源，因为道德意识存在作为思想观念也必须满足观念的构造逻辑才有可能现实存在，一个道德意识的内容必须按照意义的逻辑关系接受一切相对普遍概念的约束和规定。换言之，道德意识的根源谱系一致于可能的道德普遍谓词体系。所以，可能的普遍谓词体系发挥对道德意识的决定作用，构成道德观念的结构和内容的基础。即使是善概念本身按照逻辑地位也处于它们的限制下而被决定。而批判伦理学的宗旨正在于揭示道德意识的本质，刻画道德意识的逻辑结构。因此，善的普遍谓词恰是批判伦理学的思维前提，是完备限定批判伦理学的给定概念，批判伦理学必须接受它们的限制，在它们所设置的思想空间内展开。因此，道德普遍谓词构成批判伦理学的语境，直接支配批判伦理学，以其伦理学生成的源头地位给可能中的伦理学批判注入特殊规定，把自己的特定品质扩散到整个伦理学中。因为普遍谓词体系相对批判伦理学在逻辑上占有优先地位，所以构成批判伦理学的先验语境，即虽然它们具有更高的普遍性，不完全或者说不单单属于伦理学论域，但却在先规定了伦理学，是批判伦理学话语的普遍可能条件，离开它们就不可能设想一种具有完整准确意义的伦理学语言，甚至使批判伦理学的语言构建失去普遍可理解性。

道德普遍谓词体系同一于道德意识根源，而道德意识根源于意识存在形式，那么意识批判的论断就构成推导道德普遍谓词体系的根据，意识存在所包含的存在概念或者说意识自身之所"是"是"应当"的根据。因此，道德普遍谓词体系必须从对意识存在所作的先验批判结果中引申出来。直言之，道德普遍谓词体系隶属于意识批判所开辟的先验领域。

由于意识存在普遍形式具有与普遍的存在概念的完全同一性，所以占有普遍而完备地规定道德普遍谓词体系的逻辑地位，不会带有"意识"的表面上相对普遍存在概念的特殊性。在关于存在概念的彻底批判中可以显示出它们之间的这种完全同一性。

存在的确认是一个思想事件。因此，不论是常识的存在意义还是哲学的超越性存在概念，都不能逃逸于思想之外，必然在思想中有其根源。即使是外在的实在观念也是思想的一个设定，有其思想起源。我们所谈论的存在，必然在思想中有其规定，而且存在哲学的任务也只能在这一概念所揭示的范围之内。存在哲学的可能性和适宜道路必须依此确定。思想不可能触及自身不能容有的东西。澄清思想中的存在概念的形成机制或本质规定，是一切本体论达到哲学反思彻底性的必要条件和最优先课题。

存在概念的所属指点存在分析的方向。存在概念为思想所拥有。因此，必须采取纯粹的思想考察形式追问存在的意义。存在概念本身即为思想，而其运用对象亦为思想形态的各种观念。由之可以断言，思想本身为存在概念提供绝对自足的论域。

思想在自身之内独立地拥有存在概念表明，它本身就具有该存在概念所指示的规定性。因为，其他一切观念均待存在概念确定存在性，而存在概念本身亦为一个观念，所以，存在概念只能来自普遍的纯粹思想

方法与可能性：绝对定义那些"不可定义"的概念

本身。思想本身也必然拥有这种存在，因为具有封闭性的思想不可能提供其自身所没有的东西。思想只能把其自身的现实构成提升为存在概念。思想的自我意识结构为此奠基。思想的自身确认表明，它已经把存在概念运用于自身。既然纯粹存在属于意识，而意识作为一种存在也同时被这纯粹存在所断定而确立自己的存在身份，那么意识的存在本身就同一于这纯粹存在（概念）。意识正是意识到自身的这种存在形式而将之作为存在概念的。换言之，意识自身的存在是其拥有存在概念的源泉。

常识的存在概念以及与常识一致的传统的哲学存在概念——在思想之外而客观伫立——的重大失误在于，它作为存在概念却在其定义结构中决定性地带有片面化疏漏，即在断言存在时逻辑地把断言存在的观念这种存在排除于存在之外。因此，常识的存在概念使得存在残缺不全。其后果在于，奠基于残缺的存在圈划之上的存在哲学，不可能达到其普遍有效地把握存在的目标。根据上面对存在概念居所的分析和定位，这样的存在哲学甚至已是从根本上走错了方向。

以人的自我意识现象为线索，现代哲学对存在的追问作出了某种调整，似乎在向着正确的方向迈进。但是，由于对存在所作的批判性反思不够彻底，并没有在根本上超越和摆脱传统哲学的衣钵，仍然带有自然物化观点，仅仅是把那种作为"存在"居所的物的范围局限于人本身而已。作为20世纪卓越而备受景仰的哲学家，海德格尔勇敢地从人领悟着自己的存在而存在入手分析存在的意义。但他一生的思想悲剧在于，欠缺哲学的慎思与批判彻底性，没有对其前提作出详细的分析。自我意识仅仅属于意识本身，而非扩大化地属于与意识现象具有自然因果关系的凡人。他没有敏锐地区分其中两个"存在"的不同位格，即作为纯粹存在的第一个"存在"和作为特殊样式的人的存在的第二个"存在"；也没有区分意识的存在与人的存在；更没有分辨和确定纯粹存在直接归属于人还是意识。在实际哲学操作中，海德格尔用"人"取代"意识"，构造关于存在的所谓生存论分析，让某些不该成为考察材料的内容混入了存在论论域，从而不可挽回地错失把握纯粹存在的机会。

在把意识存在确定为存在概念的本根之后，对存在概念的追问，就深化为对意识的构成或者说显现形式的分析问题。思想在运用着存在概念这一情形说明，它拥有"存在"的构成条件和内容，因而具有通过思想把"存在"的构成原理揭示出来的基础。同时，"存在"属于思想，揭示它的也是思想，在认识者与被认识者之间具有同质性即存在同一性，没有存在间距那样的认识论障碍，而且意识本身具有"透明"性即自我意识，所以，对于存在的追问仅仅是思想的自我提现，具有现实的可认识性。意识存在与纯粹存在同一这种存在论结构，与存在作为思想形态而被提出一起展露意识存在为存在追问的恰当切入点。

二 存在在意识界内的先验意志化

根据《有限意识批判》一书的阐述，意识存在以构成内容间的绝对规定关系为自己的普遍存在形式，在其实现结构中同时包含具有意识存在组建功能的绝对规定关系内容和非绝对规定关系内容，逻辑上具有包纳内容的有限性。意识正是把自己的存在形式提升为存在概念，并按其本性在当下意识中内在地生成对这种存在规定的追求。对于意识，存在形式是其唯一追求和全部追求，即为显现中的非绝对规定关系内容创造绝对规定关系。思就是这种存在追求的普遍形式。也就是说，存在概念是意识活动的全部根据，它既作为思的现实形式而规定思的展开，又作为思的目标引导思的方向，全部的思就是为了扩展意识的存在。由此，在意识界内发生一种特定的自主追求现象，其任务和形式都被意识的本质所自我给定，此即意志。而这意志的内容是由意识存在所决定的存在概念或者说纯粹的普遍存在形式，不待特殊意识内容而自行确定，是特殊意识内容现实显现的逻辑条件，因此是先验意志。简言之，存在被意识的存在追求转化为先验意志。一切可能的特殊内容的存在追求，都是对先验意志的一次特殊实现，即以具体内容充实先验意志的普遍形式。

以存在为内涵的先验意志，追求普泛的存在关联，因为存在被意识的存在形式赋予绝对关联要求。但有限的人类意识在本质上不能完全实现先验意志，面对先验意志显露出自己的双重不足，既不能在当下意识中包容全部可能的意识内容从而造就绝对的存在，也不能在其活动即思中自由可靠地实现可能意识内容间的存在关联，因为意识内容在有限意识内的相互间特定要求所表现出的意识力，消解了意识存在组建中的绝对自由。因此，存在或者说先验意志在有限意识内被问题化，如何实现甚至能否实现先验意志成为一个有待设计而具有选择性的难料事件。面对先验意志向特定存在情境所提出的存在设计任务，任何可能的存在安排都是在给定特殊内容间的一次无规可循的智慧创造。而相对于存在的绝对关联要求，先验意志的特殊实现间可能具有不平等的地位，那些具有更大存在发展能力的特殊存在设计高于较小者，极言之，甚至有正确与错误之别。先验意志的特定实现在合理性标准轴线上的竞争关系提出了对偶然的经验意志的判定任务。

存在的先验意志化具有对伦理学的基石意义。存在是意识所可能追求的唯一目标。因此，对于完全被意识所引导的人类来说，存在就是其全部行为的普遍根据，存在概念蕴含行为的一般形式和可能性。作为一种行为，道德必然在存在概念中有自己的根据，接受先验意志的普遍规定。就此而言，存在是道德观念的策动源，任何可能的伦理学都必然是存在论的伦理学，以存在原理为其最高原则。由于意志与存在的同一化，以意志管理为对象的伦理学也就成为关于存在设计的理性科学。

而存在的问题化为作为人类行为规范的道德的规范性奠定了基础。正是由于存在的绝对普遍要求与有限意识所可能拥有的经验意志间的可能冲突，才产生对个别经验意志进行抑制的必要和经验意志的服从问题。也正由于存在伴随任一意识存在而提现给意识者，使得存在概念就在心中，所以才有对经验行为的反思可能性，使得忏悔和接受规范的批判成为可能。

三 存在的三维意志效应：目的、应当、价值

在逻辑上，意识行为是全部行动的决定者。而以存在形式为内容的先验意志是意识行为即思的根据。因此，存在是主观活动和客观活动的支配者，它必然通过对思的普遍作用把自己的影响延及整个意志即先验意志和经验意志领域。而思有其内在构成，其中的每一环节都离不开存在概念的限制。先验的存在概念把自己分化为不同的意志形式而有机促成思这一创造特定后验存在的行动。

被意志化的存在概念获得出离自身而复制存在的主动活动力量。由于存在概念是先验的，所以其作用形态即作用结果的性质亦保持在先验领域内，只进行纯粹形式的规定，而不涉及具体内容的确定。同时，在意识的自我意识存在结构作用下，存在对思的先验规定被同步转换为关于这规定的意识或者说概念。

对存在的追求是全部意识活动的根源，也是意识活动的全部根据。而意识对存在的追求具有先验特性，产生于意识存在的纯粹存在结构，在意识的完整存在结构中，既摆明了存在的模式，也比照式地提供了有待设入存在形式的非存在环节。针对后者，意识按照其本性，自然产生存在冲动，即不牵涉非存在环节上的具体内容的特殊性而把存在概念直接运用于其上。存在概念的这种先验应用的实质，是在现实的意识存在中被领悟着的纯粹的存在概念出离特定现实意识存在，没有中介地把存在的普遍构成形式套用于非存在环节上，从而提出实现非存在环节上的特定内容间的特定存在化任务。

意识存在的有限结构给所设置的这一特定存在化任务规定了诸多性质。第一，由于意识存在是有限的，在设定这一任务的意识所拥有的意识结构内不能同时设立起所追求的意识存在，所以，所追求的可能的意

识存在与当前意识存在逻辑地具有绝对的意识存在分离性，只能在存在的现实性上采取后续形态，从而表现为潜在的存在，是有待现实化的可能存在。就此而言，它具有对意识活动的牵引和诱导作用，是一种目标。第二，由于意识存在的有限性所导致的特定内容间在一个意识存在中的亲和与排斥，使得关于给定特殊内容间的存在构造是偶然的，不能保证其实现的必然性。所以，存在概念向非存在环节内的直接先验应用所设定的特定存在化任务具有虚拟性，是对某种可能存在的拟设。第三，存在与非存在共处一个意识存在结构中说明，它们具有存在关联，但存在的异质性（必然的与偶然的）和意识的有限性也表明它们之间具有存在间距，因此需要某种过渡。这形成特定存在化任务的过程性。

目标性、拟设性和过程性一起，决定特定存在化任务是先验的目的。意识的自我意识特性使意识内部发生的存在概念向非存在环节的先验应用及其效应成为自觉的和主动的。以此为背景，上述三种特性正切中目的概念所具有的自觉追求某一事物这一本质内涵。

按照意识存在的有限结构，思维的对象性内容先验地只能被一个概念性存在所带出，而且被这种同一存在关系所决定，与之具有具体的必然的概念存在关联关系，因为意识只能按照自身的存在规定性把一切可能的存在关系理解为普遍必然的内容关联。这是存在概念即意识存在的普遍构成形式的一种间接扩大作用。其特点为，存在概念不再直接作为单一存在的普遍模式，而是以其抽象的存在意义和要求向作用对象施用，存在形式的内在构成关系成为这种施用的内容。同理，存在概念的这种间接扩大作用推及思这一追求可能特定存在的过程的始终。也就是说，存在概念所具有的内在绝对规定关系演化为单一归属性的一体化必然关联关系，从形式到内容全面规定思的过程。在形式上，由意识存在结构所内在地决定的先验存在关联方式以绝对的普遍性规划着思维过程，这是存在概念向纯粹意识存在结构的应用，是纯粹存在概念本身发挥对思维过程的决定作用，思维过程的一切形式规定，比如同一律、根据律、思维方法等，都根源于此。而存在概念的内容效应首先表现在相对高级普遍内容对相对低级普遍内容即特殊内容的限定上。存在概念要求具有同一存在的可能的思维内容间具有必然存在关联，而按照意识存在结构，它们必然被拟制为具有像一个意识存在内部所具有的那种存在关系，因此相互间形成普遍性差别，其中高级普遍性内容限定相对低级普遍性内容，要求后者的意识存在组建体现和适应前者的内容特殊性。这是存在概念以其抽象的必然规定关系向特定普遍内容的适用，其结果是赋予它以主动制约地位，参与另外思维环节的意识存在构建。作为上述要求的逻辑延伸和系论，存在关联已经间接设定内容之同一对象所属这种要求，因为关联必然意味着存在的同一。因此，存在概念以其存在的单一化同一内涵，要求参与思维过程的具有必然关联关系的内容具有同一的对象所属，即必须归属于同一存在概念所指示的存在对象。

上述三种存在概念的间接扩大使用的共同结构为，赋予一个给定内容以管辖约束未知内容的权利，其逻辑为普遍约束特殊，即具有更高普遍地位的内容约束其下位意识内容。这给定内容在形式应用中为意识结构，在内容应用中为普遍内容。由于按照意识存在结构所赋予的普遍与特殊这对逻辑范畴的意义，普遍内容是组建特殊内容的意识所必须遵守和一致的，是后者即特殊内容必须满足的存在要求，所以构成强制性。而这种强制性由于还不能当下具体地显现在待定意识中，所以具有拟设性、可能性和规范指导性，表现为"应当"概念。"应当"的本质是存在在内容关联上的投射，使关联具有存在性。而受其已知限定未知结构所决定，"应当"具有延展性。又由于这种限定作用尚未被具体实现在待特定存在化的存在内容的存在中，所以"应当"是抽象的和含糊的存在要求。

在经过一定的思维过程而达到了对先定非存在内容的存在构造后，整个思维过程就显现为一种确定的特殊内容的存在组合。也就是说，其内部相对的普遍—特殊作用联系被意识内容的现实确定性所取代，使之成为特殊的整体存在。对于这种特殊思维结果，存在概念必然以其内在于一切意识存在的先验本性而自动适用，以自身为标准鉴定具体思维结果的合存在性，肯定与自己相合者，否定与自己相悖者，并在其中产生畅通适切或阻滞紧张的意识或情绪。这一存在概念向特殊具体内容的适用，以其标准—对象结构而具有评价性，其功能是区分好与坏，成功与失败，可取与无益，因而产生价值概念。而其适用按照存在概念的大全本性必然有三个向度：封闭化的给定的思的内在构成状况、给定的思的外在存在关联、给定的思在存在体系中的地位。而这三个向度具有对象的相对性，即既可以针对思之内的个别特殊环节适用，也可以把给定的思作为可能的更大范围的思中的一个环节，从而进行更大的扩展性评价，即可以对"给定的思"作不同理解。只有内在特殊构成符合存在概念的要求才是有价值的，只有"给定的思"与其外部存在内容具有合乎存在概念的存在关联，才具有更高存在普遍性，因而是更有价值的；而存在概念按照意识结构形式的规定，必然努力构造关于存在内容的单向存在关联秩序，排定制约与被制约关系，因而任何特殊内容的存在都必然有其在这一秩序体系中的位置，位置更高者即享有更高的存在普遍性，从而也拥有更大的存在价值，并获得自身价值的绝对描述。由此，价值首先是一种直觉，然后也可以成为一种判断，即可以对其进行复杂的、分离的判定，说明何以有价值和有何等价值。

目的、应当、价值三者构成存在对思或意志活动的积极限定，是存在概念向思的不同环节运用的特殊效应。在本质上，它们具有同一的根据和内涵，此即存在。因此，三者具有平等的概念地位，互相具有以存在为中介的等价相"是"关系，即目的是有价值的和应当选择的，价值是合目的的和应当选择的，而应当是合目的的和有价值的选择。

在目的、应当、价值三个概念中，价值具有特殊的规范意义，因为它是存在向已然显现的特殊意识存在的普遍衡量且有矫正意图。它作为结果的存在意义，是未然之"目的"和"应当"的实然成就，包含着目的和应当所预期的意蕴。而目的和应当却仅仅筹划着特殊存在的必要形式，单纯地肯定着可能存在的抽象要素，不能执行对特定存在构造的否定和选择功能，但完整意义的规范必然要求指向和施用于特殊现实存在。因此，价值概念具有完备的伦理学研究意义。

四 价值的三维分化：真、美、善

价值评价的本质是具体存在关联的构造的合存在性，其三个向度都是以存在概念为根据向不同关联环节的适用。而意识内容间的存在关联即表现为意识效能。[1] 因此，价值评价与意识效能判定相互同一且具有自发的自我觉识。又由于作为价值根据或标准的存在概念具有先验普遍性，所以价值的评定活动或价值感觉不待课题化而自然发生着。

按照意识批判对意识效能的自我意识即效能意识的阐述，以存在概念为根据衍生的效能意识有三种，即真、美、善。在思中，可能的问题内容的存在关联被意识结构所决定，具有六种解决方法。其中，只有直觉、分析、综合落入绝对存在形式中，分有存在概念的不同意义即存在构成形式的构成要素。"分析"这种关联形式以其内在存在干涉内涵——问题内容所占据的意识存在包含它们所属概念之殊相内容的概念式存在，并且后者决定前者的存在具体性——而切合意识存在殊相间关系，所以被赋予存在合理性即真（性）。"直觉"以特殊的问题内容间直接合乎完整的存在形式而赋予存在和谐性，具有直接合目的性、得当性和强制性的张力退隐性，此即美。最后，"综合"这种存在关联以其不同存在间的包容意义切合存在概念抽象的绝对关联要求，完全满足存在冲动的理想，从而具有绝对存在性、存在普遍性和先验合目的性，故为善。真、美、善是意识存在包摄形式所要求的被包摄内容（殊相）间的

---

[1] 崔平：《有限意识批判》，吉林教育出版社2002年版，第350—385页。

规定关系、完整的存在结构和抽象的包摄扩展要求，分别适用于特定意识存在关联即对之作简单的关联的考察、作个体存在的考察、作整体存在的考察的结果。

在真、美、善中，善具有真、美所不具有的直接伦理意义。真仅仅关涉片面的存在构成环节，没有达到现实存在的水平；美按照其本质所涉及的是个别的即单一的意识存在（所指物）；只有善以复多存在为适用对象，具有概念性、存在区分意识和存在间性，这使得善可以成为一切具有存在分离性的存在内容间的存在关联原则。善所容纳的是纯粹的存在概念，施用在具体对象上即表现为形而上学的存在大全推定。

由于真、美、善源出于同一存在概念，所以它们之间具有相互施用的可能性，即在抽象的真、美、善概念基础上，可以在每一概念中分析发掘出另外两个概念所表达的规定性。因而，善可以具有抽象的真性和美性，在存在和目的、应当、价值这两重普遍限定之外，又受到第三重普遍限定。由之可以确定善的完备普遍谓词体系：存在、目的、应当、价值、真、美。不过，与存在和目的、应当、价值这些上位普遍谓词不同，真、美这两个普遍谓词与善为同位普遍概念，二者对善的限定作用仅仅是对善之存在意义的另类显现和说明，其根据为同一存在概念的往复间接和扩展施用。

善的直接含义为不同个体存在间的整体化共存，是一种相容善。而"善"向"真""美"运用的结果又产生两种善。真作为存在的抽象关联片段而享有简单的关联善，美作为对一个概念的完整包含而呈现为较高级的结构善。在这三种善中，只有相容善这种善的原始形态具有调整不同存在个体存在关系的伦理意义，是真正的道德善。

对于道德善的形式的确定直接关系到这样一个严肃追问：一个具有制定普遍道德规范能力并使之有效遵行的众人社会即道德社会如何可能？问题的焦点在于，不同的特殊个体所具有的怎样的存在，作为道德立法的现实主体，必然地接受在其中自我和他人受到同一约束的行为规范，并就可能的规范提出一致要求。在逻辑上，只有诉诸人的存在的先天给定属性，才能求得这一问题的解释。也就是说，人的某种普遍同一的致成道德要求的先天存在，是道德社会形成和存在的唯一根源。离开由人的同一存在所注定的道德要求的契合与同一，就不能合乎逻辑地设想任何社会道德生活。一切经验的观点、历史的观点、教育的观点，一句话，那些把道德说成纯粹人为后天制造的做法，都在理论上面临逻辑原点困难，即无法有效说明道德第一冲动和道德之宣传－接受的基础。假如不考虑人的自然的或者说先验的道德潜能规定性，那么就既不能解决道德的自然创生问题，即在道德传动链条中不同道德主体的第一个道德行为如何逻辑同一地获得其根源，面对世界又如何启动道德思维，也不能解答何以一个人具有理解他人道德思想的要求和能力。在连道德问题都无从提出的条件下，基于道德生活的后天社会现象——逻辑上它只是先天道德意识的结果——而选择契约论路线，在逻辑逼问面前只有节节后退到先验立场，而没有任何抗辩力量。

　　道德是一种经验生活的目的化自组织现象。其中，目的应该具有相对经验遭遇材料的逻辑先在地位，否则就会产生目的与经验的循环，破坏伦理学的可能性。而道德行为不过是作为其对象的经验材料的合目的调整，是生命本身的后天活动。因此，人的生命所固有的存在规定性——而不是简单的自然人——承担道德主体角色。这种存在规定性由于对立于任何经验实指性，不可能是某种具体要求，所以必然是纯粹形式的。只有纯粹形式才能满足先验概念所提出的普遍功能——经验组织——要求。我们的研究表明，直接担当道德组织任务的是人的生命现象中的意识存在，因而对意识存在的形式研究的结果即先验意识存在形式成为理解道德思维的关键和伦理学的逻辑起点。意识向自身提出的先验存在形式要求是否包含以及包含怎样的道德因素，决定道德社会何以可能问题的前景。

　　寻求普遍道德意识，是一个从意识的先验存在形式出发，以意识存在的纯粹形式属性为根据,推导善及其逻辑发展的过程,其结果是具有绝对必然性和普遍性的善的纯粹存在形式以及它所蕴含并且能够必然衍生的形式环节。因此,奠定道德社会的认识基础这一任务,其本质内容是善的形式逻辑。对善概念普遍根据的挖掘已经敞开了赋有逻辑理性力量地说明道德生活发生机制的可能性。